AF366569

LES ORIGINES

DU

LYCÉE DE BORDEAUX

———

LE LYCÉE DE L'AN XI

(1802-1809)

PAR

Paul COURTEAULT

PROFESSEUR DE PREMIÈRE AU LYCÉE DE BORDEAUX
SECRÉTAIRE GÉNÉRAL DE LA SOCIÉTÉ DES ARCHIVES HISTORIQUES
DE LA GIRONDE

BORDEAUX

IMPRIMERIE G. GOUNOUILHOU

9-11, RUE GUIRAUDE, 9-11

———

1905

AVANT-PROPOS

L'histoire du Lycée de Bordeaux est à faire. Le centenaire de cet établissement a suggéré l'idée d'en écrire au moins le premier chapitre. L'Université impériale, créée en principe par la loi du 6 mai 1806, organisée par le statut et les divers règlements de 1808, n'exista en fait qu'à partir de l'année scolaire 1809-1810. Les Lycées datent du Consulat : celui de Bordeaux fut établi, l'un des premiers, par l'arrêté du 4 vendémiaire an XI (16 octobre 1802); il fut ouvert le 23 messidor de la même année (12 juillet 1803). Jusqu'au 24 août 1809, date où Paul-Victor Desèze fut nommé recteur de l'Académie, c'est-à-dire pendant six années, le Lycée de Bordeaux, dépendant de la direction générale de l'Instruction publique au ministère de l'intérieur, s'établit, s'organisa, prit racine. C'est l'histoire de ces origines qui est ici racontée.

On sait que les débuts des Lycées furent difficiles : l'institution était encore mal définie; l'organisation fut hâtive et imprévoyante; l'opinion publique se montra froide et peu bienveillante; le succès fut médiocre. Le Lycée de Bordeaux n'a pas échappé à la loi commune. Son établissement rencontra des résistances locales très vives. L'histoire de ses premières années est un épisode assez significatif de l'opposition inerte et sourde des Bordelais à la politique de Napoléon Iᵉʳ. La création du Lycée leur apparut d'abord comme un empiètement du pouvoir central sur les vieilles franchises municipales, une entreprise de l'État contre une liberté qu'avaient respectée l'ancien régime et la Révolution. L'énergie parfois brutale des préfets fut impuissante à imposer du premier coup l'institution nouvelle. Les conséquences économiques de la politique de Napoléon, désastreuses pour le commerce bordelais, accrurent encore la méfiance et l'aversion. La résistance fut muette; nous ne percevons, dans les documents officiels du temps, que le concert des panégyriques et des dithyrambes de commande; mais si l'on y regarde d'un peu près, on se rend compte que Bordeaux, au fond, proteste. Il fallut le temps, il fallut que la Restauration acceptât l'héritage de l'Empire, il fallut que l'institution fît ses preuves pour dissiper les préjugés et se faire pardonner son origine.

L'histoire des débuts du Lycée offre un autre intérêt : on y peut voir ce que fut la première ébauche d'organisation de l'enseignement secondaire. Le caractère militaire des Lycées de l'an XI, simple extension des Prytanées, est suffisamment connu. Ce que l'on sait moins, c'est comment se recrutèrent les premiers professeurs et ce qu'ils enseignaient à leurs élèves. Les documents donnent sur ces deux points des renseignements assez curieux. Les professeurs furent recrutés à Bordeaux partie dans le personnel de l'École centrale de la Gironde, partie parmi les maîtres des anciens collèges, retour de l'émigration. Les programmes, à peine ébauchés, du reste, furent un compromis entre les idées pédagogiques des assemblées révolutionnaires et les vieilles méthodes d'avant 1789. Dans le choix des maîtres et dans l'organisation des études apparaît l'intention de faire vivre côte à côte et de concilier tant bien que mal les idées nouvelles et les antiques disciplines. Ce n'est pas non plus du premier coup que les humanités ont repris la place d'honneur d'où les avaient fait déchoir les réformes successives tentées par la Convention et le Directoire. Dans les Lycées de l'an XI, une part égale est faite au latin et aux mathématiques; le grec, facultatif, ne fait à Bordeaux une timide apparition qu'en 1807; la philosophie et le discours latin sont inconnus; le discours français règne sans partage; le dessin joue un rôle éminent. Comme à l'École centrale, les classes sont en réalité des cours où les élèves sont groupés suivant leur force et leurs aptitudes. Enfin, les études sont sanctionnées par les exercices publics de fin d'année, legs de l'ancien régime conservé par la Révolution. Tout cela ne laisse pas de donner au Lycée de Bordeaux naissant un caractère original et assez imprévu.

Les documents pour écrire l'histoire du Lycée de l'an XI sont assez nombreux. Voici la liste des sources manuscrites et imprimées d'où ont été tirés les principaux éléments de ce travail[1] :

Documents inédits. — Archives du Lycée de Bordeaux : registre de correspondance du proviseur de Champeaux, 7 germinal an XI-25 juin 1809[2]; pièces comptables, de 1802 à 1809 (l'année 1807 manque); registre de contrôle des élèves nationaux et pensionnaires, 1803-1809; livre de caisse. — Archives départementales : registre des délibérations du directoire du département (L, 545); procès-verbaux du Conseil général; registre des arrêtés du préfet (K, 10 à 15); correspondance du Préfet de la Gironde, 1802-1850; budgets de la ville de Bordeaux, de 1793 à 1824; dossier *Lycée* (T, doc. non classés); plans. — Archives municipales : correspondance générale (fragments); dossier *Lycée* (doc. non classés); plans. — Archives nationales : F 17 C (dossiers du personnel). — Archives du ministère de la guerre (dossiers individuels). — Archives de l'Académie des Sciences, Belles-Lettres et Arts de Bordeaux : procès-verbaux, 1796-1805; rapports, I et II. — Bibliothèque de la Ville : mss. de Bernadau, *Tablettes* et *Spicilège bordelais;* mss. de Laboubée, *Notices biographiques.*

Imprimés. — *Bulletin des Lois*, 3ᵉ série, t. VII, VIII et IX. — *Moniteur*, an XI et an XII. — *Recueil des lois et règlemens concernant l'instruction publique*, Paris, 1814, in-8°, t. I, II et III. — Proclamation du préfet Dubois aux habitants de Bordeaux, du 8 germinal an XI, Bordeaux, chez Pinard, imprimeur de la Préfecture, rue des Lauriers, nᵒ 5. — *Précis des lois, arrêtés et règlemens du gouvernement concernant les Lycées*, Bordeaux, Bergeret neveu, an XI. in-4°. — *Examens*

---

1. On trouvera indiqués dans les notes les ouvrages de seconde main qui ont été consultés. Je n'ai pas cité deux publications qui m'ont été, en bien des cas, utiles : *Bordeaux* (monographie municipale) et la *Statistique de la Gironde* de M. Ed. Feret.

2. Ce registre, folioté des deux bouts, contient d'une part la correspondance du proviseur avec Fourcroy, d'autre part avec les autorités locales. Ces deux séries de documents seront désignées dans les notes, la première par l'abréviation *Reg. de corr. I*, la seconde par l'abréviation *Reg. de corr. II*. Assez peu de Lycées ont conservé, en dehors des registres du personnel, leurs archives anciennes pour que celles du Lycée de Bordeaux, quoique incomplètes, méritent d'être ici signalées. Les pièces comptables ont été classées avec beaucoup de soin à une époque déjà ancienne.

publics des élèves du Lycée de Bordeaux, suivis des Palmarès, Bordeaux, Bergeret neveu, an XII, Pierre Beaume, an XIII, 1806, 1807, 1808, 1809, in-4°. — *Procès-verbal de l'installation de M. le proviseur du Lycée de Bordeaux* (le 7 mars 1810), Bordeaux, chez Pinard, imprimeur de l'Académie [1]. — *Bulletin Polymathique*, t. I à VII. — *L'Écho du Commerce* (de 1802 à 1809). — *L'Indicateur* (du 23 septembre 1804 à 1809). — *Notices des travaux de la Société médicale d'émulation*, Bordeaux, P. Beaume, an XII et 1806. — *Journal de santé et d'histoire naturelle*, Bordeaux. 1797-1799, 3 vol. in-8°. — *Actes de l'Académie de Bordeaux*, passim.

Je suis heureux de remercier ici M. le proviseur Canivinq, qui m'a ouvert les archives, jusqu'ici inexplorées, du Lycée ; MM. A. Brutails, archiviste départemental, et ses adjoints MM. G. Ducaunnès-Duval et Gaudry ; MM. R. Céleste, conservateur de la Bibliothèque de la Ville et archiviste de l'Académie des Sciences, Belles-Lettres et Arts de Bordeaux, et J. Boucherie, sous-bibliothécaire ; MM. A. Ducaunnès-Duval et Rousselot, archiviste et sous-archiviste de la Ville, et le personnel si obligeant des Archives municipales ; M. Dubroca, secrétaire de l'Académie, qui tous ont mis la plus parfaite bonne grâce à rendre mes recherches plus rapides et plus fructueuses. Je remercie aussi bien cordialement mes collègues Barbarin, professeur de mathématiques (École centrale), Sarran, professeur de physique, et Soum, professeur de sciences naturelles, qui ont bien voulu examiner les programmes scientifiques du Lycée de l'an XI et me faire profiter de leurs observations.

---

1. Le *Précis des lois, arrêtés et règlemens*, dont un exemplaire se retrouve aux Archives départementales, et un autre aux Archives municipales, la collection des *Exercices publics* et des *Palmarès* de 1803 à 1814, le procès-verbal de l'installation du proviseur Chalret sont réunis dans un volume que possède la Bibliothèque municipale et qui a appartenu à Larrouy, un des premiers professeurs du Lycée. Ce volume contient aussi le procès-verbal de la séance d'inauguration de la Faculté de Théologie de Bordeaux. Un second tome renferme les Palmarès de 1815 à 1853.

CHAPITRE PREMIER

La Création du Lycée.

Le 11 floréal an X (1er mai 1802), après une discussion de quatre jours au Tribunal, de trois au Corps législatif, la loi générale sur l'instruction publique fut votée et promulguée. Les Écoles centrales, condamnées à la suite de l'enquête ouverte l'année précédente par le ministre de l'intérieur Chaptal, étaient supprimées. La loi nouvelle établissait trois degrés d'enseignement : à la base, les écoles primaires communales; au-dessus, les écoles secondaires, communales ou privées, et les lycées nationaux; au sommet, les écoles spéciales.

Le département de la Gironde avait une École centrale, fondée en vertu de la loi du 3 brumaire an IV (25 octobre 1795) et installée depuis le 15 floréal de cette même année (4 mai 1796) à l'ancien collège de Guienne. Dans sa réponse à l'enquête de l'an IX, le préfet Dubois concluait à son maintien et esquissait un projet de réorganisation qui débute ainsi : « Considérant que l'École centrale de la Gironde compte beaucoup plus d'élèves que n'en eut jamais le ci-devant collège de Guienne, et forme annuellement des sujets distingués dans tous les genres, que cette institution parviendrait bientôt au degré de splendeur dont elle est susceptible si des études préparatoires disposaient un plus grand nombre de sujets à suivre les cours[1]... » Le rapport du préfet était singulièrement optimiste : en fait, l'École centrale végétait. Les cours de mathématiques et de dessin étaient à peu près les seuls qui fussent suivis[2]. En proposant de conserver et d'améliorer ce qui existait, le préfet exprimait une opinion personnelle, en contradiction avec les avis qu'avaient donnés les Conseils d'arrondissement et le Conseil général de la Gironde. Il était pourtant d'accord avec eux pour dénoncer le vice originel des Écoles centrales, organe d'enseignement supérieur beaucoup plus que d'enseignement secondaire, et pour réclamer l'institution d'un degré intermédiaire entre l'école primaire et les hautes études[3].

Ce besoin s'était fait si fortement sentir qu'à Bordeaux, comme, du reste, dans d'autres villes, l'initiative des professeurs avait tenté de suppléer aux lacunes de la loi de l'an IV. Le 4 fructidor an VI (21 août 1798), le directoire du département avait été saisi d'un projet d'établissement d'une « école intermédiaire », présenté par les professeurs de l'École centrale. Ils exposaient en détail les avantages de cette création et demandaient qu'on leur accordât la partie de la maison des ci-devant Feuillants qui n'était pas occupée par le dépôt des livres provenant des bibliothèques des couvents de Bordeaux[4]. Le

---

1. *Enquête de l'an IX*, Archives de l'Université, XXVII. Bibliothèque de l'Université. (L. LIARD, *L'Enseignement supérieur en France, 1789-1893*, 1894, in-8°, t. II, p. 9.)

2. Parmi les premiers élèves nationaux du Lycée de Bordeaux on ne trouve qu'*un* élève de l'École centrale de la Gironde.

3. « Il faut, disaient les conseils d'arrondissement de la Gironde, des écoles intermédiaires entre l'école primaire, où l'on apprend à lire et à écrire, ce qui suffit pour les bons habitants des campagnes, et les écoles centrales, où ne peuvent guère paraître que ceux que leurs études ont déjà conduits à ce point d'instruction où ils ont à choisir entre la carrière fournie par le commun des hommes et celle qui conduit aux hautes sciences. » *Enquête de l'an IX*, Gironde, vœux des conseils d'arrondissement. (E. ALLAIN, *L'Œuvre scolaire de la Révolution*, 1891, in-8°, p. 374.)

4. Arch. dép., L, 545, f° 54 v°.

directoire refusa d'abord, puis se ravisa : le troisième jour complémentaire (19 septembre 1798), après discussion, « considérant qu'il était de son devoir de favoriser l'instruction publique », il arrêta « que le rez-de-chaussée, les caves et le premier étage des Feuillants seraient mis à la disposition de l'École centrale pour y établir un pensionnat »[1]. Dirigée par deux professeurs de l'École, Chassin-Villers et Paul Dufau, cette pension devait contribuer de deux façons à sa prospérité : d'une part, elle assurait son recrutement en initiant les enfants au-dessous de douze ans aux éléments de latin, de grec, de français et des sciences exigés à l'entrée de l'École centrale; d'autre part, elle pouvait procurer le logement et la nourriture aux élèves de l'École étrangers à la ville, garantie précieuse pour les parents, réclamée partout au cours de l'enquête de l'an IX. L'idée était heureuse; elle fut bien accueillie. Le Conseil général de la Gironde constata le succès du pensionnat et émit le vœu que le gouvernement l'encourageât[2]. L'opinion publique comprenait donc la nécessité de créer un enseignement secondaire nettement défini : dans beaucoup de départements, elle réclamait la restauration des anciens collèges; à Bordeaux, elle se fût contentée de voir développé et officiellement organisé le pensionnat déjà existant, pépinière de l'École centrale.

A ces préoccupations locales, la loi de l'an X répondit par la création des lycées. Elle en prévoyait un par circonscription de tribunal d'appel. Cinq mois après qu'elle fut promulguée commencèrent à paraître les arrêtés de fondation. Le préfet Dubois avait affirmé à Fourcroy, directeur général de l'instruction publique, qu'à Bordeaux l'organisation serait facile, qu'on y aurait sans peine un local, des professeurs et des élèves[3].

---

1. Arch. dép., L, 545, f™ 73 v°-74 r°. — Le 13 frimaire an VII (3 décembre 1798), les professeurs remercièrent l'administration et firent part du succès du nouvel établissement. (*Ibid.*, f° 121 r°.)

2. « Quelques professeurs de cette école se sont réunis pour former un établissement public, supplémentaire de l'École centrale. Les élèves qui sont en état de suivre les cours de cette école y sont envoyés; on donne aux autres une instruction nécessaire pour qu'ils puissent les suivre à leur tour. Cet essai réussit et le gouvernement devrait favoriser de pareils établissements. » *Enquête de l'an IX*, Gironde, Délib. du Conseil général (E. ALLAIN, *op. cit.*, p. 402).

3. Note du préfet au budget de la ville de Bordeaux pour l'an XI. (Arch. dép., Préfecture de la Gironde, *Budgets de la ville de Bordeaux de 1793 à 1824.*)

Aussi trouve-t-on Bordeaux au premier rang parmi les villes où furent créés les lycées dits de première fondation[1]. Le 24 vendémiaire an IX (16 octobre 1802) paraissait l'arrêté des consuls qui ordonnait l'établissement du Lycée. En voici le texte intégral :

LES CONSULS DE LA RÉPUBLIQUE, SUR LE RAPPORT DU MINISTRE DE L'INTÉRIEUR,

Arrêtent :

ARTICLE PREMIER. — Dans le cours de l'an XI, il sera établi un lycée dans la ville de Bordeaux.

Ce lycée sera placé dans le local que les Inspecteurs des études, réunis au Préfet et au Conseil municipal, jugeront convenable.

II. — Les écoles centrales des départements des Landes, de la Gironde et de Lot-et-Garonne seront fermées à dater du 1er germinal.

III. — Les Préfets, à la réception du présent arrêté, feront mettre le scellé sur les bibliothèques, cabinets et autres dépôts appartenant aux dites écoles centrales.

IV. — La municipalité de Bordeaux prendra les mesures convenables pour qu'au 1er ventôse le Lycée soit pourvu, conformément à l'état ci-joint, de tout ce qui sera nécessaire pour recevoir cent élèves le 1er germinal, et cinquante de plus le 1er messidor.

V. — La commission chargée de l'organisation du Lycée de Bordeaux se rendra dans cette ville avant la fin de nivôse.

VI. — La commission fera les dispositions préparatoires, soit pour le local, soit pour l'organisation du Lycée : elle interrogera les professeurs des écoles centrales et tous les citoyens qui se présenteront, de quelque département qu'ils soient; elle enverra au ministre de l'intérieur son rapport et sa proposition de nomination, en nombre double, conformément à l'art. XIX de la loi du 11 floréal an X.

VII. — La commission inspectera toutes les écoles des départements qui sont déclarées écoles secondaires, en conséquence de l'art. XXXIV de la loi du 11 floréal an X et conformément au tableau ci-joint.

VIII. — La commission fera une présentation double et la transmettra au ministre avant le 1er ventôse, pour que les élèves choisis puissent entrer au Lycée le 1er germinal.

---

1. Il y en eut neuf : Bordeaux, Bruxelles, Douai, Lyon, Marseille, Mayence, Moulin, Rennes et Turin. Les lycées de Paris ne furent créés qu'en 1803 : Louis-le-Grand le 21 juillet, Napoléon, Charlemagne et Bonaparte le 10 septembre.

IX. — Le ministre de l'intérieur désignera trente élèves du Prytanée de Paris, qui seront transférés et rendus le 1ᵉʳ germinal au Lycée de Bordeaux.

X. — Le proviseur, le censeur et le procureur-gérant du Lycée seront rendus à Bordeaux avant le 15 pluviôse.

XI. — Le ministre de l'intérieur est chargé de l'exécution du présent arrêté, qui sera inséré au *Bulletin des Lois*.

Le Premier Consul, signé : BONAPARTE.

Par le Premier Consul :

Le Secrétaire d'État, signé : HUGUES-B. MARET.

Le Ministre de l'Intérieur, signé : CHAPTAL[1].

Le 15 brumaire (6 novembre 1802), l'École centrale de la Gironde rouvrit pour la dernière fois ses cours. Le secrétaire général de la préfecture Pelauque, dans le discours d'inauguration, célébra en termes pompeux « le héros-magistrat qui préside à nos destinées » et ces nouvelles écoles « qui, par leur système d'éducation, donnent à la République la certitude qu'elle aura dans son sein une pépinière abondante de magistrats éclairés, de législateurs vertueux et de guerriers célèbres »[2]. L'orateur révélait sans détour au public la pensée maîtresse qui avait présidé à la création des lycées. Aux Écoles centrales autonomes, subventionnées par les départements, sans lien solide avec le pouvoir central, Bonaparte voulait substituer un organisme complet, un enseignement à trois degrés, et surtout, pour les enfants de dix à seize ans, des maisons d'éducation sous la dépendance de l'État, peuplées de boursiers qui lui devraient tout et d'où sortiraient des fonctionnaires civils et militaires dévoués à sa personne et au régime politique qu'il était en train d'établir.

Le préfet Dubois se préoccupa d'exécuter sans délai l'arrêté du 24 vendémiaire. Le 27 brumaire (18 novembre), il écrivit au Conseil municipal pour lui faire connaître les nombreux

---

1. *Bulletin des Lois de la République française*, 3ᵉ série, tome VII, p. 273-275.

2. Discours d'ouverture de l'École centrale, prononcé le 15 brumaire par le citoyen Pelauque. (*Bulletin polymathique*, I, 19-22.)

avantages qui résulteraient pour la Ville de l'établissement du
Lycée et aussi les charges qui lui incomberaient de ce chef. Il
ne semble pas que la municipalité bordelaise ait fait à cette
lettre un accueil bien enthousiaste. On le comprend : la loi du
11 floréal portait que l'État entretiendrait à ses frais les professeurs et les élèves nationaux des lycées, mais l'article 40 stipu-
lait que les bâtiments seraient à la charge des villes. Le Conseil
municipal vota, le 8 frimaire (29 novembre), le crédit nécessaire, mais ne désigna aucuns fonds pour y pourvoir[1].

Le préfet avait trouvé un local. On ne pouvait songer à
installer le Lycée dans l'ancienne maison professe des Jésuites
de la rue des Ayres, où avait été transféré en 1763 le vieux
collège de Guienne, et qui avait successivement abrité en 1791
le Collège national, depuis 1796 l'École centrale. Les bâtiments
auraient été suffisants, mais il eût été fort coûteux de les
approprier en vue d'un internat. En présence des dispositions
de la municipalité, on jugea plus simple et plus économique
de profiter de l'installation déjà faite au couvent des Feuillants
pour la pension de l'École centrale. Il y avait là des salles de
classes, un réfectoire, des dortoirs : quoi de plus naturel que
de les utiliser? Il suffisait pour cela de faire évacuer les parties
du couvent affectées à d'autres usages. La pension de l'École
centrale n'avait, on l'a vu, que le rez-de-chaussée, le premier
étage et les caves. Le reste était occupé, depuis le mois de
décembre 1792, par les bibliothèques des divers couvents de
Bordeaux, qui y avaient été réunies par le directoire du
district[2]. Le 16 frimaire (7 décembre), le préfet, sur la demande
de Monbalon, bibliothécaire de l'École centrale, décida que le
dépôt provisoire de livres établi aux Feuillants, « local destiné
au lycée et qui doit être prochainement réparé », serait transféré « dans l'édifice de l'ex-Académie ». Le gardien du dépôt
était tenu d'évacuer le logement qu'il occupait « dans la

---

1. Arrêté du préfet Dubois du 18 frimaire an XI. (Arch. dép., K, 10, fos 191-192.)
Une somme de 75,000 francs pour l'établissement du lycée fut portée, d'office, dans
l'arrêté du 1er floréal an XI contenant fixation des dépenses de la ville de Bordeaux
pour l'an XI. (Bull. des Lois, 3e série, t. VIII, p. 502.)

2. Sur le dépôt littéraire des Feuillants, voir R. Céleste, Histoire de la Bibliothèque
de la ville de Bordeaux, Bordeaux, 1892, in-4°, p. 22-52.

maison des Feuillants »[1]. L'architecte de la préfecture, Combes, avait rédigé un rapport sommaire estimant à 25,000 francs les frais d'appropriation du couvent. Le 18 frimaire (9 décembre), le préfet, « vu l'ouverture très prochaine du Lycée et l'urgence, » arrêtait que le maire du Centre[2] aurait à prendre avant le 1er ventôse (20 février 1803) toutes les mesures nécessaires pour mettre le bâtiment en état de recevoir à cette époque cent élèves, que les réparations, dont un devis détaillé serait dressé avant le 1er nivôse (22 décembre 1802), seraient mises par lui en adjudication, ainsi que les fournitures, et que les travaux auraient lieu sous sa surveillance et sous la direction de l'architecte de la préfecture[3].

Le gouvernement, de son côté, prenait des mesures pour assurer le recrutement du futur Lycée. Les élèves nationaux devaient être choisis parmi les élèves du Prytanée[4] et des écoles secondaires des trois départements de la Gironde, des Landes et de Lot-et-Garonne. Un arrêté des consuls du 5 frimaire (26 novembre) érigea en écoles secondaires 24 écoles privées de la Gironde[5]; il y en eut 14 pour la ville de Bordeaux, et le 23 nivôse (13 janvier 1803), Fieffé, maire du Nord, procéda solennellement à leur installation en présence de plusieurs fonctionnaires[6]. Il est curieux de constater que le pensionnat de l'École centrale, qui cédait la place au Lycée et qui allait lui procurer une partie de ses premiers élèves, fut d'abord

---

1. Arch. dép., K, 10, f** 187-188.

2. On sait que, le 21 brumaire an IV (12 novembre 1795), la Convention avait décidé qu'il y aurait à Bordeaux un bureau central et trois municipalités. La ville fut divisée en trois arrondissements : Nord, Sud et Centre. En 1802, Fieffé était maire du nord, Letellier du centre et Mathieu du sud.

3. Arch. dép., K, 10, f** 191-193.

4. Le Prytanée français, créé en 1793, avait été divisé, le 1er germinal an VIII (22 mars 1800), en quatre collèges installés à Paris, Fontainebleau, Versailles et Saint-Germain. Dans chacun de ces collèges, l'État entretenait cent élèves, pris parmi les fils de militaires morts sur le champ de bataille et de fonctionnaires publics morts dans l'exercice de leurs fonctions. L'institution des lycées fut une extension des Prytanées.

5. Étaient érigées en écoles secondaires les écoles de la Gironde tenues par Bouyard, Ferchaud, Agals, Vitrac, Lamaignère, Fozembas, Génélot, Daguzan, Bois, Coste, Reboul, Dargelas, Dusson et Labadens à Bordeaux, Godineau frères à Blaye, Bousquet à Libourne, Espic à Sainte-Foy, Pelletan à La Réole, Bardan à Gironde, Pinaud à Monségur, Davaux à Bazas, Grellety à Cadillac, Lacan à Baurech. (*Bulletin des Lois*, 3ᵉ série, t. VII, p. 199-200. — *Moniteur* du 7 frimaire an XI.)

6. *Bull. polym.*, I, 92.

oublié : il ne fut érigé en école secondaire que le 2 ventôse (21 février)[1].

La mission d'organiser les nouveaux établissements avait été confiée aux inspecteurs généraux des études créés par l'article 17 de la loi de l'an X et par des commissaires spéciaux choisis dans les diverses classes de l'Institut. Munis des instructions très détaillées et très précises de Fourcroy, directeur général de l'instruction publique au ministère de l'Intérieur, ces *missi dominici* se mirent en route au début de 1803. Les deux commissaires envoyés à Bordeaux étaient Cuvier, le grand naturaliste, et Despaulx, un ex-bénédictin, ancien directeur de l'école de Sorèze. Ils étaient chargés de faire une enquête sur les écoles primaires, de visiter les écoles secondaires existantes, d'en susciter de nouvelles, de tirer parti de tout ce que leur offrirait, en fait de professeurs et de matériel scientifique. l'École centrale supprimée, enfin de tout ce qui touchait à l'organisation du futur lycée[2]. En même temps, un arrêté du 8 pluviôse (28 janvier 1803) nommait le citoyen Champeaux proviseur et le citoyen Quidy censeur du Lycée de Bordeaux[3]. Ces deux fonctionnaires devaient compléter la commission d'organisation.

Les quatre commissaires étaient à Bordeaux en germinal. Le proviseur arriva le 2 (23 mars 1803); il descendit à l'hôtel de France, au n° 2 des fossés de l'Intendance, où le censeur ne le rejoignit que le 26 (16 avril)[4]. Cuvier et Despaulx, venant d'Agen, où ils avaient déjà dressé la liste des élèves qui devaient être pris dans le département de Lot-et-Garonne[5], arrivèrent le 5 et se logèrent à l'hôtel de la Providence, rue Porte-

---

1. *Bulletin des Lois*, 3ᵉ série, t. VII, p. 514. — *Moniteur* du 13 ventôse an XI.

2. Le texte de l'instruction de Fourcroy du 13 brumaire an XI (4 novembre 1802) est imprimé dans le *Recueil des lois et règlemens concernant l'instruction publique*, Paris, 1814, in-8°, t. II, p. 289-304.

3. *Bulletin des Lois*, 3ᵉ série, t. VII, p. 397. — *Moniteur* du 4 ventôse an XI. Le nom du censeur fut imprimé *Guydy*. Un erratum rectifia dans le *Moniteur* du 8.

4. Mémoire du citoyen Cardailhac, aubergiste, des dépenses faites par le proviseur et le censeur du 2 germinal au 7 floréal, s'élevant à 547 fr. 50. (Archives du Lycée, pièces comptables, 1802-1803.)

5. Le 29 ventôse (20 mars), Cuvier assista à une séance de l'Académie d'Agen. (Ph. Lauzun, *Histoire de la Société académique d'Agen (1776-1900)*, Agen, 1900, in-8°, p. 70-71.)

Dijeaux[1]. Ils se mirent aussitôt à l'œuvre. Le 7, l'École centrale
de la Gironde était fermée[2]. Le 8, une proclamation du préfet
Dubois annonçait aux Bordelais l'arrivée de Despaulx et Cuvier,
et les informait qu'ils allaient successivement procéder à
l'examen public des élèves de l'École centrale et des écoles
secondaires qui désiraient obtenir des places gratuites dans le
Lycée; que le concours aurait lieu pour les élèves de l'École
centrale le lundi 14 germinal, à dix heures du matin, et se
continuerait successivement, à compter du 8 germinal, pour
les élèves des écoles secondaires de Bordeaux et du département; que les personnes qui aspiraient à des places de
professeurs devaient adresser une demande écrite avant le 15
aux inspecteurs généraux, qui indiqueraient aux candidats le
jour où ils pourraient se présenter et faire valoir leurs titres.
Cette proclamation se terminait ainsi : « L'établissement d'un
Lycée dans la ville de Bordeaux, la nomination des deux
savants distingués qui ont été choisis pour l'organiser sont un
nouveau témoignage de la bienveillance du gouvernement
pour cette intéressante cité. Vous saurez, citoyens, l'apprécier.
Les pères de famille, surtout, y seront sensibles et s'empres-
seront de faire concourir leurs enfants aux bienfaits d'une
éducation gratuite. Les élèves du Lycée qui auront été admis
au concours seront entretenus et instruits aux frais du gouvernement; ils seront l'objet de sa protection spéciale et
s'élèveront, en quelque sorte, sous ses yeux, aux emplois
honorables où conduira désormais une solide instruction. Les
professeurs des Lycées occuperont aussi un rang bien distingué
et bien flatteur; ils seront les dépositaires de la confiance du
gouvernement pour la restauration de l'instruction publique,
qui intéresse si essentiellement le bonheur et la gloire de la
patrie. Vous ne vous priverez pas, citoyens, d'aussi importants
avantages: vous pouvez y concourir avec succès et vous ne les

---

1. Bernadau commet deux erreurs à propos de l'arrivée des commissaires : il
remplace Cuvier par Domairon et donne comme date de leur arrivée le 24 germinal
an XI. Il a corrigé lui-même une troisième erreur : il avait d'abord placé le fait en
l'an XII. (Bibliothèque de la ville, t. VIII, mss. de BERNADAU, *Tablettes*, p. 58.)

2. *Bull. polym.*, I, 188. Le même jour, Cu r visita le Musée de Rodrigues et
Gœthals.

abandonnerez pas à des étrangers [1]. » Rien, on le voit, n'était omis dans cet appel, non pas même l'appât le plus grossier, pour conquérir à la nouvelle institution les faveurs de la population bordelaise.

Les examens des élèves commencèrent aussitôt. Les directeurs d'écoles secondaires de Bordeaux et du département présentèrent leurs candidats. Les nécessités budgétaires avaient, d'ailleurs, obligé le gouvernement à réduire le chiffre des places mises au concours : de 63 pour la Gironde, il avait été abaissé à 29, de 43 pour le Lot-et-Garonne à 20, de 28 pour les Landes à 13. Les 29 élèves de la Gironde se répartirent de la façon suivante : 7 de la pension de l'École centrale, 4 de l'école d'Agals à Bordeaux, 4 de l'école de Bousquet à Libourne, 3 de l'école de Bardan à Gironde, 3 de l'école de Davaux à Bazas, 2 de l'école de Pelletan à la Réole, 1 de chacune des écoles d'Espic à Sainte-Foy, de Reboul, de Daguzan, de Ferchaud à Bordeaux, enfin un élève externe de l'École centrale et un de provenance inconnue. Des 20 élèves du Lot-et Garonne, 5 sortaient de l'école secondaire de Layrac, 4 de celle de Villeneuve, 3 de l'École centrale, 3 de l'école secondaire d'Aiguillon, 2 de celle de Valence, 1 de celle d'Agen, 1 de celle de Saint-Front, 1 de celle du Temple. Enfin, sur les 13 élèves des Landes, 12 appartenaient à l'École centrale, 1 à l'école secondaire de Dax [2].

Tout en procédant aux examens, Cuvier et Despaulx se préoccupaient de loger les futurs élèves du Lycée. Leur premier soin, en arrivant à Bordeaux, fut de visiter avec le proviseur le couvent des Feuillants. L'impression fut mauvaise. Dès le 7 germinal (28 mars), Champeaux écrivit à Fourcroy pour lui rendre compte de l'état du local destiné à l'établissement du Lycée [3]. Nous n'avons pas le texte de cette lettre, mais il est facile d'en deviner le sens. En effet, le 11, Cuvier et

---

1. Proclamation imprimée à Bordeaux, chez Pinard, imprimeur de la Préfecture, rue des Lauriers, n° 5. Par les soins de M. le proviseur Canivinq, ce document est aujourd'hui exposé dans le parloir du grand Lycée.

2. Arrêté du 23 floréal an XI (13 mai 1803). (*Moniteur* du 3 prairial.)

3. Mention dans le *Registre de correspondance I, f° 1 r°*, conservé dans les Archives du Lycée.

Despaulx écrivaient au préfet pour le même objet. Le bâtiment des Feuillants avait été suffisant pour loger la pension de l'École centrale : on constatait qu'il ne l'était pas pour le Lycée. Il pouvait tout juste contenir les cent élèves nationaux; mais où loger les pensionnaires libres? et que diraient les familles, si l'administration, qui leur avait adressé un si chaleureux appel, était, le premier jour, forcée de reconnaître qu'elle ne pouvait recevoir leurs enfants? Le choix du local avait été décidément fait bien à la légère, et cette imprévoyance pouvait compromettre à jamais le succès du Lycée. Il ne fallait pas songer à agrandir les Feuillants : la disposition des lieux ne le permettait pas. Les bâtiments couvraient à peu près complètement un triangle limité par la rue Montaigne, la rue des Ayres et la rue Saint-Antoine. Le temps aussi faisait défaut pour entreprendre des constructions nouvelles : le Lycée aurait dû être ouvert dès le 1ᵉʳ germinal. Enfin on était assuré de se heurter à l'opposition de la municipalité, qui n'était, on l'a vu, disposée à engager que les dépenses strictement nécessaires. La situation était grave. Le préfet prit des mesures d'urgence. Le 14 germinal (4 avril), conformément à l'avis des commissaires, il décida que les bâtiments du couvent de la Visitation, situés de l'autre côté de la rue Saint-Antoine, seraient réunis aux Feuillants, après avoir été évacués, dans la quinzaine, par ceux qui les occupaient[1]. Un arrêté en quatre articles, précédé de quelques considérants, suffit au préfet pour prononcer cette annexion. L'exécuter fut chose moins aisée.

La Visitation avait, en effet, de nombreux locataires; aucun n'était disposé à quitter la place. L'ancienne maison des Visitandines, devenue en 1790 domaine national, avait servi depuis de magasin d'habillement à la 11ᵉ division militaire. Le magasin avait été supprimé; mais le garde préposé à la surveillance y avait conservé son logement. La plus grande partie des bâtiments était occupée par des colons et des déportés de Saint-Domingue, qui, à la suite de la révolution de 1791, s'étaient

---

1. Arch. dép., K, 12. fᵒ 14 rᵒ-15 rᵒ.

réfugiés en France et étaient venus échouer à Bordeaux[1]. On les avait casernés dans tous les bâtiments nationaux disponibles. Il y en avait aux Capucins, et qui s'y étaient livrés à de tels excès que le préfet avait été obligé, le 13 ventôse an XI (4 mars 1803), d'en expulser quarante-deux[2]. Il y en avait à la Chartreuse; il y en avait aux Minimes; il y en avait à la maison de la Miséricorde. A la Visitation, comme aux Capucins, ils étaient surveillés par un concierge, auquel le Domaine donnait un traitement de 500 francs. Enfin, une aile du couvent avait été attribuée à un service public, l'administration de la Loterie nationale; au rez-de-chaussée était la salle des tirages; au dessus, le logement de l'inspecteur en chef et de ses bureaux. L'arrêté du préfet supprima le garde-magasin et le concierge, décida que les colons seraient transportés ailleurs, sans dire où, et conserva provisoirement à la Loterie la partie qu'elle occupait, en proposant qu'elle fût transférée sans retard dans l'ancien collège de Guienne. En fait, cet arrêté ne fut pas exécuté: garde-magasin, concierge, colons, Loterie ne bougèrent pas. On verra plus loin au prix de quels efforts le proviseur fit la conquête de la Visitation.

Le couvent des Feuillants lui-même était loin d'être vide. Les caves, concédées en 1798 à la pension de l'École centrale, mais restées sans emploi, avaient été louées par la nation au citoyen Eyquem. Un arrêté préfectoral, du même jour que le précédent, en ordonna l'évacuation dans la quinzaine[3]. Les bibliothèques des couvents, placées par le décret du 8 pluviôse an XI (28 janvier 1803) sous la dépendance de la municipalité, avaient été transférées à l'ancien hôtel de l'Académie. Mais

---

1. C'est le 13 messidor an IV (1ᵉʳ juillet 1796) que les premiers réfugiés de Saint-Domingue, arrivant de Philadelphie à bord de la *Pensylvanie*, débarquèrent à Bordeaux. (Arch. dép., L. 543, fᵒ 3 vᵒ.) Ces malheureux, dont beaucoup étaient gens de sac et de corde, traînèrent une lamentable existence pendant tout l'Empire. En 1808, ils recevaient encore du Gouvernement des secours sur présentation de certificats d'indigence. Les journaux faisaient appel en leur faveur à la charité publique. En 1804, parut à Bordeaux une brochure in-8° de 60 pages, de M. Chotard aîné, propriétaire à Saint-Domingue, *Origine des malheurs de Saint-Domingue, développement du système colonial et moyens de conservation.* (Au bureau de l'*Indicateur du Commerce.*)

2. Arch. dép., K, 11, fᵒˢ 23 rᵒ-24 vᵒ. Cf. L. BERTRAND, *Histoire des Séminaires de Bordeaux*, Bordeaux, 1894, in-8°, t. II, p. 52.

3. Arch. dép., K, 12, fᵒ 16 rᵒ.

l'église des Feuillants était occupée par le dépôt des archives judiciaires. Un nouvel arrêté, du 28 germinal (18 avril), en ordonna le transfert au collège de Guienne[1]. Aussi bien que celui qui annexait la Visitation, cet arrêté devait rester lettre morte.

Vers le 20 avril, Cuvier et Despaulx quittèrent Bordeaux[2]. Le proviseur, aidé du censeur qui venait d'arriver, s'occupa en hâte de se procurer le mobilier nécessaire. Il demanda que la fourniture fût mise par la Ville en adjudication. La municipalité, qui trouvait excessif le prix porté sur son devis par Combes, allégua la détresse financière pour repousser cette procédure. Il fut convenu que le proviseur serait autorisé à acheter les objets strictement nécessaires, sous la surveillance du maire du Centre. Les comptes des fournisseurs seraient arrêtés par le proviseur, vérifiés et visés par le maire, et acquittés en quatre termes, en floréal et messidor an XI, en vendémiaire et brumaire an XII[3]. La Ville avait promis des lits; elle avait même déclaré qu'ils étaient prêts à être livrés. Le 13 floréal (3 mai 1803), le proviseur, ayant appris que l'arrêté nommant les élèves nationaux était à la veille d'être soumis à la signature du Premier Consul, et que Fourcroy s'apprêtait à faire partir de Paris les élèves du Prytanée désignés pour le lycée de Bordeaux, demanda au préfet d'intervenir auprès de la Ville pour obtenir la livraison des lits promis[4]. Il écrivait en même temps à Letellier, maire du Centre, de lui envoyer les draps[5]. Le 29 floréal (19 mai), les draps arrivaient, et le proviseur heureux s'empressait de remercier le maire : « A la qualité de cette fourniture, lui disait-il, j'ai reconnu votre zèle ordinaire pour le bien de cet établissement et votre dévouement si connu pour le bien général[6]. » Le 3 prairial (23 mai), ce fut le tour des

---

1. Arch. dép., K, 12, f° 26 v°-27 r°.

2. Bernadau dit le 21. (Bibliothèque de la Ville, mss. de BERNADAU, t. VIII, *Tablettes*, p. 24.)

3. Arrêté du préfet Dubois, 30 germinal an XI (20 avril 1803). (Arch. dép., K, 12, f° 27 v°.)

4. Champeaux au préfet, 13 floréal an XI (3 mai 1803). (Arch. du Lycée, *Reg. de corr.* II, f° 1 r°.)

5. Champeaux au maire du Centre, 24 floréal an XI (14 mai 1803). (*Ibid.*, f° 1 v°.)

6. Champeaux au maire du Centre, 29 floréal an XI (19 mai 1803). (*Ibid.*, f° 1 v°.)

lits : il y en avait 114, dont 107 pour les élèves, en bois de noyer, 50 de 2 pieds 1/2 de large sur 6 de long et 57 de 3 pieds de large sur 6 de long, composés d'une paillasse, deux matelas, un traversin, une couverture de laine et une de coton, et 7 pour les maîtres, en bois de noyer aussi, composés de même, avec, en plus, « un lit de plume et un ciel garni en siamoise bleue ou toile flambée et rideaux idem[1]. » Le même jour, des femmes commençaient à coudre au Lycée les draps fournis par la Ville.

À Paris, où Fourcroy était pourtant très exactement tenu au courant par le proviseur des difficultés que rencontrait l'organisation du Lycée, le Premier Consul signait arrêtés sur arrêtés : le 2 floréal (22 avril), nomination du citoyen Aubert comme procureur-gérant[2] ; le 23 (13 mai), nomination des huit professeurs, quatre de latin, quatre de mathématiques, qui devaient former le personnel enseignant et dont Bonaparte avait voulu lui-même fixer le nombre ; le même jour, nomination de 100 élèves nationaux, dont 38 tirés du Prytanée, et 62 présentés par les inspecteurs généraux et choisis par eux dans les écoles secondaires de la Gironde, de Lot-et-Garonne et des Landes[3]. Des pensionnaires libres commençaient aussi à se faire inscrire. Le proviseur jugea que les 114 lits fournis par la Ville ne seraient pas suffisants. Le 6 prairial (26 mai), il en demanda 50 de supplément[4], obtint du préfet un nouvel arrêté l'autorisant à faire les achats indispensables, et pressa les travaux de réparation qui avançaient très lentement[5]. La municipalité fit attendre sa réponse : le 14 prairial (3 juin), le proviseur renouvelait sa demande, réclamant en plus 10 lits pour l'infirmerie, « un » horloge, une caisse à trois clés pour le

---

1. Champeaux au citoyen Teillier *(sic)*, maire du Centre, 3 prairial an XI (23 mai 1803). *(Ibid.,* f° 1 v°.) Récépissé du même jour. (f° 2 r°.)

2. *Moniteur* du 20 floréal an XI (10 mai 1803.)

3. *Moniteur* du 3 prairial an XI (23 mai 1803). — *Bull. polym.,* I, 238. — *Écho du Commerce* du 8 prairial an XI (28 mai 1803).

4. Champeaux au maire du Centre, 6 prairial an XI (26 mai 1803). *(Arch. du Lycée, Reg. de corr. II,* f° 2 r°.)

5. Arrêtés du préfet Dubois autorisant le citoyen Champeaux à faire les achats nécessaires au Lycée, et invitant le maire du Centre à faire faire les travaux d'après les deux devis dressés par Combes, s'élevant le premier à 5,863 fr. 41, le second à 3,772 fr. 79, 7 prairial (27 mai). (Arch. dép., K, 12, f°° 56 v°-57 r°.)

procureur-gérant et 100 tombereaux de sable pour la cour[1]. Le même jour, un arrêté du préfet, forçant la main à la Ville, invitait le maire du Centre à fournir d'urgence les 50 lits demandés et à traiter de gré à gré pour cet achat[2].

Une nouvelle difficulté surgissait, pour le moins aussi grave que toutes celles qu'il avait déjà fallu vaincre. Dans son instruction du 13 brumaire an XI, Fourcroy laissait entendre que les professeurs des Lycées seraient logés dans les bâtiments, comme l'avaient été ceux des Écoles centrales, si le local le permettait[3]. A Bordeaux, il ne fallait pas songer à leur trouver une place dans le couvent des Feuillants, déjà trop étroit pour les élèves. Cuvier et Despaulx n'avaient pas eu le temps de résoudre cette question, mais il est certain qu'ils avaient promis aux futurs professeurs qu'ils seraient logés. Le proviseur fut obligé de faire honneur à cet engagement. Il proposa à Fourcroy d'installer à la Visitation les professeurs célibataires, anciens ecclésiastiques à qui une chambre suffisait. Quant aux professeurs mariés, il fut d'avis de les loger au dehors. « Il est à craindre, disait-il judicieusement, que les commérages et les petites jalousies entre les femmes ne troublent l'harmonie qui doit régner dans un Lycée. La paix intérieure a été quelquefois troublée dans les Écoles centrales par la faute des femmes, et il semble que le gouvernement a voulu prévenir cet abus par l'article 8 de la loi du 11 floréal an X[4]. » Il proposait donc de loger les professeurs mariés dans la partie du collège de Guienne qui ne serait pas occupée par la Loterie. Citons encore de cette lettre à Fourcroy, du 20 prairial (9 juin), un curieux passage qui montre jusqu'où allaient les scrupules du proviseur : « Les questions et les observations qui m'ont

---

1. Champeaux au maire du Centre, 14 prairial an XI (3 juin 1803). (Arch. du Lycée, *Reg. de corr.* II, f° 2 v°.)

2. Arrêté du préfet Dubois du 14 prairial. (Arch. dép., K, 12, f° 60 r°.)

3. *Recueil des lois et règlemens...*, t. II, p. 298.

4. « Après la première formation des lycées, les proviseurs, censeurs et procureurs des lycées devront être mariés ou l'avoir été. Aucune femme ne pourra néanmoins demeurer dans l'enceinte des bâtiments occupés par les pensionnaires. » (*Recueil des lois et règlemens...*, t. II, p. 47.) — La seconde partie de l'article donnait satisfaction à Jard-Panvillier et à Siméon, qui avaient préconisé au Corps législatif et au Tribunat le célibat des professeurs.

été faites relativement à la distribution des appartements m'ont fait penser qu'il devait exister parmi les professeurs un ordre hiérarchique sur lequel votre autorité seule peut me fixer. L'hommage qu'on rend avec raison aux hautes sciences et aux savants m'avait fait croire que la prééminence était due aux mathématiques; mais en m'arrêtant à tous les articles où il est question des professeurs dans les lois du 11 floréal an X, du 19 frimaire an XI et même au mode d'arrêté de nomination, il m'a semblé que l'intention du gouvernement avait été d'assigner le premier rang aux belles-lettres. Quelques personnes ont cherché à lever mes doutes et m'ont engagé à prononcer en faveur des belles-lettres. Je me garderai bien de suivre cet avis. Je crains qu'il ne s'élève quelques difficultés entre les professeurs, et je voudrais les prévenir par une décision de votre part. Cette décision vous appartiendrait comme savant, quand bien même elle ne vous appartiendrait pas comme chef de l'instruction publique. »

La même lettre nous explique pourquoi le proviseur était aussi impatient que le Gouvernement d'ouvrir le Lycée sans retard. « Des envieux, des mécontents exercent leur malveillance, ils répandent dans le public toujours trop crédule que le Lycée ne sera en activité qu'en l'an XII. Déjà des parents ont envoyé au loin leurs enfants. C'est par un tel mensonge que les ennemis du Lycée en écartent les pensionnaires qui se présenteraient[1]. » Ce passage significatif montre assez bien l'état de l'opinion à Bordeaux[2] et explique pourquoi le Lycée fut ouvert à la veille des vacances. Quant à la question du logement des professeurs, elle demeura en suspens.

---

1. Champeaux à Fourcroy, 20 prairial an XI (9 juin 1803). (Arch. du Lycée, *Reg. de corr. I,* f° 1 v°-2 r°.)

2. Le proviseur ne négligeait aucun petit moyen pour dissiper les préventions et convaincre l'opinion que le Lycée entendait être une institution durable et participer à la vie locale. Le 24 prairial (14 juin), il assistait, avec le censeur et le procureur-gérant, aux obsèques d'un Bordelais notable, Pierre-Timothée Betbeder fils, docteur en médecine, président de la Commission administrative des hospices civils, membre de l'Académie, décédé le 22 prairial, à quarante-six ans (*Écho du Commerce* du 25 prairial). — « Ressu de M. Aubert, la somme de nuf fran pour la course du lisée à lanterremen de M. Betbeder. » Note du cocher, du 6 thermidor (25 juillet). (Arch. du Lycée, pièces comptables, 1802-1805.)

Au mois de mai et de juin, le petit monde des érudits et des savants bordelais fut en émoi : l'archéologue Caila venait de découvrir que, lors de la translation, en septembre 1800, du tombeau de Montaigne de l'église des Feuillants « dans la salle des monuments de la ci-devant Académie », on avait par erreur pris le cercueil de la dame de Lestonnac pour celui de l'auteur des *Essais*. Sur une pétition de son dernier descendant, Joseph de Ségur-Montaigne, le nouveau préfet, Charles Delacroix[1] arrêta, le 2 messidor (21 juin), que le mausolée serait réintégré dans l'église du Lycée, rétabli en sa première place, dans la chapelle de gauche la plus voisine de l'autel, « sur le caveau qui est au milieu, » et le cercueil de la dame de Lestonnac restitué au caveau de la première chapelle de droite[2]. On n'a pas, il me semble, assez remarqué que ce petit événement coïncida avec l'ouverture prochaine du Lycée. Il est permis de penser que l'attention de Caila, qui avait pour confrères à l'Académie Leupold et Chassin-Villers, déjà désignés comme professeurs du nouvel établissement, fut attirée sur l'église des Feuillants par la transformation du couvent en Lycée. Avant le préfet, qui prit soin de consigner cette idée parmi les considérants de son arrêté, il dut penser, et l'Académie avec lui, que « les précieux restes de l'auteur des *Essais* ne pouvaient être placés plus convenablement que dans une maison publique d'éducation et dans le temple destiné aux exercices religieux des élèves du Lycée ». Le proviseur, si préoccupé à ce moment, on vient de le voir, de dissiper les

---

1. Charles Delacroix, père du grand peintre Eugène Delacroix, avait été nommé préfet de la Gironde le 3 floréal an XI (23 avril 1803), en remplacement de Dubois, nommé le 26 germinal à la section des finances du Conseil d'État. (*Bull. des Lois*, 3ᵉ série, t. VIII, p. 183.) Il entra en fonctions le 18 prairial (7 juin). (Arch. dép., K, 12, f° 60 v°.)

2. Les documents ont été publiés par MM. Gaullieur et Roborel de Climens dans les *Archives historiques de la Gironde*, t. XIV, p. 551-557. Il y faut joindre les procès-verbaux des deux séances de l'Académie du 26 floréal et du 6 messidor an XI (16 mai et 25 juin 1803). (Arch. de l'Académie, procès-verbaux de 1796 à 1805, p. 106 et 108.) J'ai, de plus, retrouvé aux Archives départementales (K, 11, f° 86 v°-87 r°) l'arrêté du préfet Delacroix avec sa date (21 juin 1803), qui n'avait pu être précisée par M. Roborel de Climens. Quant au transfert, il fut fait sans éclat, aux frais de Joseph de Ségur-Montaigne et sous la surveillance de l'architecte Combes. On ne vit pas se dérouler à travers les rues de Bordeaux l'imposant cortège qui avait accompagné, le 1ᵉʳ vendémiaire an VIII, le tombeau de Montaigne et son prétendu cercueil des Feuillants aux allées de Tourny.

préventions et de démontrer à la population, indifférente ou hostile, que l'institution nouvelle entendait vivre et pousser à Bordeaux de profondes racines, ne fut peut-être pas étranger à ce transfert. Il dut, en tout cas, se réjouir d'un événement qui donnait comme un lustre spécial au Lycée naissant. La restitution du mausolée de Montaigne ne le consacrait-il pas, en le plaçant sous le patronage du grand écrivain, d'une des gloires de la ville et de la province, qui en redevenait l'hôte et le véritable *genius loci*?

Le proviseur et le censeur avaient quitté l'hôtel de France le 7 floréal (27 avril). Tant bien que mal, ils s'étaient installés aux Feuillants, ainsi que le procureur-gérant Aubert[1]. Ce dernier était obligé de demander au préfet un nouvel arrêté pour être autorisé à acheter des objets indispensables portés sur un état supplémentaire, « à condition que la dépense ne dépasse pas le chiffre de 6,366 fr. 45, porté au dit état[2]. » Il fallut aussi que Charles Delacroix écrivît à Letellier pour l'inviter à fournir dans le plus bref délai au citoyen Aubert la caisse à trois clés déjà demandée par le proviseur et destinée à être placée dans le local du bureau d'administration[3]. C'est le 16 messidor (5 juillet) seulement, sept jours avant l'ouverture du Lycée, que le procureur-gérant put croire qu'il aurait à sa disposition un coffre-fort.

Cependant les élèves commençaient d'arriver. Du Prytanée on en expédiait 25, sur les 38 qui avaient été nommés. Ils étaient tous à Bordeaux le 12 et le 13 messidor (1er et 2 juillet)[4]. Le plus grand nombre étaient dans un état de dénûment lamentable: l'administration du Prytanée avait négligé de les

---

1. Le personnel des domestiques qui les servaient se composait du portier Lasmolles, de sa sœur Marie Lasmolles, qui aidait la cuisinière, Mme Gayot. (Mémoire d'achat de fil et rubans pour les torchons de cuisine, 5 messidor.) Mme Gayot fit la cuisine jusqu'au 11 messidor, date de l'entrée en fonctions du cuisinier Lacombe, remplacé au bout de douze jours par Camus. (Arch. du Lycée, pièces comptables, 1802-1805.)

2. Arrêté du préfet Delacroix, du 5 messidor an XI. (Arch. dép., K, 12, f° 74 r°.)

3. Lettre du préfet Delacroix à Letellier, maire du Centre, 16 messidor an XI. (Arch. mun., documents non classés, dossier *Lycée*.)

4. Champeaux à Fourcroy, 19 messidor (8 juillet). (Arch. du Lycée, *Reg. de corr. I*, f° 2 v°.)

munir de linge et de vêtements[1]. Les boursiers des trois départements et les pensionnaires libres arrivaient aussi tous les jours. On leur faisait subir un examen rapide et on les classait suivant leur degré d'instruction. L'ouverture du Lycée était définitivement fixée au 22 messidor (12 juillet). Au dernier moment on s'aperçut qu'on n'avait pas d'horloge. En hâte, le proviseur écrit au préfet pour réclamer celle qui avait été donnée à l'École centrale et qui se trouvait au collège de Guienne[2]. C'est le 26 seulement (15 juillet) que le préfet prit un arrêté conforme[3]. L'article 68 du règlement général des lycées, promulgué seulement le 21 prairial an XI (10 juin 1803), portait que le signal de tous les exercices serait donné au son du tambour. Mais on n'avait eu le temps de prévoir ni caisse, ni « tapin ». A la dernière minute, on décida que provisoirement on se servirait de la vieille cloche des Feuillants[4].

L'ouverture des classes, annoncée pour le 22[5], eut lieu le 23, dans des conditions plutôt médiocres. Sur les huit professeurs nommés, trois manquaient à l'appel. Avec beaucoup de bonne

---

1. Champeaux à Fourcroy, 3 thermidor (22 juillet). (Arch. du Lycée, *Reg. de corr.* I, f° 2 v°.) Le 30 fructidor (17 septembre), tous les effets des élèves du Prytanée n'étaient pas encore arrivés : à cette date, le proviseur invite le procureur-gérant à payer 4 fr. 35 pour transport d'effets venus du Prytanée. (Arch. du Lycée, pièces comptables, 1802-1805.)

2. Champeaux au préfet, 22 messidor (11 juillet). (Arch. du Lycée, *Reg. de corr.* II, f° 3 r°.)

3. Arch. dép., K, 12, f° 96 r°. — Il fallut plus d'un mois de démarches pour obtenir le transfert de l'horloge du collège de Guienne au Lycée. Combes, architecte de la préfecture, allégua que les réparations et les frais de déplacement s'élèveraient à 280 francs. Un nouvel arrêté du préfet, du 13 thermidor (1er août), l'autorisa à toucher un mandat de cette somme à la caisse du préposé principal de la commune. (Arch. dép., K, 11, f° 110 v°.) Combes alors déclara que l'horloge était la propriété de la fabrique de l'église Saint-Paul. Le 25 thermidor (13 août), le proviseur la réclama de nouveau, en faisant remarquer que l'horloge des Ursulines, que Combes proposait à la place, était insuffisante pour le Lycée, comme ne sonnant pas les quarts. (Champeaux au préfet, Arch. du Lycée, *Reg. de corr.* II, f° 4 v°.) Le 29, le préfet répondit que l'horloge du collège de Guienne appartenait bien au Lycée et y serait transportée. Elle le fut le 15 fructidor (2 septembre). (Arch. du Lycée, mémoire de Layzac (?) pour fourniture de cordes, fil de fer et huile et entretien journalier de l'horloge du lycée pendant un quartier à dater du 15 fructidor an XI, qu'a commencé l'entretien de l'horloge, 50 francs, 18 pluviôse an XII.) Un arrêté du préfet du 23 ventôse an XII (14 mars 1804) attribua à la fabrique de Saint-Paul l'horloge et la cloche du couvent des Annonciades. (Arch. dép., K, 13, f° 174 v°-175 r°.)

4. « Avoir acheté une corde pour la grosse cloche, 10 sous. » Mémoire du portier Lasmolles, 29 messidor an XI (18 juillet 1803). (Arch. du Lycée, pièces comptables, 1802-1805.)

5. Voir *Bull. polym.*, I, 284.

volonté, les professeurs de belles-lettres et de mathématiques transcendantes suppléèrent les défaillants[1]. Les élèves n'avaient pas de livres : un maître d'études fit une battue chez les libraires et les bouquinistes de la ville et rapporta au lycée un lot de volumes d'occasion qui furent distribués dans les classes[2]. Un peu plus tard, on acheta un globe terrestre et une mappemonde[3]. Le portier avait été chargé spécialement de fabriquer l'encre et de procurer la craie[4].

Le Lycée était ouvert, mais, on le voit, son existence était singulièrement précaire. Un personnel enseignant incomplet ; des élèves qui se réduisaient à peu près aux boursiers nationaux, et que deux maîtres d'études suffisaient à surveiller[5] ;

---

1. Champeaux à Fourcroy, 23 messidor (12 juillet 1803) : « J'ai l'honneur de vous annoncer que les classes du lycée s'ouvrent aujourd'hui. Je suis parfaitement secondé par MM. Sermand et Leupole (sic), professeurs de belles-lettres et de mathématiques transcendantes, qui veulent bien remplacer provisoirement [MM. Blanche, Puissant et Camoin]. MM. Fitte, Villers et Larrouy sont à leur poste. M. Camoin vient d'écrire qu'il s'y rendrait incessamment... » (Arch. du Lycée, Reg. de corr. I. f° 3 r°.)

2. Mémoire de livres achetés par M. Migneret chez les différents libraires et bouquinistes de la ville de Bordeaux :

> 39 tant d'Horace que de Virgile. Cicéron, Quinte-Curce,
> Justin, De Viris illustribus, Ovide, Phèdre, Salluste,
> 1 Gradus, Cornelius Nepos. 22ˡ 4ˢ
> 3 dictionnaires anciens, 4 Salluste 9ˡ
> 6 Catilinaires de Cicéron, 1 De Viris. 9ˡ 6ˢ
> 2 Boudots. 9ˡ
> 1 aulne de toile cirée et éponges pour les mathématiques 3ˡ 3ˢ

Chez Burkel :

> 20 Boudots neufs reliés, à 5 livres. 100ˡ
> 2 dictionnaires de l'allemand à 5ˡ 10ˢ 11ˡ
> 6 Bezout, 1 volume à 2ˡ 15 . . . . 16ˡ 10ˢ
> 2 Catilinaires de Cicéron à 15ˢ. 1ˡ 10ˢ

Autre mémoire, du même jour (29 messidor an XI (18 juillet 1803), de Duvillard, m⁴ libraire. (Arch. du Lycée, pièces comptables, 1802-1805.)

3. Mémoire d'Augustin Filliatre et neveu, marchands d'estampes, de musique, etc., fossés du Chapeau-Rouge, n° 2 : 1 globe terrestre, 16 fr.; 1 mappemonde, 2 fr. — 2 thermidor an XI (21 juillet 1803). (Arch. du Lycée, ibid.)

4. Mémoire du portier Lasmolles : « 1 pot pour faire l'encre, noix de galle, bois de campech, couperose verte, vitriole, 4ˡ 6ˢ. » 1 vendémiaire an XI (24 septembre 1803). (Arch. du Lycée, ibid.)

5. Dès son arrivée à Bordeaux, le proviseur avait engagé comme maître d'études un prêtre, nommé de Cendrecourt, qui joignait à son traitement des honoraires de messes, ainsi qu'en fait foi le récépissé suivant : « Je soussigné Jaques Gabriel Richard de Cendrecourt, prêtre et maître d'études au Lycée de Bordeaux, reconnais avoir reçu de M. Aubert, procureur-gérant au même Lycée, la somme de douze livres pour l'acquit de quatre messes que j'ai dites pour les élèves du Lycée à l'église de Saint-Paul de la même ville. Fait à Bordeaux, ce 10 thermidor an XI. J.-G. RICHARD DE CENDRECOURT, prêtre. » (Arch. du Lycée, pièces comptables, 1802-1805.) Cendrecourt quitta le Lycée à la fin de messidor. Le deuxième maître d'études était Migneret. Nous le retrouverons plus loin.

des lits en nombre plus que suffisant pour les coucher; dans les classes, les tables et les bancs hérités du pensionnat de l'École centrale; quelques livres classiques achetés au rabais; un personnel domestique fort restreint : tel était le misérable état du Lycée national de Bordeaux en juillet 1803. « Les moyens de subvenir aux frais de premier établissement, écrivait Fourcroy dans son instruction aux commissaires, vous seront fournis par les autorités locales; vous profiterez des ressources qu'elles vous feront connaître, des revenus qui leur resteront, de la bienfaisance même qui se manifestera, et que vous saurez appeler sur nos utiles institutions. » Ces avis montrent que le directeur général de l'instruction publique se rendait compte des difficultés matérielles auxquelles devait se heurter l'organisation des Lycées. A Bordeaux, elles furent considérables. La municipalité voyait naturellement d'assez mauvais œil une institution nouvelle, qui ne semblait devoir lui procurer que des charges; quel intérêt pouvait-elle porter à une maison d'éducation si différente de celles qu'elle prétendait remplacer? Un lycée étroitement subordonné à l'État, chargé de subvenir à l'instruction de la jeunesse de trois départements, peuplé en grande partie d'élèves recrutés dans toutes les régions de la France, voilà ce que le Gouvernement l'obligeait à entretenir de ses deniers. On comprend le peu de zèle qu'elle montrait. L'institution naissante n'avait, pour se soutenir, que les sympathies très actives et très sincères du préfet Delacroix; mais que pouvaient ses arrêtés, qui souvent ressemblaient à des réquisitions, en face des complications de toute sorte qui se dressaient de tous côtés? Le moyen, après cela, pour le proviseur de faire mieux, de songer, par exemple, à coucher ses élèves dans des lits de Rumford, à cadres de toile, de veiller à ce que les ustensiles de cuisine fussent de fer et non de cuivre, comme le recommandait minutieusement Fourcroy! Il lui fallait se contenter des lits de bois peu hygiéniques fournis par le tapissier Sourduire [1].

---

1. Champeaux au maire du Centre, 14 prairial an XI. (Arch. du Lycée, *Reg. de corr.* II, f° 2 v°.)

La loi de l'an X avait pourtant essayé d'intéresser les autorités locales à la prospérité des Lycées. A leur tête elle avait placé un Bureau d'administration comprenant, avec le proviseur, le préfet, le président du tribunal d'appel, le commissaire du gouvernement près ce tribunal, le commissaire du gouvernement près le tribunal criminel et le maire. A Bordeaux, les membres de ce Bureau se trouvaient être, outre le préfet Delacroix et le proviseur de Champeaux, MM. de Brezetz, Auguste Rateau, André Buhan et Letellier, maire du Centre, dans l'arrondissement duquel se trouvait le Lycée. Le 29 messidor (18 juillet), huit jours après l'ouverture des classes, le Bureau se réunit : le préfet, le maire, M. de Brezetz et le proviseur assistaient à la séance. D'importantes décisions furent prises. On fixa le nombre des employés et des domestiques et le chiffre de leurs gages[1]. Mais on s'occupa surtout de l'école de dessin.

On sait quelle place importante avait pris l'enseignement du dessin dans les programmes élaborés par les assemblées révolutionnaires. A l'École centrale de la Gironde, il avait été donné par Lacour avec un tel succès qu'à la suppression de l'École, le Conseil départemental avait décidé, le 21 floréal an XI (11 mai 1803), de maintenir le crédit pour un an : il s'élevait à la somme de 4,200 francs, dont 3,000 pour les frais généraux et 1,200 pour le professeur[2]. L'année suivante, la Ville prenait la dépense à sa charge, mais le département subvenait encore

---

[1]. « Extrait du registre des délibérations et arrêtés du Bureau d'administration du Lycée fixant les gages des employés et domestiques :

> Commis secrétaire : 1,000 fr. par an, nourri et logé.
> Tailleur : en plus du prix de ses façons, il recevra un sol par jour par tête d'élève pour le raccommodage des habits et il aura la fourniture de tout ce qu'exige le raccommodage. Logé.
> Lingère : 240 fr. par an, logée et nourrie.
> Lisseuse : 200 fr. par an, logée.
> Blanchisseurs : 400 fr., logés et nourris.
> Portier : 400 fr.; sa femme 200 fr., logés et nourris.
> Chef de cuisine : 400 fr., logé et nourri.
> Distributeur : 300 fr., logé et nourri.
> Autres domestiques : 200 fr., logés et nourris.

Signé : Ch. Delacroix, Letellier fils, *maire*, Brezetz, Champeaux. » 29 messidor an XI (18 juillet 1803). (Arch. du Lycée, pièces comptables, 1803-1805.)

[2]. Arch. dép., Conseil général, Procès-verbaux, an XI, f°s 8-11.

pour un an à l'entretien du matériel[1]. Le proviseur comprit qu'il lui serait très avantageux de s'annexer cette école de dessin si prospère et de lier aux destinées incertaines du Lycée national, mal vu des autorités locales, l'avenir d'une institution municipale populaire à Bordeaux. Le préfet Dubois avait, dès le 28 germinal (18 avril), arrêté qu'elle serait logée à la Visitation[2]. Dans sa première séance, le Bureau d'administration avait émis le vœu, à la demande du proviseur, que l'école gratuite de dessin fût installée au Lycée[3]. Cette fois, « sentant la nécessité d'ouvrir bientôt l'école de dessin », il arrêta « que le citoyen Lacour, nommé professeur de dessin au Lycée, serait payé à raison de 200 francs par mois, jusqu'à ce que l'école gratuite de Bordeaux soit réunie à celle du Lycée »[4]. et le lendemain (30 messidor), le préfet signait un arrêté transférant « dans une salle de la Visitation qu'indiquera le proviseur du Lycée » l'école gratuite de dessin, « ce qui permettra de maintenir cette école suivie par un grand nombre de jeunes gens qui se destinent à la marine et de la mettre à la portée des élèves externes du Lycée qui pourront la suivre[5]. » L'adjonction de Lacour au personnel enseignant, l'annexion de l'école gratuite de dessin étaient des mesures habiles : elles devaient, dans la pensée du proviseur, accroître le prestige et la popularité du Lycée, lui donner pour ainsi dire droit de cité dans Bordeaux, enfin permettre d'obtenir plus aisément l'évacuation de la Visitation.

Pour éclairer l'opinion publique, malveillante ou même hostile, le proviseur ne négligeait aucun moyen. Il fit copier des extraits de lois, arrêtés et règlements concernant les lycées, les coordonna et les fit imprimer[6], puis demanda au préfet de

---

1. Arch. dép., Conseil général, Procès-verbaux, an XII.

2. Arch. dép., K, 12, fos 26 vº-27 rº.

3. Champeaux au préfet, 26 messidor (15 juillet). (Arch. du Lycée, *Reg. de corr. II*, fº 3 rº.)

4. Extrait de la délibération du Bureau du 29 messidor. (Arch. du Lycée, pièces comptables, 1802-1805.)

5. Arch. dép., K, 11, fº 101 rº-102 rº.

6. Mémoire de Bergeret neveu, du 2 thermidor an XI (21 juillet 1803) : 1,500 exemplaires du précis des lois concernant les Lycées, faisant deux feuilles in-4º, cousues et rognées, 200 francs. (Arch. du Lycée, pièces comptables, 1802-1805.) Cette brochure ouvre le précieux volume des Palmarès du Lycée (1803 à 1814) conservé à la Bibliothèque de la ville de Bordeaux. Elle est datée du 17 thermidor an XI.

les faire répandre dans toutes les communes du département[1]. Le nom de *Lycée* n'était pas inconnu à Bordeaux, mais on pouvait justement craindre qu'il ne fût pas compris de tout le monde. Attribué par Condorcet, lors des travaux du Comité d'instruction publique de l'Assemblée législative, à des établissements d'enseignement supérieur, destinés à remplacer les anciennes Universités, il avait été détourné de ce sens et appliqué à nombre de sociétés savantes, littéraires ou artistiques[2]. Il y avait eu, en 1797, à Bordeaux un Lycée : c'était une réunion d'amateurs, qui organisaient des séances littéraires et des concerts. Le « Lycée de Bordeaux », ouvert le 6 prairial an V (25 mai 1797)[3], s'était constitué le 11 fructidor d'une façon officielle avec Michel pour président, Bernadau et Ferrère pour secrétaires[4]. La tentative ne fut pas heureuse : le 15 floréal an VI (4 mai 1798), le président Caillau et le secrétaire Laboubée convoquaient sans succès une assemblée générale ; le 17, le Comité directeur démissionnait[5]. Le *Lycée* végéta jusqu'en vendémiaire an VII : s'il faut en croire Bernadau, il périt faute de membres et d'argent ; les abonnés furent mécontents de ce que les directeurs en avaient fait une spéculation[6]. Quoi qu'il en soit, l'inscription « Lycée » figurait encore en 1803 sur un immeuble du cours de l'Intendance : le 12 fructidor an XI (30 août), le proviseur s'adressait au préfet pour obtenir la suppression de cette enseigne « qui a donné lieu à des méprises préjudiciables au Lycée de Bordeaux »[7]. Deux mois plus tard,

---

1. Champeaux au préfet, 23 thermidor an XI (11 août 1803). (Arch. du Lycée. *Reg. de corresp.* II, f° 4 r°.) On lit dans Bernadau, *Tablettes*, sous la date du 21 thermidor : « Le Lycée de Bordeaux vient de publier un précis de ses règlements. Il y a environ 200 élèves entretenus par le gouvernement. » (Bibliothèque de la ville, mss. de Bernadau, t. VIII, *Tablettes*, p. 33.) Le dernier détail prouve la confiance qu'on peut avoir en Bernadau.

2. C'est ainsi qu'il y avait en l'an IX un *Lycée* à Toulouse, où l'on donnait des concerts, où l'on faisait des lectures, qui avait fondé des prix. (Prospectus du Lycée de Toulouse, Arch. de l'Académie de Bordeaux.) En l'an X, il y avait un *Lycée* à Poitiers, dans le Var un *Lycée d'émulation*. (Arch. de l'Académie, Procès-verbaux, 1796-1805.)

3. Bibliothèque de la ville, mss. de Bernadau, t. VII, *Tablettes*, p. 332.

4. Prospectus du Lycée de Bordeaux. (Arch. de l'Académie, pièces.) Voir sur le *Lycée* de 1797-1798, R. Céleste, *La Société Philomathique de Bordeaux de 1783 à 1808*, Bordeaux, 1898, in-8°, p. 15-16.

5. Bibliothèque de la ville, mss. de Bernadau, t. XXX, *Spicilège bordelais*, pièce 68.

6. *Ibid.*, t. VII, *Tablettes*, p. 413 et 441.

7. Champeaux au préfet, 12 fructidor an XI (30 août 1803). (Arch. du Lycée, *Reg. de corr.* II, f° 4 v°.)

il priait le commissaire général de police de donner des ordres pour faire enlever l'enseigne « Lycée d'éducation » qu'un instituteur avait placée sur une maison au coin de la rue Sullivan[1].

Ce souci d'assurer le prestige du Lycée naissant apparaît dans d'autres circonstances. C'est ainsi que l'on voit le proviseur revendiquer pour lui et ses professeurs, dans les cérémonies publiques, un rang convenable, « immédiatement après le Conseil du département »[2]. Il prenait soin aussi de faire respecter ses maîtres d'études. Dans la soirée du 24 fructidor (11 septembre), les élèves du Lycée se trouvaient dans l'enclos de la Chartreuse, lieu ordinaire de leurs promenades. Ils s'y exerçaient à des évolutions militaires sous la direction du tambour Tharaube, lorsqu'un préposé de l'octroi, nommé Boulanger, se permit de se livrer « à des excès scandaleux et à des provocations menaçantes » contre le maître d'études qui les surveillait. Le proviseur adresse le surlendemain un rapport au préfet et demande que le coupable soit renvoyé dans son département. « Cet individu turbulent, écrit-il, est déjà connu par plusieurs traits de violence. Son adresse sous les armes le rend insolent[3]. » Le même jour, le préfet signait un arrêté conçu en termes foudroyants : « Considérant que la conduite du citoyen Boulanger est très répréhensible, puisqu'elle tend à troubler l'ordre et la tranquillité publique, qu'elle est une preuve de mépris pour les institutions les plus respectables, qu'un sujet de cette trempe est un homme dangereux qui ne mérite aucune confiance... » Le malheureux préposé était tout net destitué[4]. Le proviseur avait eu satisfaction immédiate et même au delà. Après cet exemple, les Bordelais en général, les employés de l'octroi en particulier, durent comprendre qu'il n'était pas prudent de s'attaquer à une institution si hautement protégée par le gouvernement.

---

1. Champeaux au commissaire général de police, 10 brumaire an XI (2 novembre 1803). (Arch. du Lycée, *Reg. de corr.* II, f° 7 r°.)

2. Champeaux à Fourcroy, 23 messidor an XI (12 juillet 1803) (Arch. du Lycée, *Reg. de corr. I*, f° 3 r°.)

3. Champeaux au préfet, 26 fructidor an XI (13 septembre 1803). (Arch. du Lycée, *Reg. de corr.* II, f° 5 r°.)

4. Arch. dép., K, 12, f° 169 r°-v°.

D'après le règlement général, uniforme pour tous les lycées, les vacances devaient durer du 1ᵉʳ fructidor (19 août) au 15 vendémiaire (8 octobre). Mais en 1803, on n'avait pas encore ce fétichisme de la règle que l'on a si souvent reproché à l'Université impériale. Le proviseur jugea que les dates fixées ne pouvaient être adoptées à Bordeaux. Il écrivit à Fourcroy : « Ne pourriez-vous pas, citoyen conseiller d'État, prendre sur vous de m'autoriser à reculer l'ouverture des vacances jusqu'au 30 fructidor, pour reporter la rentrée au 15 brumaire? Je vous fais cette demande pour l'utilité de l'établissement et d'après le vœu des Bordelais. D'après les dispositions du règlement, elles se trouvent finir précisément à l'époque où tout le monde ici se retire à la campagne [1]. » Fourcroy accorda de bonne grâce l'autorisation demandée. La sortie eut lieu le 30 fructidor (17 septembre), la rentrée fut reportée au 15 brumaire (7 novembre). Avant de se séparer, administrateurs, professeurs et maîtres d'études se réunirent en un dîner d'adieu : on but à la prospérité du Lycée [2]. La rentrée s'annonçait bonne : de nombreux pensionnaires libres se présentaient tous les jours. Les vacances allaient permettre de pousser activement les réparations aux Feuillants et d'aménager le local de la Visitation. Le proviseur se répéta sans doute à lui-même ce qu'il écrivait à Fourcroy le 20 prairial : « J'ai éprouvé bien des peines, bien des tracasseries, mais à force de courage, de patience et de modération, de persévérance et d'activité, je suis parvenu à mon but qui sera toujours de me conformer aux vues du gouvernement [3]. » Il n'en avait pourtant pas fini avec les difficultés et les déboires.

---

1. Champeaux à Fourcroy, 23 messidor an XI (12 juillet 1803). (Arch. du Lycée, *Reg. de corr. I*, fᵒ 3 rᵒ-vᵒ.)

2. Récépissé de Meingelle, épicier : « Je reçu onse livres quatre sols pour le mountant de huit bouteilles de vin rouge que jey fourny a la maison du Licée. Bordeaux, ce 30 fructidor an onse. MEINGELLE. » En note : « Pour le jour de la séparation des professeurs partant pour les vacances. » (Arch. du Lycée, pièces comptables, 1802-1805.)

3. Champeaux à Fourcroy, 20 prairial an XI (9 juin 1803). (Arch. du Lycée, *Reg. de corr. I*, fᵒ 2 rᵒ.)

CHAPITRE II

Les Bâtiments.

Le quartier latin à Bordeaux. — Son aspect sous le Consulat. — Le couvent des Feuillants : son histoire avant et pendant la Révolution. — Évacuation des archives judiciaires et occupation de la chapelle par le Lycée. — Le couvent de la Visitation : son histoire avant et pendant la Révolution. — La conquête de la Visitation. — Expulsion des colons déportés de Saint-Domingue. — Construction de l'arceau. — Résistance de l'administration de la Loterie. — Hostilité de la municipalité et de l'architecte Combes. — Décret consulaire annexant la Visitation au Lycée (1ᵉʳ décembre 1803). — La rue Saint-Antoine ; construction du souterrain. — Dernières résistances de l'inspecteur Garnot ; sa capitulation. — Fourcroy au Lycée (mai 1805). — Son instruction sur les réparations à faire. — Lafaurie-Monbadon, maire de Bordeaux. — Ses dispositions bienveillantes. — Diplomatie du proviseur : le drapeau du Lycée. — Nouveaux atermoiements. — La situation en août 1809. — Le Lycée et les budgets municipaux.

Le quadrilatère aujourd'hui limité par le cours Victor-Hugo, la rue Duffour-Dubergier, le cours d'Alsace-et-Lorraine, la rue du Pas-Saint-Georges et la rue Saint-James, enferme depuis des siècles le quartier latin bordelais. C'est dans cette première annexe de la cité romaine primitive, dans ce Bordeaux communal du xiiᵉ siècle, que s'élevèrent vers 1450 le collège de Guienne et le collège des Lois. Au xviᵉ siècle, Simon Millanges établit dans la rue Saint-James, à l'angle de la rue de la Sau, son imprimerie, qui éclipse vite l'humble boutique de Pierre de Ladime. A la même époque, les Jésuites s'installent à Bordeaux : ils ne trouvent point de place vacante dans le quartier, mais c'est sur sa bordure, sur les Fossés, en face du vieux collège de Guienne, qu'ils prétendent supplanter, que se dressent les bâtiments de la Madeleine. Lorsqu'ils sont expulsés, en 1762,

leur maison rentre, pour ainsi dire, de force dans le quadrilatère traditionnel : les jurats installent le collège royal de
Guienne, auquel est réuni désormais celui de la Madeleine,
dans leur maison professe de la rue des Ayres. C'est là que
végète, pendant la Révolution, le Collège national. C'est là que
s'installe à son tour l'École centrale. Quand le Lycée de Bordeaux est créé, il vient occuper, à quelques pas de là, les deux
couvents des Feuillants et de la Visitation. Jusqu'aux dernières
années du XIXe siècle, la tradition séculaire est respectée : c'est
à peine si le cadre s'élargit pour enfermer, en 1839, les Facultés
des Lettres, des Sciences et de Théologie, logées misérable-
ment rue Montbazon[1] ; en 1874, la Faculté de Droit ; en 1880,
la Faculté de Médecine et l'annexe de Saint-Raphaël. Lorsqu'en
1854 la municipalité se propose d'agrandir le Lycée, elle ne
cherche pas à le transférer ailleurs : c'est en supprimant la rue
Saint-Antoine, c'est en démolissant des maisons de la rue des
Ayres et de la rue Montaigne qu'elle compte résoudre le problème. Deux idées révolutionnaires, création d'un lycée d'enseignement classique entre la rue de Marseille et le boulevard
(1866), transfert dans l'établissement des Sourdes-Muettes de la
rue Saint-Sernin (1871), n'ont pas de succès. En 1875, on se
borne à sortir timidement du quadrilatère traditionnel en déci-
dant d'établir le nouveau Lycée dans l'ancien collège de la
Madeleine. En 1886, les Facultés des Lettres et des Sciences,
quittant la rue Montbazon, reviennent au lieu de leur berceau,
sur l'emplacement des Feuillants et de la Visitation : c'est un
nouveau triomphe de la tradition. A la veille du XXe siècle seulement, Bordeaux se décide enfin à rompre avec elle. Dès 1883,
le Lycée de jeunes filles, comme pour mieux marquer le caractère nouveau de son institution, se logeait loin du vieux quartier latin, aux limites extrêmes du faubourg Saint-Seurin, où
il est resté après son transfert de l'hôtel Barada à l'ancienne
pension Saint-Pierre. En 1891, l'École de Santé de la Marine
s'établit dans les régions lointaines du cours Saint-Jean, proche
la gare du Midi, où la rejoint, dix ans plus tard, l'Institut

---

1. De 1809 à 1815, les Facultés des Lettres et des Sciences eurent leur siège au Lycée.

zoologique de la Faculté des Sciences. Enfin, en 1902, le Lycée
du cours Victor-Hugo, à son tour devenu trop étroit, essaime
son annexe urbaine de Longchamps aux portes du Jardin-
Public, dans le Bordeaux des intendants et du commerce. Ce
n'était donc pas simplement par un effet du hasard que le
Lycée vint en 1802 prendre la place aux Feuillants du pensionnat de l'École centrale. Le préfet Dubois, en faisant choix
de ce local, avec, du reste, une singulière imprévoyance,

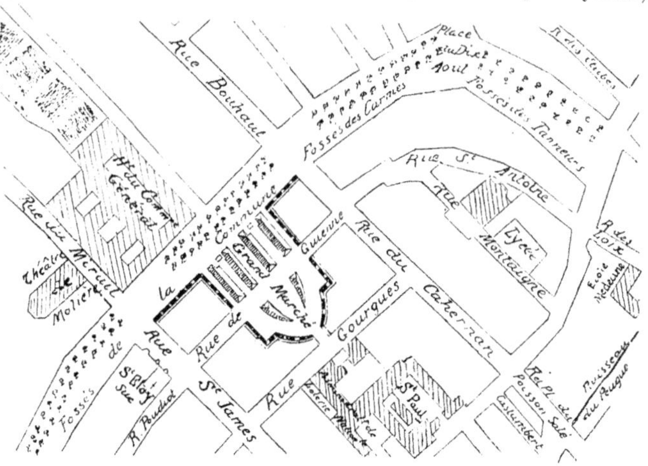

LE QUARTIER LATIN BORDELAIS EN 1805 [1].

obéissait, à son insu, à une loi historique qui s'est imposée à
Bordeaux pendant cinq siècles.

Notre quartier latin offrait, sous le Consulat, un spectacle
assez pittoresque. C'était, autant qu'un quartier d'écoles,
un quartier de couvents : couvents abandonnés, d'ailleurs,
depuis dix ans et qui servaient aux usages les plus divers.
Outre les Feuillants et la Visitation, il contenait l'ancienne
maison professe des Jésuites et l'ancienne maison des Dames
de la Foi. A l'ouest des fossés des Tanneurs, étaient les religieuses
de Notre-Dame de la rue du Hà, les Minimes et les Minimettes.

---

1. Extrait du *Plan de la Ville de Bourdeaux et de ses Faux-Bourgs, dressé selon les
nouvelles divisions qu'il présente et les nouveaux établissements qui y ont été formés*, à
Paris, chez Jean, rue Jean-de-Beauvais, n° 32, an XIII. (Arch. mun., *Plans*, n° 479.)

Au sud, par-delà les fossés des Carmes et de la Commune, un grand emplacement vide s'étendait entre la rue du Dix-Août (rue Sainte-Eulalie) et la rue Bouhaut, marquant l'ancien couvent des Grands-Carmes, qui venait d'être démoli. Plus loin, le collège de la Madeleine, acquis par la Ville le 15 octobre 1790, au prix de 826,233 francs, pour en faire la Mairie, abritait, depuis que Bordeaux était divisé en arrondissements, la mairie du Sud, le commissariat général de police, le tribunal de première instance, le tribunal correctionnel et le directeur du jury. On songeait à ouvrir, le long du côté ouest de ces bâtiments, une « grande voie » parallèle à la rue Bouhaut et qui eût relié la place de la Convention (place d'Aquitaine) au Grand Marché nouvellement construit sur l'emplacement du vieil hôtel de ville et de l'ancien collège de Guienne. A deux pas de là, dans la rue du Mirail, l'église Saint-Jacques avait été transformée en théâtre de Molière. Dans l'intérieur du quartier, un peu aéré et élargi par l'ouverture du Grand-Marché, le collège des Lois, dans la rue des Lois (rue Porte-Basse), prêtait ses salles, qui, au xviiie siècle, s'étaient plus remplies de poussière que d'étudiants, à la Société médicale d'émulation de Bordeaux, fondée en l'an XI, organisée le 1er frimaire an XIII, avec Molinié comme président et Ducastaing comme secrétaire général[1]. Elle était à la veille de céder la place au tribunal de police municipale du canton de Bordeaux, et elle allait émigrer rue Lalande, dans la maison Saint-Côme[2]. Quant à la maison professe des Jésuites, dont la chapelle était devenue l'église Saint-Paul, elle était occupée, depuis la fermeture de l'École centrale, par divers locataires qui s'en partageaient les logements. Un chef de division de la préfecture, le citoyen Grenouilleau, en détenait une partie, et sa femme y avait ouvert une école. Le pensionnat de l'École centrale, chassé des Feuillants, avait été autorisé à s'y installer le 29 frimaire an XI (20 décembre 1802)[3]. Décimé

---

1. *Règlement de la Société médicale d'émulation de Bordeaux*, Bordeaux, Pierre Beaume, an XIII (1805).

2. Arrêté du préfet du 19 prairial an XI (8 juin 1803). (Arch. dép., K, 12, f° 63 r°.)

3. Arrêté du préfet Dubois, 29 frimaire an XI (20 décembre 1802). (Arch. dép., K, 9, f° 128 v°-129 r°.)

par la création du Lycée, qui lui avait pris ses meilleurs élèves et son directeur Chassin-Villers, il végétait, dirigé par le citoyen Donadieu, et logeait au deuxième étage. Ces deux locataires, menacés d'une expulsion prochaine, avaient obtenu du préfet, le 1ᵉʳ thermidor an XI (20 juillet 1803), une autorisation provisoire de rester[1]. La ville de Bordeaux songeait, en effet, à installer au collège de Guienne les bureaux de la municipalité du Centre, qui, chassés de l'ancien doyenné Saint-André par l'archevêque[2], n'avaient pu se loger à l'hôtel de l'Académie, au nᵒ 6 des allées de Tourny, qui leur avait été d'abord attribué.

C'est dans la partie sud-ouest du quartier que se trouvaient les deux couvents des Feuillants et de la Visitation, destinés à devenir le Lycée. Le couvent des Feuillants, ancienne commanderie de Saint-Antoine, installée à Bordeaux depuis le début du xivᵉ siècle, avait été fondé à la fin du xviᵉ. En 1589, un moine feuillant, dom Jean de La Barrière, était venu de Paris avec des lettres de Henri III l'autorisant à établir à Bordeaux un couvent de son ordre. L'archevêque Antoine Prévost de Sansac lui avait concédé, le 24 juillet 1591, l'ancien monastère de Saint-Antoine, concession confirmée en juin 1594 par une bulle du pape Clément VIII, qui réunissait au nouveau couvent le prieuré de Saint-Martin du Mont Judaïque. Au xviiᵉ siècle, les Feuillants s'étaient enrichis par des donations nombreuses; ils avaient, en 1604, construit une belle église sur l'emplacement de la modeste chapelle des Antonins. En dépit des pertes qu'ils subirent pendant la Fronde, ils étaient devenus une des congrégations les plus opulentes de la ville; en 1730, leur revenu net était de 5,381 l. 1 s. par an. Grâce à leurs richesses, ils avaient, à la fin du xviiiᵉ siècle, reconstruit presque en entier les bâtiments du monastère. Les jurats en avaient posé la première pierre le 26 août 1741. La « maison des Feuillants » était composée « d'un corps de logis

---

1. Arrêté du préfet du 1ᵉʳ thermidor an XI (20 juillet 1803). (Arch. dép., K, 11, fᵒ 103 rᵒ.)

2. C'est le 11 prairial an X (3 mai 1802) que le Conseil général avait décidé de loger l'archevêque au doyenné Saint-André; cette décision fut confirmée le 22 floréal an XI (12 mai 1803). (Arch. dép., Conseil général, sessions de l'an X, p. 50-51, et de l'an XI, fᵒ 13 rᵒ-vᵒ.)

entre deux ailes, le tout à trois étages sur rez-de-chaussée ».
L'entrée était dans la rue des Feuillants (rue Paul-Bert). Les
bâtiments encadraient une cour carrée transformée en parterre.
A gauche, se trouvait l'église, dont l'entrée principale était
aussi rue des Feuillants; à gauche encore, le jardin. Le tout
couvrait un triangle limité par la rue Saint-Antoine, la rue des
Ayres et la rue des Feuillants. Ce triangle contenait, de plus,
quelques maisons appartenant aux religieux et louées par
eux. Tout l'îlot se trouvait en contre-bas de la rue Saint-Antoine,
à laquelle on accédait par un degré.

A la Révolution, le couvent fut mis sous séquestre et devint
bien national. « La maison, dit un procès-verbal dressé par la
municipalité le 23 avril 1790, peut contenir vingt-deux religieux. Indépendamment des cellules faites pour les loger, il y
a encore neuf chambres d'infirmerie, trois salles, la plus grande
ornée d'une boiserie et de trois tableaux, les deux autres aussi
boisées. Il y a deux réfectoires qui sont boisés, avec des armoiries
dans les murs, dans le plus grand. Il y a plusieurs caves à
contenir cinquante tonneaux de vin et la provision ample de
bois à brûler pour la maison. Au-dessus des cellules sont des
galetas et des logements pour les domestiques[1]. »

En 1792, les religieux évacuèrent le couvent. On y mit un
gardien, nommé Mothes, qui y demeura jusqu'en 1796[2]. Sous
la Terreur, la section n° 8 (section Michel Montaigne) y tint ses
réunions, dans l'église, ou dans la salle d'entrée, ou dans le
réfectoire. Pendant un mois, en 1794, on vendit le poisson à la
livre dans le jardin; on le distribuait aux acheteurs à travers
la grille[3]. Quant aux bâtiments, ils étaient occupés par le dépôt
des bibliothèques et les archives judiciaires[4].

On a vu comme le préfet, après avoir expulsé le pensionnat

----

1. J'emprunte ces détails à l'étude très précise et très complète de L. de Lamothe,
Notes historiques sur le monastère de Saint-Antoine des Feuillants à Bordeaux, Bordeaux,
Chaumas, 1846, in-8° de 46 p.

2. On retrouve un Mothes comme économe (dépensier) du Lycée.

3. « Renseignements pour M. Detcheverry. » Note manuscrite de Monbalon.
(Archives municipales, doc. non classés, dossier *Lycée*.)

4. Il s'y trouvait, entre autres, la belle bibliothèque des Feuillants, qui comptait
près de 2,250 volumes, parmi lesquels le fameux exemplaire des *Essais*, annoté par
Montaigne, dont la Ville de Bordeaux a récemment entrepris la publication.

de l'École centrale, fit transférer en décembre 1802 les bibliothèques à l'hôtel de l'Académie. Quant aux archives judiciaires, en dépit de l'arrêté préfectoral du 28 germinal (18 avril), elles étaient toujours déposées dans l'église, dont l'accès était, de ce fait, interdit au Lycée. Le proviseur était obligé de faire conduire les élèves aux offices, le dimanche, à la paroisse Saint-Paul[1]. Cela n'allait pas sans des inconvénients. Aussi, pendant les vacances, il pria le Préfet de faire exécuter l'arrêté qui ordonnait le transfert des archives au collège de Guienne[2]. Mais ce transfert n'était plus possible : depuis le 17 thermidor an XI (5 août 1803), la mairie du Centre avait été mise en possession de ces bâtiments pour y installer ses bureaux au rez-de-chaussée, du côté de la rue de Gourgues, et le reste était, on l'a vu, déjà occupé[3]. Il fallait trouver un autre local pour les archives. Le proviseur renouvela sa demande à la rentrée, le 18 brumaire (10 novembre), et d'une façon plus pressante le 6 frimaire (28 novembre)[4]. Mais le préfet Delacroix était absent. Enfin, le 18 pluviôse (8 février 1804), il décida de faire transférer les archives au couvent des Minimes[5]. L'opération n'était pas facile : comme la Visitation, les Minimes servaient de logement à des colons déportés et à diverses personnes qui en occupaient une partie, sans aucun droit d'ailleurs. Les colons refusèrent d'évacuer et de transporter leurs pénates à l'hôtel de la Monnaie. Le 27 floréal (17 mai), un nouvel arrêté ordonna de les faire sortir de force[6]; il resta sans effet. Dix jours après, le proviseur écrivait : « La communication des élèves du lycée avec le public

---

1. Facture de la cit. Ligier pour la location des chaises à l'église Saint-Paul, à raison de neuf francs par mois, 16 brumaire an XII (8 novembre 1803). Les élèves continuèrent à aller à Saint-Paul jusqu'à l'ouverture de la chapelle. Pour les grandes fêtes, on les menait à Saint-André. (Mémoire de Marie Gaudens, loueuse de chaises à Saint-André, pour chaises fournies au Lycée : le vendredi saint, 150 chaises à 1 s. 6 d. pièce, 11 l. 5 s.; *idem* pour le jour de Pâques, pour l'Ascension. 22 floréal an XII.) (Arch. du Lycée, pièces comptables, 1802-1805.)

2. Champeaux au Préfet, 29 vendémiaire an XII (22 octobre 1803). (Arch. du Lycée, *Reg. de corr.* II, f° 6 r°.)

3. Arrêté du préfet Delacroix, 17 thermidor an XI. (Arch. dép., K, 12, f° 136 v°.) La mairie du Centre ne fut installée qu'au début de novembre : elle occupa le premier étage. (*Echo du Commerce* du 14 brumaire an XII (6 novembre 1803.)

4. Champeaux au préfet, 18 brumaire. (Arch. du Lycée, *Reg. de corr.* II, f° 7 r°-8 r°.) Champeaux à Dufort, préfet par intérim, 6 frimaire. (*Ibid*, f° 8 v°.)

5. Arrêté du préfet Delacroix, 18 pluviôse. (Arch. dép., K, 13, f° 137 v°-138 r°.)

6. Arrêté du préfet Delacroix, 27 floréal. (Arch. dép., K, 14, f° 93 v°-94 r°.)

cause dans les paroisses de la ville des désordres et des scènes
scandaleuses que je dois prévenir. Aujourd'hui encore, nos
jeunes gens ont été foulés et pressés d'une manière inquiétante;
les femmes se confondent parmi eux, et il peut résulter de
grands inconvénients de cette confusion[1]. » Un nouvel arrêté
du Préfet, du 8 prairial (29 mai), ordonna de transférer les
colons d'urgence au Fort-Louis[2]. Mais il fallait mettre le couvent des Minimes en état de recevoir les archives. Les travaux
de réparation furent longs. Le 3 messidor (22 juin), la chapelle
du Lycée était encore encombrée de registres et de liasses. Le
proviseur voyait approcher avec inquiétude la fin de l'année
scolaire : il n'avait, en effet, d'autre local que cette église
désaffectée pour les exercices publics et la distribution des
prix. Il écrivit de nouveau au Préfet afin d'obtenir que la municipalité pressât les travaux aux Minimes et que la chapelle fût
livrée le 15 thermidor[3]. Le déménagement ne se fit qu'en
fructidor, « très précipitamment », à la veille des exercices
publics, qui commencèrent le 23 (10 septembre)[4].

L'église des Feuillants évacuée, le proviseur s'occupa aussitôt
de la faire aménager. Le zèle avec lequel il avait pressé toute
l'affaire s'explique par son désir de couper court « aux propos
calomnieux auxquels le défaut d'une chapelle donnait lieu »[5].
Les travaux furent exécutés pendant les vacances de 1804. La
vieille église des Feuillants était dans un lamentable état : la
nef était absolument vide, l'autel avait été détruit sous la Terreur. Dans les chapelles latérales dormaient sous les dalles de
pierre les conseillers et les avocats au Parlement de Bordeaux

---

1. Champeaux au préfet, 7 prairial an XII (27 mai 1804). (Arch. du Lycée, *Reg. de
corr. II*, f° 14 v°.)

2. Arrêté du préfet Delacroix, 8 prairial an XII (28 mai 1804). (Arch. dép., K, 14,
f° 109 r°.)

3. Champeaux au préfet, 3 messidor an XII (22 juin 1804). (Arch. du Lycée, *Reg.
de corr. II*, f° 15 r°.) Le même jour, le Préfet fixait à 1,400 fr. 30 la mise en adjudication des frais de transfert des Feuillants aux Minimes. (Arch. dép., K, 14, f° 133
r°-v°.)

4. Le 13 floréal an XIII, le Conseil départemental, saisi par le procureur général,
vota une somme de 4,000 francs pour le triage des documents. (Arch. dép., Conseil
général, Procès-verbaux de l'an XIII.)

5. Champeaux au préfet, 3° complémentaire an XII (30 septembre 1804). (Arch.
du Lycée, *Reg. de corr. II*, f° 18 v°.)

les
os
te ;
de
été
les
ou-
aux
elle
Le
ée
ise
des
ni-
fût
en
ces

tôt
ute
pos
» [5].
La
la
er-
de
aux

J. de

14,

Reg.
udi-
133

éral,
iseil

rch.

RETABLE DE L'ÉGLISE DES FEUILLANTS

(Ancienne chapelle du Lycée.)

(Musée lapidaire de la ville de Bordeaux.)

qui, :
l'églis
prem
dress:
relev
néces
à l'an
étaiei
tobre
En b
noir [3]
de Pâ
l'offic
comn
dispo
enfin

Il r
tion (
de la
mais
pétie

—

1. (
Lycée,
2. (
Lycée,
3. «
bénitie
tier, à :
maire :
4. (
Lycée,
« J'ay r
pour u
le 15 g(
1802-18
5. J
Lerbet,
vres; fa
fait une
4' 10°,
1,293 fr
de proc
Gerthal
orneme
prairia

qui, au début du XVIIe siècle, avaient marqué leur place dans l'église et enrichi le monastère de fondations pieuses. Dans la première chapelle de gauche, le mausolée de Montaigne se dressait de nouveau, fraîchement scellé. On s'occupa d'abord de relever l'autel ; le proviseur demanda qu'on choisît les degrés nécessaires parmi les marches qui servaient de soubassement à l'ancienne statue équestre de Louis XV de Le Moyne, et qui étaient déposées au Jardin-Public [1]. Le 24 vendémiaire (16 octobre), il pressait l'adjudication des effets nécessaires au culte [2]. En brumaire, l'aumônier achetait les deux bénitiers en marbre noir [3]. Les réparations traînèrent tout l'hiver. Aux approches de Pâques, le proviseur s'adressa au maire : il fit observer que l'office de la semaine sainte et la cérémonie de la première communion ne pourraient avoir lieu « si l'autel n'était pas disposé décemment et convenablement » [4]. L'aménagement fut enfin terminé pendant les vacances de 1805 [5].

Il n'avait pas fallu moins de deux ans pour obtenir l'évacuation et l'appropriation de l'église des Feuillants. L'annexion de la Visitation ne fut aussi consommée qu'au milieu de 1805 ; mais la bataille à livrer fut plus rude et plus féconde en péripéties. Le proviseur n'eut pas seulement à vaincre, cette fois,

---

1. Champeaux au préfet, 3e complémentaire an XII (30 septembre 1804). (Arch. du Lycée, *Reg. de corr.* II, f° 18 v°.)

2. Champeaux au préfet, 24 vendémiaire an XIII (16 octobre 1804). (Arch. du Lycée, *Reg. de corr.* II, f° 18 v°.)

3. « J'ai l'honneur de saluer M. le procureur du lycée et de lui addresser les deux bénitiers en marbre noir que j'ai achetés chez M. Barbé pour prix de 20 livres le bénitier, à solder par la caisse du Lycée. MOUTARDIER, ch^{ne}, aumônier du Lycée. » 25 brumaire an XIII (16 novembre 1804). (Arch. du Lycée, pièces comptables, 1802-1805.)

4. Champeaux au maire du Centre, 12 germinal an XIII (2 avril 1805). (Arch. du Lycée, *Reg. de corr.* II, f° 21 r°.) On acheta le 5 avril une statue de la Vierge : « J'ay reçu de M. Champeaux, administrateur du Lycée, la somme de 60 douze livres pour une Vierge que je lui ai vendu pour la chappelle du Lycée. GETTI. Bordeaux, le 15 germinal an 13 de l'Empire français. » (Arch. du Lycée, pièces comptables, 1802-1805.)

5. Je trouve le 17 vendémiaire an XIV (9 octobre 1805) le mémoire suivant de Lerbet, menuisier : « Pour la chappelle, fait un pied pour le lubin cristi *(sic)*, 5 livres ; fait 30 pieds de listeaux pour le monument pour tendre les tapisseries, 6 livres ; fait une boîte pour le Saint-Sacrement, un pied avec son T pour mettre au devant, 4' 10'. » *(Ibid.)* Les frais d'appropriation de la chapelle s'élevèrent à la somme de 1,293 fr. 62, à laquelle s'ajoutèrent 228 francs pour une lampe argentée et une croix de procession, 720 francs pour un tableau destiné au maître-autel (vendu par Gœthals) et 4,395 francs pour le revêtement du maître-autel et la fourniture des ornements et linge d'église. (Arch. dép., Budgets de la ville de Bordeaux, brumaire, prairial et messidor an XIII.)

l'indifférence et l'hostilité de la Ville; il eut à lutter à la fois contre la municipalité et contre une administration de l'État, la Loterie, qui refusa longtemps de se laisser expulser. Il lui fallut, pour triompher, l'appui du préfet, celui du gouvernement, et aussi beaucoup de patience, d'habileté tenace et persévérante.

Derrière les Feuillants, passait en contre-haut la rue Saint-Antoine, l'antique rue Entre-deux-Murs du xii° siècle, chemin de ronde qui faisait communiquer, à l'intérieur de la ville, la porte des Ayres avec la porte de Cayffernan[1]. Sur les ruines du mur de premier accroissement qu'elle longeait, s'était élevé le couvent des Ursulines, en bordure des fossés des Tanneurs. En 1639, Mme de Saucats appelait à Bordeaux les Visitandines de Bellecour, de Lyon, et fondait le couvent de la Visitation, qu'elle installait dans les bâtiments des Ursulines. La fondation fut ratifiée le 10 mai 1640 par l'archevêque Henri de Sourdis, le 18 juillet par les jurats, enfin en 1666 par lettres patentes de Louis XIV, enregistrées en la Chambre des Comptes le 15 septembre 1667, au Parlement de Bordeaux le 18 novembre. Les Visitandines jetèrent à bas le vieux couvent des Ursulines, sauf l'église, et édifièrent un bâtiment carré à deux étages, entourant une cour intérieure, bordée d'un cloître; les travaux de construction, commencés en 1665 par la mère Chambon, furent terminés en 1683 par la mère de Taranque. L'inauguration des nouveaux logis fut faite solennellement, le 25 août 1683, par l'archevêque Louis d'Anglure de Bourlemont. C'était un charmant couvent que ce couvent des Visitandines, qui dressait au-dessus du quartier son belvédère, plate-forme pavée de pierre d'où « l'on avait veüe sur la ville et mesme sur la rivière assez loing ». « C'est là, écrivait la mère de Taranque, que nous passons fort agréablement nos récréations du soir pendant l'été. Elle nous est presque aussi utile qu'un grand jardin, dont elle est le supplément, le nôtre étant fort petit. L'air y est extrêmement bon et

---

1. Cf. Léo Drouyn, *Bordeaux vers 1450.* — On l'appelait au xvii° siècle *petite rue Saint-Antoine*, pour la distinguer de la *grande rue Saint-Antoine*, ancienne *rue Bertrand Boson*, depuis rue des Feuillants, rue Montaigne, rue Paul-Bert.

épuré : aucune maison d'alentour ne nous borne ; au contraire, nous les dominons toutes, de manière que, sans crainte d'être aperçues, tous les temps sont pour nous fort libres pour y aller [1]. » On le voit, la malice d'un Gresset eût trouvé matière à s'exercer, à Bordeaux aussi bien qu'à Nevers, aux dépens de ces bonnes religieuses qui de leur observatoire pouvaient bavarder à leur aise, reposer leur vue sur le panorama du fleuve et s'égayer pieusement au spectacle du quartier grouillant à leurs pieds. A l'endroit où, paisibles et joyeuses, elles chantaient des cantiques, priaient, babillaient et savouraient, je pense, aussi confitures délicates et macarons exquis, nos étudiants en lettres préparent fiévreusement licences et agrégations, tandis que leurs camarades scientifiques manipulent au-dessous, où psalmodièrent pendant deux siècles les voix graves des moines Feuillants.

A la Révolution, les Visitandines s'envolèrent. En 1794, le couvent qu'elles avaient abandonné faillit disparaître. Le Conseil du district projeta un remaniement complet du quartier. Une voie nouvelle, continuant la rue Lalande, devait partager en deux le jardin de la Visitation et aboutir rue Saint-Antoine. Elle y eût rencontré la rue de Gourgues prolongée depuis la rue de Cahernan, et qui, coupant les bâtiments de la Visitation, les fossés des Tanneurs, la rue des Étuves et la rue Pèlegrin, devait déboucher rue des Remparts (rue du Palais-de-Justice), à gauche du fort du Hâ, à peu près au milieu de la place Magenta actuelle [2]. Ce plan « révolutionnaire » ne fut pas exécuté ; on se contenta de démolir les Grands-Carmes, le vieil hôtel de ville et le vieux collège de Guienne. Lorsque la Loterie nationale, supprimée le 25 brumaire an II, fut rétablie par la loi du 9 vendémiaire an VI, elle fut installée à la Visitation.

---

1. Tous ces détails sont tirés d'une excellente étude sur les bâtiments de la Visitation, d'Ant. de Lantenay [abbé L. Bertrand], *Une visite à l'ancien Lycée de Bordeaux.* (*Revue catholique*, 1880, p. 413-419, 443-449.)

2. *Plan d'une partie de la commune de Bordeaux, sur lequel sont tracés tous les domaines nationaux et les projets d'ouverture de rues, dont leur situation les rendent* (sic) *susceptibles dans l'intérêt de la République*, visé et arrêté par le Conseil du district le 2 ventôse an II. (Arch. dép., *Plans*, n° 8.)

On a vu comment, dès son arrivée à Bordeaux, le proviseur avait obtenu du préfet Dubois l'annexion en principe de la Visitation aux Feuillants, et comment il se heurta aux divers locataires qui tous refusaient d'en sortir. La situation se compliquait du fait que la rue Saint-Antoine comprenait plusieurs immeubles dépendant des deux couvents et habités par des gens dont le voisinage était intolérable pour une maison d'éducation. Dès le 13 floréal an XI (3 mai 1803), le proviseur pria le maire de faire évacuer d'urgence une petite maison comprise dans l'aile de la Visitation qu'occupaient les colons et où se trouvaient des femmes[1]. La Ville crut qu'on lui demandait de retirer tous les colons et refusa. Le proviseur protesta qu'il réclamait simplement l'évacuation du logis occupé par le ci-devant garde-magasin de la 11ᵉ division; il avait besoin de ce local pour installer le tailleur du Lycée, le magasin d'habillement et une buanderie provisoire[2]. La demande, réitérée le 9 prairial (29 mai), resta sans réponse[3]. Le préfet, pour décider la municipalité, ordonna le 30 messidor (19 juillet) le transfert à la Visitation de l'école de dessin. Mais voici qu'un nouvel inconvénient sautait aux yeux : comment installer un internat dans deux bâtiments séparés par une rue, et une rue mal famée? Le proviseur eut d'abord l'idée de faire fermer aux deux bouts la rue Saint-Antoine[4]. Le commissaire général de police Pierre Pierre, consulté, ne fut pas de cet avis : il opina pour qu'on reliât les deux couvents par un arceau qui ferait communiquer le premier étage des Feuillants avec le rez-de-chaussée de la Visitation[5]. Préfet et proviseur se rangèrent à cet expédient.

Cependant les négociations avaient été entamées avec l'administration de la Loterie. L'inspecteur des tirages, le citoyen Garnot, se refusait à évacuer « un bel appartement » qu'on lui

---

1. Champeaux au maire, 13 floréal an XI (3 mai 1803). (Arch. du Lycée, *Reg. de corr.* II, fᵒ 1 rᵒ.)

2. Champeaux au maire, 20 floréal an XI (10 mai 1803). *(Ibid.)*

3. Champeaux au maire, 9 prairial an XI (29 mai 1803). *(Ibid.,* fᵒ 2 vᵒ.)

4. Champeaux au préfet, 2 thermidor an XI (21 juillet 1803). *(Ibid.,* fᵒ 3 vᵒ.)

5. Champeaux au préfet, 23 thermidor an XI (11 août 1803). *(Ibid.,* fᵒ 3 vᵒ.)

avait installé à grands frais et un petit jardin fort agréable
dont il avait la jouissance. Le proviseur songeait à attribuer ce
jardin à l'infirmerie et à se réserver pour lui-même le bel
appartement. Le 25 thermidor (13 août), il écrivait à Fourcroy :
« Le bâtiment des Feuillants ne peut contenir que 120 ou
130 élèves. Nous avons déjà 80 élèves du gouvernement et
10 pensionnaires, mais nous n'avons ni infirmerie, ni salle de
dessin, ni cabinet de physique, aucune salle d'exercices, pas
un logement pour les professeurs célibataires. La Visitation
nous offre tout ce qui nous manque et, de plus, des logements
pour plus de 200 élèves [1]. » Aussi, à la veille des vacances,
prévoyant une nombreuse rentrée, il demandait le transfert
des colons, la construction de l'arceau et des réparations
urgentes [2]. L'arceau fut vite achevé, grâce au zèle de Thiac, qui
fut chargé du travail [3]. Le 3 vendémiaire (26 septembre), le
proviseur envoya au concierge de la Visitation, le citoyen
Deynaut, copie de l'arrêté préfectoral du 14 germinal en l'invitant à faire évacuer les bâtiments par les colons dans la
quinzaine [4]. Le citoyen Deynaut ne pouvait obtempérer à cet
ordre : l'arrêté du 14 germinal avait négligé de dire où les
colons seraient transférés. Immédiatement, le proviseur obtint
du préfet un arrêté qui leur assignait comme logement l'hôtel
de la Monnaie [5].

---

1. Champeaux à Fourcroy, 25 thermidor an IX (13 août 1803). Le proviseur insiste
de nouveau sur la raison véritable du refus de l'inspecteur Garnot dans une seconde
lettre à Fourcroy, du 5 vendémiaire (28 septembre). (Arch. du Lycée, *Reg. de corr.* 1,
f⁰ˢ 3 v° et 5 r°.)

2. Champeaux au préfet, 12 fructidor an XI (30 août 1803). (Arch. du Lycée, *Reg.
de corr.* II, f° 6 r°.)

3. Champeaux à Thiac, ingénieur, 5ᵉ complémentaire an XI (22 septembre 1803).
(*Ibid.*, f° 5 r°.) Le 7 vendémiaire (30 septembre), le proviseur demandait au commissaire général de police d'autoriser le dépôt dans la rue Saint-Antoine des matériaux
qui devaient servir à la construction de l'arceau. (*Ibid.*, f° 5 v°.) Cf. *Bull. polym.* du
17 vendémiaire : « On commence à établir un passage pour communiquer du Lycée
dans la maison des ci-devant religieuses de la Visitation. On bâtit en ce moment un
arceau qui traverse la rue Saint-Antoine, sur lequel on établit une allée couverte qui
sera éclairée par des croisées. » (I, 388). Voir aussi Bernadau, qui enregistre le fait
dans ses *Tablettes*. (Bibliothèque de la Ville, mss. de BERNADAU, t. VIII, p. 44.)

4. Champeaux à Deynaut, 3 vendémiaire an XII (26 septembre 1803). (Arch. du
Lycée, *Reg. de corr.* II, f° 5 r°.)

5. Arrêté du préfet Delacroix, 3 vendémiaire an XII. (Arch. dép., K, 12, f⁰ˢ 184 v°-
185 r°.) Cet arrêté fut transmis au maire ; une copie s'en trouve aux Archives municipales (dossier *Lycée*, doc. non classés).

Les colons partis, on commença de suite à aménager la partie qu'ils avaient évacuée. Thiac, ingénieur de la ville, qui montrait à l'égard du Lycée beaucoup plus de bonne volonté que son collègue de la préfecture Combes, y créa en hâte des classes et un dortoir [1]. On put ainsi recevoir les nouveaux élèves le 15 brumaire; mais l'école de dessin dut rouvrir dans son ancien local, au collège de Guienne [2]. L'installation à la Visitation n'était d'ailleurs guère brillante, et l'avenir restait très incertain. L'administration de la Loterie avait envoyé de Paris un de ses hauts fonctionnaires, le citoyen Devaines, qui, accompagné de l'architecte de la préfecture, visita les bâtiments et y ordonna des distributions nouvelles. C'était dire clairement que la Loterie ne songeait pas à déménager. Au cours de la visite, Combes n'avait cessé de manifester ses sentiments hostiles à l'égard du Lycée. Le proviseur fut très ému. Il écrivit aussitôt à Fourcroy pour dénoncer cet architecte « qui jusqu'à présent n'a pas prouvé qu'il connaît bien la distribution d'un Lycée conformément aux lois », qui « a décidé qu'une partie de la Visitation suffisait à l'état actuel du Lycée et qu'il fallait attendre que cet établissement eût de nouveaux succès pour lui accorder un agrandissement. Il ne sait pas, continuait le proviseur, ou il feint de ne pas savoir que c'est la beauté du local, que ce sont les grands dortoirs, les vastes salles de récréation, les cours bien aérées qui décident en partie les parents à placer leurs enfants dans un établissement d'éducation... Ceux qui manifestent hautement des doutes sur le succès du Lycée font naître une incertitude qui retarde sa prospérité. » Emporté par son indignation, le proviseur allait jusqu'à accuser Combes d'avoir attribué à dessein au Lycée la partie habitée par les colons, qui était entièrement dégradée, et conservé à l'inspecteur de la Loterie un beau corps de logis réparé à neuf, où l'on eût pu faire un dortoir de 60 lits . « Il nous enlève l'avantage inappréciable d'avoir sans frais au

---

1. Champeaux au préfet par intérim Dufort, 28 vendémiaire (21 octobre 1803). (Arch. du Lycée, *Reg. de corr. II*, f° 5 v°.)

2. Voir une lettre de Lacour dans l'*Écho du commerce* du 16 brumaire an XII (8 novembre 1803).

rez-de-chaussée huit classes où les externes peuvent se rendre sans avoir de communication avec les pensionnaires. Le corps de bâtiment conservé à l'inspecteur étant placé au milieu du couvent, il nous sépare d'un local où se trouvent une buanderie avec toutes ses dépendances, une belle infirmerie ayant des jours sur les Fossés et sur un joli jardin qui serait consacré aux convalescents. Ils m'ont forcé jusqu'à présent à établir l'infirmerie dans les lieux d'aisance des Feuillants [1].»

La rentrée, qui eut lieu le 15 brumaire, prouva combien les craintes du proviseur étaient fondées. Le Lycée se trouvait avoir plus de 150 pensionnaires et 50 externes. La salle de la Visitation, primitivement destinée à l'école de dessin, avait dû être transformée en dortoir. Le réfectoire des Feuillants servait en même temps de salle d'écriture, d'exercices militaires, d'instruction religieuse et de récréation. L'office des domestiques était converti en salle à manger pour les administrateurs et les professeurs. Le proviseur avait dû céder la moitié de son appartement pour loger un maître d'études [2]. Le mobilier scolaire se trouvait insuffisant : le maire du Centre, prié d'accorder des tables et bancs supplémentaires [3], répondait qu'on en délibérerait. Le proviseur revenait à la charge et demandait au moins les vieilles tables de la grande salle du collège des Lois et celles de la pension de l'École centrale, dirigée par les frères Donadieu et qui venait de quitter le collège de Guienne [4]. La Ville lui donna satisfaction, mais ses dispositions restaient peu bienveillantes. La détresse financière était réelle : on était obligé, disait-on, d'établir un impôt sur l'octroi pour faire face aux dépenses du Lycée. Le proviseur priait le préfet par intérim Dufort de désigner une commission chargée d'examiner sans délai les réparations les plus urgentes, et de bien choisir

---

1. Champeaux à Fourcroy, 8 brumaire an XII (31 octobre 1803). (Arch. du Lycée, *Reg. de corr. I*, f° 6 r°-v°.)

2. Champeaux à Dufort, préfet par intérim, 18 brumaire an XII (10 novembre 1803). (Arch. du Lycée, *Reg. de corr. II*, f° 7 r°-8 r°.)

3. Champeaux au maire du Centre, 16 brumaire an XII (8 novembre 1803). (*Ibid.*, f° 7 r°.)

4. Champeaux au même, 20 brumaire (12 novembre). — Champeaux à Dufort, 1er frimaire (23 novembre). (*Ibid.*, f° 8 r°.)

les commissaires, car « le Lycée a de nombreux ennemis, et la malveillance se manifeste souvent dans ceux mêmes qui sont chargés de quelques relations avec cet établissement »[1].

Fourcroy, informé de la situation, avait adressé un rapport au ministre de l'Intérieur. Il fallait, en effet, un décret pour déposséder la Loterie, administration de l'État. Le 9 frimaire (1er décembre), le Premier Consul arrêtait que la Visitation était réunie, « dans toute son étendue, » au bâtiment des Feuillants et que la Loterie serait transférée dans le plus bref délai à l'ancien collège de Guienne[2]. L'arrêté fut reçu avec joie par le proviseur, qui écrivait le 6 à Fourcroy : « Je suis parvenu à entasser cent cinquante élèves internes aux Feuillants. Je tremble d'être forcé de refuser ceux qui vont se présenter[3]. » En présence du décret consulaire, les autorités locales capitulèrent : Combes reçut l'ordre de dresser des devis. Le proviseur les transmit le 28 frimaire (20 décembre) à Letellier, maire du Centre[4]. Dès les premiers jours de janvier 1804, les travaux de réparation à la Visitation furent enfin commencés[5].

Le préfet Delacroix, de retour de Paris, s'était engagé à faire exécuter sans délai l'arrêté du 9 frimaire. Le nombre des élèves augmentait; on était obligé de faire coucher les arrivants à l'infirmerie. Un nouveau dortoir devenait nécessaire. Le 13 pluviôse (3 février 1804), à la demande du proviseur[6], le préfet enjoignait à l'inspecteur Garnot d'évacuer dans trois jours la partie des cloîtres qui n'était pas occupée par ses

---

1. Voici en quels termes le proviseur appréciait l'attitude de la municipalité : « J'aurai l'honneur, citoyen conseiller d'État, de vous prier d'observer que cette municipalité est extrêmement tenace et que je ne suis parvenu à obtenir les choses de première nécessité qu'à force de démarches, de soins et de bons procédés pour tous ceux qui la composent. » Champeaux à Fourcroy, 26 ventôse an XII (17 mars 1804). (Arch. du Lycée, *Reg. de corr. I*, f° 10 v°).

2. *Moniteur* du 17 frimaire an XII (9 décembre 1803). — *Bull. des Lois*, 3ᵉ série, t. IX, p. 188.

3. Champeaux à Fourcroy, 6 frimaire (28 novembre). (Arch. du Lycée, *Reg. de corr. I*, f° 6 v°.)

4. Champeaux à Letellier, 28 frimaire an XII (20 décembre 1803). (Arch. du Lycée, *Reg. de corr. II*, f° 9 r°.)

5. Le 18 nivôse an XII (9 janvier), le proviseur demandait au commissaire général de police l'autorisation de faire ouvrir une porte à la Visitation sur les fossés des Tanneurs pour permettre aux ouvriers d'aller et de venir sans être en contact avec les élèves. (Arch. du Lycée, *Reg. de corr. II*, f° 10 r°.)

6. Champeaux au préfet, 11 pluviôse an XII (1er février 1804). (*Ibid.*, f° 10 v°.)

bureaux et de se réserver seulement le rez-de-chaussée et le premier étage de l'aile où étaient placés la salle des tirages et son appartement[1]. L'ordre fut exécuté dans le délai fixé[2], mais il fallut un nouvel arrêté préfectoral pour transférer les archives de la Loterie dans l'aile où elle était désormais cantonnée. Cette importante opération eut lieu le samedi 28 pluviôse (18 février), à dix heures du matin, en présence du préfet, du commissaire du gouvernement près le Tribunal criminel de la Gironde, du commissaire général de police et de l'inspecteur de la Loterie[3]. Ce transfert marquait une victoire décisive pour le proviseur. Il en profita pour demander que les travaux fussent activement poussés et pour insister de nouveau sur la nécessité de fermer la rue Saint-Antoine. Cette rue était un véritable coupe-gorge : plusieurs assassinats y avaient été commis; tout récemment, un homme y avait été arrêté et dévalisé pendant la nuit. « Les cris de ce malheureux, écrivait le proviseur, ont été entendus de nos dortoirs et un maître d'études a vu de sa croisée commettre ce délit[4]. » De plus, l'arceau n'était plus suffisant pour assurer la communication des deux bâtiments. Les femmes employées à la lingerie et à l'infirmerie étaient à chaque instant obligées d'y passer, ainsi que les ouvriers employés aux réparations. C'était là une grave infraction aux lois et spécialement à l'article 140 du règlement général des lycées : « L'entrée de l'intérieur sera interdite à toute personne du sexe, excepté aux mères, sœurs, tantes et tutrices des élèves. » Aussi le proviseur demandait-il qu'on établît un second passage, souterrain, entre le rez-de-chaussée des Feuillants et les caves de la Visitation[5]. Les travaux pour

---

1. Arrêté du préfet Delacroix du 13 pluviôse an XII (3 février 1804). (Arch. dép., K, 15, f° 19 r°-v°).

2. Champeaux au préfet, 25 pluviôse an XII (15 février 1804). (Arch. du Lycée, *Reg. de corr.* II, f° 11 r°).

3. Arrêté du préfet Delacroix, du 25 pluviôse an XII (15 février 1804). (Arch. dép., K, 15, f° 26 r° 27 r°).

4. Champeaux au préfet, 25 pluviôse an XII (15 février 1804). (Arch. du Lycée, *Reg. de corr.* II, f° 10 v°.)

5. Champeaux au préfet, 15 ventôse an XII (6 mars 1804). (Arch. du Lycée, *Reg. de corr.* II, f° 11 v°.)

la construction du souterrain commencèrent au début de juin [1].

Dès le mois de mai, les hostilités avaient repris entre le proviseur et l'inspecteur de la Loterie. Le premier exigeait l'exécution intégrale de l'arrêté consulaire du 9 frimaire; le second persistait à se trouver bien à la Visitation [2]. Le 12 prairial (1er juin), le proviseur sollicitait l'appui de Fourcroy et demandait en particulier que le Lycée eût la jouissance du puits, qui se trouvait dans le jardin, ce qui permettrait d'économiser 1,200 francs d'eau par an [3]. Le 3 messidor (22 juin) il insistait de nouveau : « Les domestiques femelles, disait-il, parcourent les cloîtres, circulent dans la cour des récréations pour venir puiser l'eau à un puits commun; d'un autre côté, la salubrité de l'air est sensiblement altérée par les immondices qui tombent des cuisines et des appartements de l'inspecteur dans la cour des récréations [4]. » Les jours de tirage, le local était encombré par la populace, dont les cris troublaient le travail des élèves. Enfin, le proviseur avait besoin de plus d'espace pour installer une classe élémentaire [5]. A la suite de ces démarches, le préfet écrivit à Garnot une lettre comminatoire [6], que le proviseur se hâta de transmettre à son ennemi. Celui-ci se décida enfin à capituler. Il rendit la place, et le 22 thermidor an XII (10 août 1804), le Lycée entrait enfin en possession de toute la Visitation, la salle des tirages

---

1. Le 14 prairial (3 juin) le proviseur priait le commissaire général de police de faire fermer la rue Saint-Antoine pendant le temps nécessaire à la construction du souterrain. (Arch. du Lycée, *Reg. de corr.* II, f° 15 r°.) Les travaux furent faits par l'entrepreneur Vincendon aîné; le chiffre total de la dépense s'éleva à 1,959 fr. 99, somme soldée par la Ville en fructidor an XII. (Arch. dép., Budgets de la ville de Bordeaux, an XII, dépenses indivises.)

2. Champeaux au préfet, 19 floréal an XII (9 mai 1804). (Arch. du Lycée, *Reg. de corr.* II, f° 14 r°.)

3. Champeaux à Fourcroy, 12 prairial an XII (1er juin 1804). (*Ibid.*, *Reg. de corr.* I, f° 12 r°.) Dans le trimestre de septembre-novembre 1803, le Lycée avait consommé pour 142 fr. 69 d'eau. 50 cruches d'eau se payaient 1 l. 17 s. 6 d. A partir de juin 1804, on eut le puits, d'où l'on transportait l'eau aux Feuillants au moyen d'une charrette : « Le 10 messidor an 12°, avoir fait et livré à Monsieur de Champo, provizeur du lysé de Bordo, une charette pour laus, monte 60 l. Pour aqui, pour Jan Husselache, charon de Bordo. » (Arch. du Lycée, pièces comptables, 1802-1805.)

4. Champeaux à Fourcroy, 3 messidor an XII (22 juin 1804). (Arch. du Lycée, *Reg. de corr.* I, f° 12 v°-13 r°.)

5. Champeaux au préfet, 11 messidor an XII (30 juin 1804). (*Ibid.*, *Reg. de corr.* II, f° 15 v°-16 r°.)

6. Champeaux à Garnot, 16 messidor an XII (5 juillet 1804). (*Ibid.*, f° 16 r°.)

uin [1].
re le
igeait
e; le
 prai-
oy et
ce du
d'éco-
iin) il
ait-il,
ations
 côté,
idices
ecteur
l était
ravail
espace
le ces
imina-
nemi.
ce, et
t enfin
tirages

police de
ction du
faits par
9 fr. 99,
 ville de

, *Reg. de*

le corr. I,
imé pour
 1804, on
ette : « Le
i lysé de
e, charon

lu Lycée,

e corr. II,

r°.)

exceptée [1]. Le proviseur transporta aussitôt ses pénates dans le « bel appartement ». Il acquit même de l'inspecteur Garnot une partie du mobilier, dont il orna une pièce qui servit aux séances du bureau d'administration et un logement destiné à l'inspecteur général des études [2].

C'est là qu'il put offrir l'hospitalité à Fourcroy, lorsqu'il vint, en mai 1805, visiter le Lycée. « Vous trouverez au Lycée, lui écrivit-il le 2 floréal (22 avril), un appartement tout préparé pour vous et pour la personne qui vous accompagnera [3]. » Le 17 (7 mai), il renouvelait son invitation en prévenant charitablement le directeur général qu'on était fort mal « dans les auberges de Bordeaux » [4]. L'arrivée de Fourcroy avait été annoncée pour le 22 (12 mai) par le tribun Jaubert. Il descendit au Lycée, y reçut de nombreuses demandes de bourses et visita les locaux [5]. A la suite de son inspection, il rédigea les observations suivantes, qui permettent de se rendre un compte exact de l'état du Lycée à cette date :

Bordeaux, le 22 floréal an 13.

Instruction adressée par M. le conseiller d'État chargé de la direction et de la surveillance de l'instruction publique à Monsieur Dechampeaux, proviseur du Lycée de Bordeaux.

1° Il faudra faire battre, niveler et sabler les cours, donner une pente régulière aux eaux et faire en sorte que les élèves puissent dans tous les temps y jouer sans risque, sans boue et sans eau.

---

1. Arrêté du préfet Delacroix, 22 thermidor an XII. (Arch. dép., K, 14, f° 172 r°.) On ouvrit sur les fossés des Tanneurs une porte spéciale pour le service de la salle des tirages, et le Lycée eut pour lui l'entrée principale et le grand escalier.

2. Le proviseur eut beaucoup de peine à se faire rembourser par la Ville le prix de ce mobilier qu'il avait avancé. Il se montra, du reste, généreux avec Garnot : le 2 mai 1805, il apostillait favorablement une demande de bourse en faveur d'un de ses protégés (Champeaux à Fourcroy, 12 floréal an XII, Arch. du Lycée, *Reg. de corr. I,* f° 17 v°), et il insistait à deux reprises, le 6 et le 15 mai, pour que Garnot fût remboursé par la Ville d'une somme de 578 fr., montant de grilles en bois, de poêles et de tuyaux de plomb que lui avait achetés le Lycée (*Ibid.*, *Reg. de corr. II*, f° 22 v°-23 r°.) Cette somme fut portée parmi les dépenses imprévues de la ville en prairial an XIII seulement. (Arch. dép., Budgets de la ville de Bordeaux de 1793 à 1824.)

3. Champeaux à Fourcroy, 2 floréal an XIII (22 avril 1805). (Arch. du Lycée, *Reg. de corr. I,* f° 17 r°.)

4. Champeaux à Fourcroy, 17 floréal an XIII (7 mai 1805). (*Ibid.*, f° 17 v°.)

5. Fourcroy était accompagné de Lefèvre-Guineau, inspecteur des études. Il visita le Musée et la rade. L'Académie avait décidé le 16 floréal de l'inviter à assister à une de ses séances. (Arch. de l'Académie, procès-verbaux de 1796 à 1805, p. 128.) Le proviseur ne put obtenir que le maire Letellier vînt dîner avec lui au Lycée. (Champeaux au maire du Centre, 22 floréal an XIII (12 mai 1805). (Arch. du Lycée, *Reg. de corr. II,* f° 23 r°.) — Cf. aussi *Bulletin polymathique*, III, 218.

2° Les croisées qui donnent sur les cours doivent être garnies de grillages en fer pour éviter les dégâts et permettre le jeu de balles.

3° Il est indispensable d'agrandir les classes, d'en disposer huit qui puissent recevoir au moins, pour la moitié d'entre elles, cent à cent vingt élèves. Le local de la Loterie fournira les nouvelles classes nécessaires.

4° L'eau manque au Lycée; il faudrait établir des pompes, réservoirs et robinets dans la cuisine et les réfectoires.

5° Les salles d'études doivent être agrandies et appropriées. Il faut pouvoir y recevoir quarante élèves commodément sur des tables et des espèces de pupitres.

6° Au bout de chaque dortoir doivent être établis, d'un côté le maître d'études avec un jour et de l'autre un domestique. Les dortoirs doivent être éclairés la nuit et un homme doit veiller et circuler autour.

7° Il faut faire placer des bancs à dos fixes dans la chapelle, et séparer par des cloisons ou barrières solides la place des élèves et celle des personnes du dehors[1].

8° On doit isoler et séparer dans tous les lieux les élèves des administrateurs et professeurs par des grilles de fer ou de bois, de manière qu'il n'y ait aucune communication possible entre eux [et] les personnes du dehors.

9° L'entrée du Lycée doit être sévèrement interdite aux femmes dans toutes parties de l'établissement.

10° Il est pressant d'établir l'infirmerie dans la maison isolée qui lui est destinée, de disposer cette maison, de l'entourer d'un jardin qui servira de promenoir aux convalescents.

11° Le parloir extérieur n'est ni décent, ni assez propre pour recevoir les parents des élèves; il faut le revêtir de bois, le faire peindre, y mettre quelques dessins des élèves, une table et des chaises propres, quelques bustes d'hommes recommandables par leur savoir et leurs mœurs, ceux de Michel Montaigne et de Montesquieu par exemple.

12° La rue Saint-Antoine, étroite, sale, tortueuse, sépare deux parties du Lycée et donne lieu par les jours des maisons voisines à des scènes scandaleuses. Il faut inviter la police à faire cesser sur-le-champ le scandale public offert à la jeunesse[2]. M. le Préfet a l'intention de faire

----

1. Pour répondre à ce désir, le proviseur acheta les grilles de bois qui servaient à l'administration de la Loterie. La chapelle était, en effet, ouverte le dimanche au public pendant les offices.

2. Dans la nuit du 15 au 16 janvier 1805, des malfaiteurs s'introduisirent dans la cour de la cuisine qui donnait sur la rue Saint-Antoine, et volèrent une grande bassine et une casserole en cuivre. Dans la nuit du 23 au 24, le mur fut de nouveau escaladé et on déroba le cylindre à laver la vaisselle. « Dans ce moment encore, écrivait le proviseur au préfet, des filles perdues y occupent une chambre en face des dortoirs et sont à chaque instant un objet de scandale ou de séduction pour les élèves. » Une des quatre maisons situées en face de la cour du réfectoire et des dortoirs était

clore cette rue et d'en donner une partie pour agrandir les cours du Lycée. Il est fort à désirer que ce projet soit mis promptement à exécution.

13° On réclame une communication entre les deux seconds étages des deux maisons formant le Lycée. Elle paraît être, en effet, extrêmement désirable.

14° Un plan du Lycée doit être déposé aux archives de cet établissement.

En adressant cette instruction à M. le Proviseur, je l'invite à la communiquer à M. le Préfet; son zèle pour les progrès de l'instruction et des bonnes mœurs le portera à presser la commune de faire faire au Lycée les réparations urgentes dont il est ici question et sans lesquelles cet établissement n'aura jamais la décence et l'utilité que réclame une ville aussi importante que Bordeaux.

Signé : FOURCROY [1].

Cette instruction judicieuse et qui résumait d'une façon si complète tous les *desiderata* du proviseur, fut transmise au préfet, qui donna des ordres. Des travaux furent commencés, mais l'année scolaire se termina sans qu'il y eût rien de fait [2]. Le Conseil municipal avait reconnu l'urgence des réparations : son président Fieffé, maire du Nord, était venu au Lycée. Mais Combes dressait toujours des devis dont le chiffre effrayait la Ville. Le proviseur s'ingéniait à les réduire ; on convenait qu'un passage découvert pour communiquer avec l'infirmerie serait fait en pierre, et non en bois revêtu de plomb, qu'on ne remplacerait pas les vieilles croisées délabrées de la galerie qui précédait la salle du Bureau administratif. Combes recommençait son travail ; mais ses commis tombaient fort à propos malades, et il fallait charger un élève du Lycée de recopier le devis. A la veille de la rentrée de 1805, l'infirmerie n'était pas

---

habitée par une marchande de café qui logeait à la journée ou à la semaine des gens sans aveu, servantes chassées de condition, filles sans asile. (Champeaux au préfet et au commissaire général de police, 26 nivôse et 5 pluviôse an XIII (16 et 24 janvier 1805). (Arch. du lycée, *Reg. de corr. II*, f° 18 v°-19 v°.) Deux cents ans avant que le proviseur exposât ces doléances si justifiées, en 1607, les Feuillants, au cours d'un interminable procès avec le conseiller Gaufreteau, formulaient contre leur voisin des griefs assez analogues. Cf. *Chronique bordelaise de Jean de Gaufreteau*, t. II, p. 342. (*Essai généalogique sur la famille Gaufreteau*, par Jules Delpit.)

1. Champeaux au préfet, 28 floréal an XII (18 mai 1805). (Arch. du Lycée, *Reg. de corr. II*, f°° 23 v°-24 v°.)

2. Champeaux au préfet, 28 messidor an XIII (17 juillet 1805). (*Ibid.*, f° 25 r°.)

commencée et deux dortoirs, nécessaires pour les cinquante nouveaux boursiers annoncés, n'étaient pas encore terminés[1]. Un arrêté du préfet du 15 vendémiaire an XIV (7 octobre 1805) ordonna de presser les travaux[2]; un autre, du 7 brumaire (29 octobre), invita le maire à procéder à l'adjudication jusqu'à concurrence de 25,736 fr. 25[3]. Cette fois, l'arrêté fut exécuté : le 25 brumaire (16 novembre), l'ingénieur de la ville Thiac se rendait au Lycée, vérifiait les réparations faites, reconnaissait l'urgence de celles qui restaient et faisait commencer les travaux[4].

Ce brusque changement dans les dispositions de la Ville s'explique. L'Empire avait succédé au Consulat : l'un de ses premiers actes fut de modifier l'organisation municipale de Bordeaux. Les arrondissements furent supprimés, et le 14 septembre 1805, Lafaurie-Monbadon était nommé maire unique. Un de ses premiers soins fut d'étudier la question du Lycée. Il montra de suite des intentions bienveillantes ; mais, mis au courant par son adjoint Letellier, il se plaignit au proviseur des procédés trop souvent autoritaires auxquels il avait eu recours en provoquant ces arrêtés préfectoraux si blessants pour l'amour-propre du corps municipal. Le proviseur répondit par une longue lettre, où il plaida les circonstances atténuantes, rejeta la faute sur ses chefs hiérarchiques, dont il devait exécuter les ordres, enfin fit amende honorable et promit de se conformer à l'avenir aux règlements et aux instructions du maire pour les adjudications des travaux et des fournitures[5]. Cette lettre, du 25 brumaire (16 novembre), est comme le traité de paix qui mit fin, pour un temps, à la longue guerre engagée

---

1. Champeaux au préfet, 11 vendémiaire an XIV (30 novembre 1805). (Arch. du Lycée, *Reg. de corr.* II, f° 28 r°-v°.)

2. Arrêté du préfet, signé Campaigniac, du 15 vendémiaire an XIV (7 octobre 1805). (Arch. dép., K, 17, f°˙ 128 v°-129 r°.)

3. Arrêté du préfet, signé Campaigniac, du 7 brumaire an XIV (29 octobre 1805). (Arch. dép., K, 17, f° 134 v°.)

4. Champeaux au maire, 25 brumaire an XIV (16 novembre 1805). (Arch. du Lycée, *Reg. de corr.* II, f° 29 v°.) L'adjudication des travaux fut fixée au 30 novembre par un arrêté du maire du 29 brumaire (20 novembre). (*Echo du Commerce* et *Indicateur* du 24 novembre 1805.)

5. Champeaux au maire, même date. (*Ibid.*, f° 29 r°-v°). Déjà le 18 brumaire, le proviseur demandait à l'adjoint Letellier de vouloir bien autoriser la nommée Christine Castagnet à approvisionner d'œufs le Lycée, qui en consomme de 12 à 1,500 par semaine. (*Ibid.*, f° 28 v°.)

depuis deux ans et demi entre le proviseur et la ville de Bordeaux.

A dater de ce moment, les rapports devinrent plus cordiaux. Le proviseur demanda et obtint, en décembre, que la ville fît remettre en état la vieille chapelle de la Visitation pour la transformer en salle de récréation d'hiver [1]. Il mit une certaine coquetterie à se concilier les bonnes grâces du maire. Lafaurie-Monbadon était un ancien colonel au régiment d'Auvergne-infanterie: le proviseur, après avoir obtenu un drapeau pour décorer l'entrée du Lycée impérial [2], fit part au maire du désir qu'avaient les élèves « de voir flotter un étendard dans leurs rangs », et il ajoutait: « Ils sont encore trop jeunes pour aller en prendre sur nos ennemis. Je sais combien ces jeunes Français seraient flattés de tenir une enseigne impériale d'un généreux guerrier qui, avant de gouverner avec tant de sagesse ses concitoyens, a guidé tant de braves dans le chemin de la gloire et dans les sentiers de l'honneur [3]. » Le drapeau demandé en tels termes ne pouvait être refusé. Le maire l'accorda dans une lettre au proviseur que publièrent les journaux [4].

La paix ainsi scellée ne fut d'ailleurs qu'une courte trêve. Les intentions bienveillantes de Lafaurie-Monbadon menacèrent vite, en effet, de rester très platoniques. En avril 1806, le proviseur constatait qu'aucune des demandes formulées par Fourcroy n'avait encore été exécutée. Les deux cours étaient toujours pleines de cailloux et de fondrières; les croisées n'avaient pas été grillées et les balles des élèves faisaient voler les vitres de plus belle; les classes à placer dans le local de la Loterie étaient encore à faire, ainsi que les réparations à la cuisine; le parloir était aussi délabré et il n'y avait toujours

---

1. Champeaux au maire, 26 frimaire an XIV (17 décembre 1805). (Arch. du Lycée, *Reg. de corr. II*, f° 30 r°.) — Mémoire de Vincendon aîné, maçon (janvier 1806): « Avoir fait 1 portes et fermer 2 arsaux et une porte, recrepi les meur et blanchie la chapelle de la Visitasion, 350 francs. » (Arch. du Lycée, pièces comptables, 1806.)

2. Champeaux au maire, 5 nivôse an XIV (26 décembre 1805). (Arch. du Lycée, *Reg. de corr. II*, f° 30 v°.)

3. Champeaux au maire, 10 nivôse an XIV (31 décembre 1805). (Arch. du Lycée, *Reg. de corr. II*, f° 30 v°.)

4. Lettre du maire de Bordeaux au proviseur, 27 janvier 1806. (*Indicateur du* 1er février 1806.)

pas d'infirmerie. La rue Saint-Antoine avait été nettoyée de sa
population spéciale, mais elle n'était pas encore fermée. Enfin
les adjudications des travaux venaient d'être renvoyées à une
date indéterminée[1]. Le préfet vint visiter le Lycée avec le
maire en juin[2]. A la suite de cette visite, on décida de démolir la vieille chapelle de la Visitation et d'employer le produit
de la vente des matériaux à construire une infirmerie[3]. Le
proviseur protesta contre cet expédient financier, qui lui parut
très insuffisant; il se plaignait de n'avoir pas été consulté dans
l'établissement des plans et devis; enfin il demanda que le produit de la vente des matériaux fût appliqué à des réparations
très urgentes[4]. L'année scolaire 1806-1807 s'acheva sans que
rien eût été décidé.

En octobre 1807, le proviseur « supplia » le maire de donner
des ordres pour que les réparations les plus nécessaires fussent
faites avant l'hiver. Il proposait un arrangement qui procure-
rait le moyen de griller les croisées[5]. Rien ne fut fait. On avait
bien inscrit au budget de 1807 un crédit de 14,000 francs[6]
pour le Lycée, mais c'était tout. « Les murs et les toitures,
écrivait le proviseur en octobre 1808, partout menacent ruine,
et dans plusieurs endroits des dortoirs on a été forcé d'enlever
les lits[7]. » Une intervention toute-puissante avait pourtant, au
mois d'août, réchauffé le zèle de Lafaurie-Monbadon. L'Empereur, de passage à Bordeaux, avait visité le Lycée. Il avait

---

1. Champeaux au préfet, 26 avril 1806. (Arch. du Lycée, *Reg. de corr.* II, f° 31
v°-32 r°.)
2. Champeaux à Fourcroy, 10 juin 1806. (*Ibid.*, *Reg. de corr.* I, f° 27 r°.)
3. Avis du maire de Bordeaux renvoyant au 24 septembre l'adjudication pour la
démolition de l'ancienne église de la Visitation (*Écho du Commerce* du 20 septembre
1806). — Elle ne fut démolie, en partie seulement, qu'en 1811; on conserva les murs,
qu'on répara, et on la divisa en plusieurs salles qui servirent de classes. (L. Augier,
Notes archéologiques, dans *Société archéologique de Bordeaux*, 1888, p. 67.)
4. Champeaux au maire, 2 février 1807. (Arch. du Lycée, *Reg. de corr.* II,
f° 35 r°.)
5. Champeaux au maire, 22 octobre 1807. — Le proviseur demandait aussi d'être
autorisé à faire transporter au Lycée les inscriptions *Philosophia*, *Rhetorica*, etc., du
vieux collège de Guienne. (Arch. du Lycée, *Reg. de corr.* II, f° 39 r°.) Le 3 janvier
1807, un arrêté du préfet Fauchet avait abandonné à la ville de Bordeaux l'ancien
collège de Guienne pour y établir l'hôtel de ville. (Arch. dép., K, 19, f° 144 v°.)
6. Exactement 14,570 fr. 66. (Arch. dép., Budgets de la ville de Bordeaux, 1807.)
7. Champeaux au préfet, 16 octobre 1808. (Arch. du Lycée, *Reg. de corr.* II,
f° 43 r°.)

exprimé le regret qu'il y eût si peu de pensionnaires libres. Le préfet avait parlé de « parents aveugles »[1]. En décembre, le maire demanda au proviseur de faire admettre son neveu à l'école de Saint-Cyr. De Champeaux, aussitôt, écrivit à Fourcroy : « Cette confiance de M. le Maire est une suite du changement heureux que je remarque avec bien du plaisir dans ses dispositions à l'égard du Lycée. Déjà il a retiré son fils des pensions particulières pour le confier aux soins de M. le professeur de Belles-Lettres, et il se propose ensuite de lui faire suivre les cours du Lycée[2]. » Malgré ce « rapprochement spontané », ce ne fut qu'en février 1809 que la Ville mit en adjudication les travaux[3] et l'année s'écoula encore sans que rien eût été commencé. Le Lycée impérial n'eut pas même un élève de plus.

Lorsque, en mars 1803, le proviseur de Champeaux arriva à Bordeaux, il eut, on l'a vu, une déception assez vive en visitant le vieux couvent que le préfet Dubois avait assigné pour l'établissement du Lycée. Lorsque, en août 1809, il partit pour Orléans, où il était nommé recteur, il dut contempler avec quelque tristesse l'œuvre imparfaite, à peine ébauchée à son gré, qu'il laissait. Un résultat était acquis : la Visitation tout entière faisait partie du Lycée[4]. Les deux couvents, reliés par l'arceau et le souterrain, formaient un tout aussi homogène que le permettait la différence de niveau du sol entre eux. Le bâtiment des Feuillants était en bon état, mais il restait fort à faire pour approprier celui de la Visitation, où classes et dortoirs étaient installés, un peu au petit bonheur, dans les parties les moins délabrées. Il n'y avait pas d'infirmerie convenable, pas de préau couvert en dehors des cloîtres. Les travaux

---

1. Champeaux à Fourcroy, 20 août 1808. (Arch. du Lycée, *Reg. de corr. I*, f° 53 v°-54 r°.)

2. Champeaux à Fourcroy, 5 décembre 1808. (*Ibid.*, f° 58 r°-v°.) — En juillet, le proviseur se plaignait amèrement que le maire, « qui demeure en face du Lycée, » (l'hôtel de Lafaurie-Monbadon était sur les fossés des Tanneurs, aujourd'hui n° 182 du cours Victor-Hugo) envoyât son fils dans une école particulière. (*Ibid.*, f° 52 v°.)

3. Adjudication au rabais de divers travaux de maçonnerie, menuiserie, plâtrerie, serrurerie, etc., à faire au Lycée, 15 février 1809. (*Écho du Commerce* du 19 février 1809.)

4. C'est en 1807 que la salle des tirages de la Loterie fut enfin transportée au n° 49 de la rue des Trois-Conils, à l'hôtel Fieffé (aujourd'hui Athénée municipal).

d'aménagement ne devaient commencer que deux ans plus tard[1].

La Ville, on l'a vu, avait montré peu de zèle à hâter l'installation du Lycée. Le préfet avait dû inscrire d'office au budget de l'an XI la somme de 75,000 francs jugée nécessaire pour les réparations du local. Ce crédit s'était trouvé absolument insuffisant : l'appropriation des Feuillants et la fourniture du mobilier seules avaient coûté 44,860 fr. 99, et la municipalité attribuait le déficit de la Ville, en l'an XII, à cette grosse dépense[2]. En l'an XIII, les réparations au bâtiment de la Visitation avaient atteint le chiffre de 42,486 fr. 77; la Ville avait dû voter 20,000 fr. pour supplément de mobilier, et le préfet, dans l'état de redressement du budget, faisait lui-même observer que les frais des travaux ordonnés par Fourcroy pour la salubrité et la distribution intérieure du Lycée avaient excédé de 11,895 fr. 24 le crédit alloué en faveur de cet établissement[3]. Ces charges paraissaient à la Ville d'autant plus lourdes qu'elles lui étaient imposées de force. La municipalité se plaignait, avec quelque raison, des procédés dictatoriaux du préfet et du proviseur, qui engageaient les dépenses sans la consulter et présentaient ensuite la note à payer[4]. Cela n'était pas fait pour rendre plus aisés les rapports entre la Ville et le Lycée. Bordeaux, qui depuis a su prouver par tant de fondations et

---

1. Voir le plan de Bonfin conservé aux Archives municipales, n° 1383 et reproduit ci-contre.

2. Arch. dép., Budgets de la ville de Bordeaux, an XII.

3. Arch. dép., *ibid.*, an XIII et Observations du préfet sur les divers articles de l'état de redressement du budget de l'an XIII (15 décembre 1806).

4. C'est ainsi que, dans les derniers mois de l'an XIII, deux devis avaient été dressés, montant le premier à 28,118 fr. 58, le second à 25,736 fr. 25. Le Conseil municipal renvoya l'exécution et le paiement du premier à l'an XV; le préfet exigea l'exécution et le paiement immédiats du second. Le maire constata alors que la plupart des dépenses étaient déjà faites et que la somme engagée de ce fait s'élevait à 26,850 fr. 17. Par arrêté motivé du 9 nivôse an XIV (30 décembre 1805), il ordonna l'évaluation contradictoire des objets achetés et réduisit fortement le prix du premier devis. Le préfet exigea de nouveau l'exécution du second : le maire fit une adjudication s'élevant à 13,187 fr. Par suite de ces irrégularités, la Ville fut obligée d'inscrire au budget de 1806 une somme de 40,037 fr. 17, non compris le crédit annuel de 900 fr., alloué pour les prix. La situation financière était si embrouillée qu'un décret impérial daté de Varsovie, 25 janvier 1807, enjoignit au maire de dresser un compte complet des dépenses faites par la Ville pour le Lycée en l'an XII et en l'an XIII. Le maire envoya le 16 avril un état complet, en y joignant les dépenses de l'an XIV et de 1806. Ce document manque malheureusement aux Archives départementales.

d'améliorations l'intérêt qu'il porte généreusement à la grande œuvre de l'instruction et de l'éducation nationales, témoigna d'abord une médiocre bienveillance à cette institution que le pouvoir central lui imposait sans le consulter. Dans cet établissement si différent du vieux collège de Guienne, il vit surtout une école d'enfants de troupe, où l'on prétendait enrégimenter les jeunes gens pour les envoyer de là aux armées, en faire de la chair à canon. Sa résistance à l'entreprise gouvernementale, bien que vouée d'avance à l'insuccès, fut pourtant nette : en accordant de mauvaise grâce les crédits imposés par les préfets, en faisant traîner les adjudications des travaux, en protestant contre des procédés arbitraires, que ses atermoiements justifiaient d'ailleurs dans une certaine mesure, la Ville était fidèle au vieil esprit municipal qui reste le trait caractéristique de son histoire. Désarmée en face d'un pouvoir central plus fort que jamais, elle n'avait pas d'autre moyen d'action que l'inertie; elle en usa du moins largement. L'histoire des bâtiments du Lycée de 1802 à 1809 suffirait à le prouver.

Compos
Abb:
prof
une l
pend
Les
Berl
prof
men
Part
— L

Une
pierre
matér
bâtim
pas m
grés e
mento
ne fut
des ly
homn
réflécl
contra
du Co
L'h
le pro

CHAPITRE III

Le Personnel.

Une maison d'éducation n'est pas seulement bâtie avec des pierres ; elle l'est aussi avec des hommes. On a vu de quels matériaux divers, rongés par le temps, avaient été faits les bâtiments du Lycée de Bordeaux. Le premier personnel ne fut pas moins disparate : ecclésiastiques et laïques, anciens émigrés et anciens jacobins, prêtres réfractaires et prêtres assermentés s'y coudoyaient fraternellement. Mais cette bigarrure ne fut pas l'effet du seul hasard : en mêlant dans le personnel des lycées qu'il créait des hommes de l'ancien régime et des hommes de la Révolution, Bonaparte avait une intention très réfléchie ; il voulait du creuset où il jetait ces éléments contraires faire sortir une France nouvelle. L'idée maîtresse du Consulat apparaît ici très claire.

L'homme qu'il choisit pour organiser le Lycée de Bordeaux, le proviseur que l'on a déjà vu à l'œuvre s'appelait Edme

Georges de Champeaux[1]. Il était né à la Chaume (Côte-d'Or) le 12 janvier 1761 : c'était un Bourguignon énergique et volontaire. Entré dans les ordres, il avait été chargé, de 1785 à 1791, de la surveillance et de la direction des écoles à Langres. En 1791, il refusa de prêter serment à la constitution civile du clergé, émigra, se rendit à Worms, à l'armée de Condé, où on lui confia l'instruction de jeunes nobles français et les fonctions d'aumônier militaire, qu'il exerça jusqu'en 1798. Il servit avec dévouement et courage pendant les campagnes de l'émigration. Au licenciement de l'armée, il se réfugia en Pologne et ouvrit à Varsovie un cours public d'histoire, de littérature et de morale. Dès 1800, il chercha à rentrer en France. Des devoirs de famille l'y rappelaient. Il avait, en effet, un frère aîné, Pierre-Clément de Champeaux, un soldat, qui, après avoir gagné ses premiers galons, avant 1789, dans les chasseurs à cheval des Cévennes et de Bretagne, avait continué à servir dans les armées de la République, s'était peut-être battu contre les émigrés en qualité de commandant de la compagnie des guides à l'armée du Rhin en 1792, avait été suspendu comme noble en 1793 et interné à Auxerre par ordre de Saint-Just et de Lebas, était devenu colonel du 12e hussards en 1796, chef de la 22e division de gendarmerie à Grenoble en 1797, général de brigade le 9 mars 1800 et venait d'être blessé mortellement d'un coup de feu à la poitrine, en chargeant à Marengo, dès le début de l'action, à la tête du 1er et du 8e dragons. Transporté à Milan, il y était mort, le 28 juillet, des suites de sa blessure[2]. Le général de Champeaux laissait deux fils. Leur oncle l'émigré, instruit de l'événement, décida de rentrer en France pour remplacer le père auprès des deux orphelins. Il se rendit à Berlin, obtint de notre ambassadeur, le général Beurnonville, des lettres de recommandation et partit pour Paris. Il se présenta chez

---

1. Il signe Champeaux jusqu'en juillet 1805 dans ses lettres à Fourcroy; dès le mois de janvier, il signait à Bordeaux Dechampeaux ou de Champeaux. Il se faisait appeler de Champeaux de Vauxdimes, pour se distinguer d'un de ses parents, peut-être un frère, de Champeaux-Boisessarts, quelque ancien soldat qu'il avait amené avec lui et dont il avait fait l'officier instructeur du Lycée.

2. Jacques CHARAVAY, *Les Généraux morts pour la patrie, 1792-1804*, Paris, 1893, in-8°, p. 77-78.

le Premier Consul, qui avait déjà accordé deux places d'élèves au Prytanée aux enfants d'un camarade qu'il estimait singulièrement, puisqu'il avait demandé en 1796 qu'il fût attaché à l'armée d'Italie. Bonaparte devina que ce prêtre robuste et intelligent avait, comme son frère, les qualités d'un chef, qu'il pouvait être un de ces hommes dont il avait besoin pour l'œuvre qu'il méditait. Il le désigna à Fourcroy pour une place de proviseur. Bordeaux passait pour une des villes de France où la réaction thermidorienne avait été le plus vive : on y jetait les Jacobins, à coups de pieds et à coups de poing, hors de la Bourse et des théâtres[1]. Un ecclésiastique à la tête du Lycée, n'était-ce pas un gage assuré de succès pour le nouvel établissement? Fourcroy nomma de Champeaux proviseur du Lycée de Bordeaux.

Le choix paraissait bon. De Champeaux le justifia par le courage et la ténacité dont il fit preuve dans l'œuvre difficile de création dont il était chargé. Les procédés qu'il employa peuvent paraître un peu rudes, pas toujours aussi habiles qu'il le disait; ses manières rappelaient parfois celles de son frère le hussard. Mais il faut convenir qu'il sut se rendre un compte exact de la situation délicate où il se trouva, pénétrer assez finement les caractères de ceux qu'il eut comme adversaires, aborder de front tous les obstacles et surtout ne jamais se décourager. Les Bordelais paraissent n'avoir pas su grand gré à Fourcroy de leur avoir envoyé un ecclésiastique pour les bien disposer en faveur du Lycée. Ce que l'on reprochait à de Champeaux, c'était d'être un étranger. On lui en voulut d'avoir pris une place que pouvaient occuper bien des hommes déjà connus à Bordeaux par leurs lumières[2]. En vain il essaya de

---

1. Sur Bordeaux sous le Directoire et le Consulat, voir E. DE PERCEVAL, *Le président Émérigon et ses amis*, Bordeaux, 1903, in-8°, p. 11-45.

2. Voici en quels termes aimables ce pied-plat de Bernadau accueillit de Champeaux : « L'ouverture des classes du Lycée de Bordeaux a eu lieu hier (22 messidor an XI). Il a pour proviseur un ex-prêtre, passablement ignare et intrigant, nommé Champeaux. On ne connaît à cet homme aucun titre littéraire. » (Biblioth. de la Ville, mss. de BERNADAU, t. VIII, *Tablettes*, p. 31.) L'expression « ex-prêtre » montre clairement que de Champeaux, ainsi que les autres prêtres qui entrèrent dans le personnel des Lycées, avait renoncé à l'habit ecclésiastique. Ce ne fut que sous la Restauration qu'il redevint l'abbé de Champeaux. Un arrêté des consuls du 5 brumaire an XI (27 octobre 1802) avait ainsi fixé le costume officiel des proviseurs : habit français

conquérir ses lettres de naturalisation en se mêlant à la vie locale, en se faisant admettre comme associé libre de la Société médicale d'émulation, en y créant un prix d'anatomie et de physiologie [1]. On sent qu'il n'eut jamais la sympathie publique : la faute en fut sans doute à son caractère, mais surtout, je crois, aux circonstances et à la besogne particulièrement ingrate qu'il avait assumée. Il fut, du moins, un bon serviteur de l'Université, et il avait le droit de dire, dans sa lettre an Grand-Maître, datée d'Orléans, 1ᵉʳ septembre 1815, où il demandait sa mise à la retraite : « Ma conduite fut constamment celle d'un homme de bien, et si vous voulez vous rappeler que, comme proviseur de Lycée et comme recteur d'Académie, j'ai eu à fonder les deux établissements que j'ai dirigés, à combattre tous les obstacles qui s'opposent à de nouvelles créations, j'ai lieu de croire qu'au moment où vous allez fixer ma pension de retraite, quelques marques de bienveillance peuvent m'être données sans compromettre votre justice [2]. »

A ce proviseur ancien émigré et prêtre réfractaire, Fourcroy avait d'abord adjoint comme censeur un ex-professeur de 6ᵉ au collège des Grassins, à Paris, Quidy. Simple diacre, toujours habillé en laïque, il avait prêté serment, en 1790, à Notre-Dame [3]. On a vu qu'il arriva à Bordeaux un peu après le proviseur ; il n'y resta que jusqu'aux vacances. Le 17 octobre, il

---

complet noir, manteau noir jeté en arrière, avec collet et bordure de soie verte, broderie noire au collet et à la bordure du manteau, cravate pendante en batiste de soie blanche, chapeau français.

1. Le 26 fructidor an XII, il envoya à la Société un prix de consolation pour un élève que le sort n'avait pas favorisé dans l'attribution d'un prix qui ne pouvait être partagé. Le 16 septembre 1806, le 1ᵉʳ prix d'anatomie et de physiologie, donné par M. de Champeaux, proviseur du Lycée, fut décerné à M. Pierre Conilh, de Bordeaux. (*Notices des travaux de la Soc. médic. d'émulation*, Bordeaux, Pierre Beaume, an XII et 1806.) — En 1808, de Champeaux fut commissaire de la Société Philomathique naissante.

2. J'emprunte cette citation et les détails biographiques qui précèdent au dossier de l'abbé de Champeaux. (Arch. nationales, F 17 C, C, 34.) Il mourut à Paris, où il habitait 24, place Dauphine, le 25 mars 1830. Il était chevalier de Saint-Louis.

3. *Histoire du serment à la constitution civile du clergé à Paris*, p. 90, citée par Ch. Fierville, *Archives des Lycées*, Paris, 1894, gr. in-8°, p. 463, qui se trompe en écrivant que Quidy n'entra en fonctions qu'en octobre 1803. Son nom est sur les états de traitement de messidor, thermidor, fructidor an XI et vendémiaire an XII ; il cessa ses fonctions le 23 vendémiaire. (Arch. du Lycée, pièces comptables, 1802-1805.)

fut nommé professeur de 5ᵉ et 6ᵉ au Lycée de Rouen. Il permutait avec Abbal, qui, lui, n'était pas un inconnu à Bordeaux [1]. C'était un ancien Bénédictin de la congrégation de Saint-Maur, qui avait débuté en 1788 à l'École royale et militaire de Sorèze comme professeur de latin, et y était resté neuf ans, sous la direction de dom Ferlus et de dom Despaulx. En l'an VIII, il était venu à Bordeaux; il y sollicita vainement une chaire à l'École centrale. Il trouva une place dans le pensionnat annexe. A l'organisation des Lycées, il fut nommé professeur au Lycée de Rouen, mais, grâce sans doute à l'intervention de son ancien directeur de Sorèze, Despaulx, devenu inspecteur général des études, il obtint de revenir à Bordeaux comme censeur le 24 vendémiaire an XI (17 octobre 1803). Au bout de deux années, il abandonnait les fonctions administratives et prenait la chaire de 1ʳᵉ et 2ᵉ latinité qu'il conserva jusqu'à sa retraite. Le 20 juillet 1809, il fut nommé professeur de littérature latine à la Faculté des Lettres, et il cumula ces fonctions avec sa chaire du Lycée jusqu'au 31 octobre 1815, date de la suppression de cette Faculté. Il prit alors sa retraite, à cinquante-trois ans seulement, pour cause d'infirmités. Abbal fit peu parler de lui à Bordeaux. Il y a lieu de penser qu'il continua à y mériter les éloges, à vrai dire un peu vagues, que dom Ferlus lui donnait en 1791 : « Il a montré autant de zèle que de talent et d'intelligence; il formait le cœur de ses élèves par l'excellence de ses principes et de sa conduite, en même temps qu'il développait leurs talents par ses lumières et son habileté à les communiquer [2]. »

Abbal fut remplacé le 16 novembre 1805 comme censeur par son collègue de Sermand, professeur de Belles-Lettres. Celui-ci était un vieil ami du proviseur; il l'avait connu à Langres, où il avait été principal du collège royal de 1780 à 1792 [3]. De

----

1. Aussi sa nomination fut-elle annoncée dans le *Bulletin polymathique* (I, 388).

2. André Abbal était né le 18 décembre 1763 à Estaussan, commune de Vieussan, arrondissement de Saint-Pons (Hérault). A sa retraite, il se retira à Paris, où il habita 2, rue Molière, et où il mourut le 8 novembre 1837. Il avait aussi une pension ecclésiastique de 267 francs comme bénédictin. (Arch. nationales, F 17 C, A, 1.)

3. Louis-Joseph de Sermand, né à Andelot (Haute-Marne) le 28 octobre 1759, avait été d'abord maître de conférences de théologie au séminaire Saint-Louis, de 1777 à 1780.

Sermand avait ensuite émigré en Angleterre. Rentré en France en 1802, à la suite de l'amnistie du 26 avril, il retrouva, à Paris sans doute, de Champeaux, qui lui proposa une place au Lycée de Bordeaux. De Sermand accepta et ce fut la chaire de Belles-Lettres qui lui fut dévolue. Il l'occupa deux ans avec distinction, puis remplaça Abbal comme censeur. A la fin de 1807, il quitta Bordeaux; les services qu'il y avait rendus et ses qualités administratives le désignèrent pour aller créer le Lycée de Rodez, dont il resta le proviseur jusqu'en 1810, époque où il fut mis à la tête du Lycée Louis-le-Grand. Il prit sa retraite le 8 février 1815, à cinquante-six ans[1].

L'arrêté consulaire du 3 prairial an XI avait nommé huit professeurs. C'étaient : de Sermand pour les Belles-Lettres, Leupold pour les mathématiques transcendantes, Blanche, Fitte et Camoin pour le latin, Puissant, Villers et Larrouy pour les mathématiques. Deux d'entre eux, Blanche et Puissant, ne vinrent jamais à Bordeaux[2]. Leupold et de Sermand les suppléèrent jusqu'aux vacances, où ils furent remplacés par Messier et Chalret. Le cadre des professeurs fut ainsi définitivement constitué :

Belles-Lettres : DE SERMAND.	Mathématiques transcendantes : LEUPOLD.
Latin 1re et 2e : FITTE.	Mathématiques, 1re et 2e : VILLERS.
— 3e et 4e : MESSIER.	— 3e et 4e : LARROUY.
— 5e et 6e : CAMOIN.	— 5e et 6e : CHALRET.

On a vu qu'au début de l'année scolaire 1805-1806, de Sermand devint censeur; Fitte monta dans la chaire de Belles-Lettres et fut remplacé en 1re et 2e par Abbal[3]. Tous ces professeurs, sauf Camoin, achevèrent leur carrière universitaire à Bordeaux.

---

1. Son traitement étant de 5,000 francs, sa pension fut fixée par décret du 2 septembre 1815, à 4,000 francs (les 3/4 plus le 1/20 du traitement). De Sermand, qui avait à Paris un domicile 5o, rue de Richelieu, mourut à Fontainebleau le 6 septembre 1829. (Arch. nationales, F[17 C], 8, 34.)

2. On trouve un Blanche « homme de lettres à Rouen », parmi les candidats aux chaires de l'École centrale de la Charente. (P. BOISSONNADE, *Histoire du collège et du lycée d'Angoulême*, Angoulême, 1895, in-8°, p. 245, note 7.) — L'état des traitements de messidor et thermidor an XI porte le nom de Puissant pour mémoire.

3. C'est le 2 frimaire an XIV (23 novembre 1805) que le proviseur accusa réception à Fourcroy de la lettre du ministre du 24 brumaire autorisant ce triple échange de places. (Arch. du Lycée, *Reg. de corr.* I, f° 24 v°.)

Il y acquirent une notoriété plus ou moins grande et méritèrent bien par leurs services de la ville dont ils étaient les enfants ou dont ils avaient fait leur patrie d'adoption.

Le doyen des professeurs de lettres était Fitte : il avait cinquante ans lorsqu'il fut nommé professeur au Lycée. C'était un Pyrénéen[1] : il avait commencé ses études au collège des Doctrinaires de Tarbes, les avait terminées à Toulouse et avait soutenu ses thèses avec distinction au collège de l'Esquille, que dirigeait la même congrégation. Les études littéraires étaient particulièrement soignées chez les Doctrinaires ; on y sacrifiait hardiment la vieille rhétorique au commentaire des textes et l'on ne craignait pas de faire une place dans les programmes aux auteurs français les plus modernes[2]. Fitte entra dans les Doctrinaires, reçut même la prêtrise et enseigna au collège d'Auch pendant treize ans. A la Révolution, il refusa le serment, vint à Bordeaux, où son frère était employé de commerce, et devint précepteur dans une famille noble. Il la suivit en Hollande et en Allemagne pendant l'émigration, revint sans doute avec elle en 1802 à Bordeaux, et fut au nombre des candidats qui répondirent à l'appel de Cuvier et Despaulx. Il fit valoir comme titres littéraires ses services antérieurs dans l'enseignement et deux pièces de vers français. La première était une ode héroïque, *Catherine seconde*, où il chantait en strophes « soutenues » le génie et les travaux de la grande tsarine. Cette œuvre lui avait valu, dans un concours littéraire ouvert en Russie et où ne figurèrent pas moins de soixante-cinq odes sur le même sujet, un accessit consistant en une médaille de vermeil, qui lui fut remis à Munster par le secrétaire de la légation russe Doubrowski. La seconde était un « hommage élégiaque » à la mémoire de M. de la Rochefoucauld, ancien archevêque de Rouen, mort en Allemagne pendant l'émigration. On y lisait, entre autres,

---

1. Jean-Baptiste Fitte était né le 25 mai 1753 à La Bastide, canton de la Barthe-de-Neste, arrondissement de Bagnères-de-Bigorre (Hautes-Pyrénées).

2. Louis CANET, *Essai sur l'histoire du collège de Tarbes pendant la Révolution*, Tarbes, 1900, in-8°, p. 4-14.

les deux strophes suivantes, qui décèlent un bon élève de Jean-Baptiste Rousseau et de Lefranc de Pompignan :

> Ainsi le juste est honoré !
> Qu'importe qu'il repose où reposent ses pères,
> Que sa cendre se mêle aux cendres étrangères,
> Si les étrangers l'ont pleuré !
>
> Germains sensibles, bienfaisans,
> Vous savez respecter les droits de la nature.
> Vos honneurs pour les morts ont été sans mesure
> Comme vos dons pour les vivans.

Enfin il produisit une lettre du grand pensionnaire de Hollande qui le félicitait d'avoir traduit « avec une fidélité mêlée de précision et d'élégance » un ouvrage anglais sur la valeur de l'argent et le remerciait du service qu'il avait ainsi rendu au commerce[1]. Ces titres, qu'il fit de nouveau valoir lorsqu'en 1809 il se présenta à l'Académie de Bordeaux, désignèrent Fitte au choix des commissaires. Au Lycée, il n'oublia pas les bonnes leçons de ses maîtres les Doctrinaires ; il n'oublia pas non plus qu'il avait chanté *Catherine seconde*, et mit sa gloire à susciter parmi ses élèves des vocations poétiques. Il sut aussi se faire aimer d'eux. Lorsqu'en 1819, âgé de soixante-quatre ans, après deux ans de démarches vaines pour obtenir sa pension de retraite, ayant épuisé ses économies, vendu ses livres afin de subvenir aux frais d'une longue maladie et d'une saison à Bagnères, il demanda à Lafaurie-Monbadon, alors pair de France, de rappeler à Cuvier le vieux maître qu'il avait jadis proposé pour une chaire du Lycée, l'ancien maire de Bordeaux rendit à Fitte ce touchant témoignage : « Je suis certain qu'il n'y a pas un de ses élèves qui ne vînt au secours de leur ancien instituteur, ayant su toujours concilier les devoirs sévères et l'aménité nécessaires à l'éducation de la jeunesse. » Ces lignes permettent, il me semble, de préciser assez bien cette physionomie de professeur d'autrefois : vieux lettré nourri de la

---

1. Rapport rédigé le 4 mars 1809 par Guilhe sur la candidature de Fitte à l'Académie. (Archives de l'Académie, *Rapports*, II, f° 76 r°-v°.) — C'est Guilhe aussi, l'ancien professeur de grammaire générale de l'École centrale, qui composa la notice nécrologique de Fitte. (*Actes de l'Acad. de Bordeaux*, 1829, p. 139-141.) Il avait été élu le 22 juin 1809 ; il signa pour la première fois au registre de présence le 19 août.

meilleure antiquité, lecteur fervent des poètes modernes, poète lui-même et qui, dans ce beau site de Bagnères-de-Bigorre où il voulut aller mourir, dut lire avec émotion les *Méditations* de Lamartine et les premières *Odes* de Hugo [1].

Des deux autres professeurs de lettres, l'un, Jean-Roch Messier, n'a pas d'histoire. Il fut le père de Jean-Hector Messier, le futur bibliothécaire de la Ville, et mourut à Bordeaux en 1810, l'année même où naissait son fils. L'autre, Camoin, était un Marseillais et un ancien oratorien. Il avait la vue très fatiguée et, dès le mois de février 1805, il fut obligé d'interrompre son service [2]. Il ne le reprit plus, traîna toute l'année et enfin quitta Bordeaux pour revenir en Provence [3]. Il fut admis à la retraite le 16 juin 1808 [4] et cumula à Aix, puis à Marseille, sa pension de 600 francs avec une pension ecclésiastique de 210 francs comme ex-oratorien [5].

Sauf Abbal, les professeurs de lettres avaient tous été recrutés hors Bordeaux. Les littérateurs bordelais, Lamontaigne, Guilhe, François-de-Paule Latapie, qui avaient enseigné les belles-lettres, la grammaire générale et les langues anciennes à l'École centrale, dédaignèrent d'être de la nouvelle maison. Bernadau fut-il candidat et fut-il évincé? On serait tenté de le croire, à voir l'âpreté hargneuse avec laquelle il a dénigré l'enseignement et les maîtres du Lycée. Quoi qu'il en soit, il n'en fut pas de même pour les professeurs de sciences. L'un d'eux, le plus distingué, Leupold, était Bordelais de naissance; un autre, Chassin-Villers l'était d'adoption; Larrouy et Chalret étaient loin aussi d'être des inconnus.

Le père de Leupold, Jacques Leupold, était un Suisse qui vint s'établir à Bordeaux vers le milieu du XVIIIᵉ siècle. C'était un

---

1. Archives nationales, F 17 C. F, 30. — Guilhe dit dans sa notice nécrologique que Fitte à la retraite reprit ses fonctions ecclésiastiques.

2. Champeaux à Fourcroy, 16 pluviôse an XIII (5 février 1805). (Arch. du Lycée, *Reg. de corr.* I, fᵒ 14 vᵒ.)

3. Champeaux à Fourcroy, 5 janvier 1808. (*Ibid.*, fᵒ 44 rᵒ.)

4. Le proviseur donna un avis favorable le 8 mai. (*Ibid.*, fᵒ 49 vᵒ.)

5. En 1829, il avait soixante-quinze ans et protestait auprès du recteur d'Aix contre une menace de suppression d'une partie de sa pension, le cumul étant interdit au-dessus de 700 francs. A Marseille, il habitait place Saint Michel, nᵒ 4. Jean-Pierre Camoin, né le 2 juin 1755, mourut à Grasse le 26 octobre 1836. (Arch. nation., F 17 C, C, 1...)

peintre habile, qui acquit vite une grande notoriété. Professeur au collège de Guienne, directeur de l'école municipale de dessin, l'un des fondateurs de l'Académie des Arts, peintre ordinaire de la Ville, il fut chargé de faire les portraits des jurats et des consuls de la Bourse, et prit part à tous les Salons bordelais[1]. Son fils Jean-Claude, né à Bordeaux le 4 juin 1774, fit ses études au collège de Guienne. Il montra des aptitudes précoces pour les sciences : en 1795, âgé de vingt et un ans,

MÉDAILLE DU COLLÈGE NATIONAL DE GUIENNE
(Collection de M. E. de Fayolle.)

il fut chargé d'un cours de mathématiques au Collège national, qui avait remplacé le collège de Guienne. Il entra ensuite au pensionnat de l'École centrale et y enseigna l'algèbre. En même temps, il devenait un des ouvriers de la renaissance littéraire et scientifique qui marqua les années du Consulat. L'Académie des Sciences, Belles-Lettres et Arts venait de ressusciter le 3 novembre 1797. Le 19 nivôse an VI (8 janvier 1798), Leupold en fut élu membre; ses confrères découvrirent vite en lui un travailleur et un homme d'action[2]. Un an après, le 27 nivôse an VII (16 janvier 1799), ils le nommaient secrétaire général. Il le resta jusqu'au 25 brumaire an XI (16 novembre 1802), époque où il partit pour Paris afin d'y

---

1. Sur Jacques Leupold, voir la notice de Charles MARIONNEAU, *Les Salons bordelais*, au t. III des *Mélanges de la Société des Bibliophiles de Guienne*, p. 299-301.

2. Le 1er messidor an VI, il lisait un rapport, fait en collaboration avec Chalret, sur un mémoire de Thibaut proposant « un moyen simple et ingénieux de relever un navire dans son chantier au moment de sa mise à l'eau ». (Arch. de l'Académie, *Rapports*, I, f° 18 r°-19 v°.) Le 16 nivôse an VII, il en lisait un autre sur un mémoire de Lescan contenant une méthode « pour réduire la distance apparente à la distance vraie sur le quartier de réduction. » (*Ibid.*, f° 28 r°-v°.)

continuer ses études : préoccupation remarquable et rare chez un provincial de vingt-huit ans, qui aurait pu, comme tant d'autres, se contenter à peu de frais de sa réputation locale. Leupold goûta de pures joies en écoutant Lalande, Laplace, Biot, dont il fut le préparateur, en causant avec Monge et Lacroix, en assistant aux séances de l'Institut, où il eut l'honneur de lire un mémoire. La lettre suivante, qu'il écrivit à Dutrouil, son successeur dans les fonctions de secrétaire général de l'Académie, peint bien son enthousiasme scientifique et donne une idée très vivante de l'existence laborieuse qu'il menait.

Paris, 16 pluviôse an 11.

J'ay reçu votre lettre, mon cher Dutrouil, et j'ay été surpris d'apprendre en la lisant que les jettons échangés dont j'étois dépositaire n'aient pas été remis à Capelle[1]. Quand je partis, je laissai à ma sœur, pour le lui faire parvenir, un petit paquet contenant à peu près une trentaine de jettons, et le produit de 15 francs qui avaient été donnés en compensation. Son départ pour la campagne, qui suivit immédiatement le mien, lui aura fait oublier cette commission, et je la charge, dès qu'elle sera venue à Bordeaux, de faire promptement la remise de cet objet[2].

La vignette, la médaille de M. Dudevant[3] sont chés moi et je donne à quelqu'un la commission de la faire remettre au concierge. Quant au registre du conseil, il y a longtemps qu'on a perdu l'habitude d'en tenir note, et je ne sçais même ce qu'est devenu le livre. Je l'ay remis autrefois dans l'armoire.

J'ay vu avec bien du plaisir ce que vous me dites de la Société à laquelle je prendrai toujours l'intérêt le plus vif. Faites-luy agréer, je vous prie, l'offre de mes services, si je pouvois lui être utile en quelque chose. Rappelés moi principalement au souvenir de MM. Guérin[4] et Desèze[5].

---

1. Médecin, membre de l'Académie, fondateur avec Chassin-Villers de la Société d'Histoire naturelle et du *Journal de Santé*.

2. Il s'agit des jetons de présence institués par l'Académie dans sa séance du 1er germinal an VIII. (Arch. de l'Académie, Procès-verbaux, 1796-1805, p. 55.)

3. Hyacinthe Dudevant, raffineur et naturaliste, membre de l'Académie, où il fut reçu le 27 nivôse an VII, beau-frère de George Sand (voir une note de M. P. BUFFAULT, *Les débuts de la fixation des dunes*, dans la *Revue Philomathique* du 1er mars 1905, p. 128.)

4. Pierre Guérin, célèbre chirurgien bordelais (1740-1827), le futur beau-père de Leupold. Voir son *Eloge* par le Dr G. Sous (*Union médicale de la Gironde*, 1866, p. 322-333), et la thèse du Dr Maurice LE MAITRE, *Recherches sur les procédés chirurgicaux de l'École bordelaise des origines à la Révolution*, Bordeaux, 1903, in-8°.

5. Paul-Victor de Sèze (1754-1830), médecin de l'hôpital Saint-André, professeur à l'École centrale, en 1809 doyen de la Faculté des Lettres et premier recteur de l'Académie de Bordeaux.

Après avoir répondu à la partie officielle de cette lettre, je passe à celle qui me concerne plus particulièrement, et je commence, mon cher Dutrouil, par vous remercier de l'intérêt que vous me témoignés. Ma santé a payé les premiers jours un léger tribut au changement de climat, depuis elle a résisté même à la grippe : il est vrai que je suis plus souvent dans les cieux que sur terre, et ce pourroit bien être par ces fréquentes promenades dans l'éther épuré que j'échappe à la contagion. Je travaille l'astronomie à force : déjà, grâce à M. de Lalande[1], j'ordonnance les éclipses et j'assigne aux étoiles la millième partie de la seconde du temps auquel il leur sera permis de se montrer dans ma lunette. A propos de M. de Lalande, c'est le meilleur homme qu'on puisse voir : il est plein de bonté pour moi, et presque tous les jours je passe trois heures dans son cabinet. Il m'a parlé de l'observatoire de Bordeaux : il se rappelle l'avoir vu et pense qu'il pourroit être très utile de le mettre en activité[2] : il m'apelle le restaurateur de l'astronomie bordelaise (dans aucun sens ce titre ne me convient), et il croit qu'il sera facile d'obtenir du gouvernement les instrumens les plus nécessaires aux observations. J'ay soin d'entretenir cette bonne volonté qu'il témoigne pour notre pays, et je tiens beaucoup à l'idée de faire remonter l'observatoire et de le faire confier à la Société[3].

J'ay peu vu M. Bosc[4], quoique j'aye pris de lui l'idée la plus avantageuse : mais il me parut tellement absorbé dans ses insectes, que je pensay que c'était lui rendre service que de ne l'en pas distraire. Je vois plus souvent le c{en} Biot[5] et je suis avec bien de l'intérêt son cours du Collège de France. Quant à Lacroix[6], je le vois quelquefois à l'Institut ; j'y ay lu il y a quelques jours un mémoire pour lequel il fut nommé commissaire avec le c{en} Laplace. Monge présidoit alors et il

---

1. Joseph-Jérôme Le Français de Lalande (1732-1802), professeur d'astronomie au Collège de France.

2. Lalande écrivait dans son *Astronomie*, t. IV, p. 588 : « La situation de Bordeaux au 45° degré, c'est-à-dire dans le milieu même de la zone que nous habitons, a quelque chose de remarquable et qui semble appeler les astronomes. » Il avait envoyé de Paris à J.-B. Secondat, fils de Montesquieu, un télescope et un pendule pour observer un passage de Vénus, et publié en 1769 une *Comparaison du passage de Vénus observé à Bordeaux avec les observations faites à Paris*. (G. RAYET, *Notice historique sur la fondation de l'Observatoire de Bordeaux* dans les *Annales de l'Observatoire de Bordeaux*, t. I, p. 4.)

3. Après la suppression de l'École centrale, un cours gratuit d'astronomie nautique, professé par Lescan, avait été créé. Le 21 floréal an XI (11 mai 1803), le Conseil général émit le vœu que l'observatoire de l'ancienne Académie fût annexé à ce cours. (Arch. dép., Conseil général, Procès-verbaux, an XI, f{os} 8-11.) La tour de la rue Jean-Jacques-Bel servit à cet enseignement jusqu'en 1860.

4. Louis-Augustin-Guillaume Bosc (1759-1828), naturaliste, ami des Girondins, éditeur des *Mémoires* et de lettres de Mme Roland. (Voir Cl. PERROUD, *Lettres de Mme Roland*. 1900-1902, in-4°, t. II, p. 666-687, appendice K.)

5. Jean-Baptiste Biot (1774-1862), astronome, mathématicien, physicien et chimiste.

6. Sylvestre-François Lacroix (1765-1843), professeur au Collège de France et à l'École Polytechnique, auteur, entre autres ouvrages de vulgarisation, du *Traité du calcul différentiel et du calcul intégral*, 1797, 2 vol. in-4°.

m'avoit d'avance promis de remettre mon mémoire à ce dernier afin de me fournir l'occasion de faire connoissance avec luy. Je n'ay pas osé en profiter et j'en suis encore à cette *e longinquo reverentia*.

Adieu, je vous salue bien cordialement.

Rappelés moi, je vous prie, au souvenir de Capelle.

LEUPOLD.

Au citoyen Dutrouil, secrétaire de la Société des Sciences, Belles-Lettres et Arts, hôtel de l'Académie, n° 1, à Bordeaux[1].

La création du Lycée précipita le retour de Leupold. Il n'eut pas de peine à obtenir la chaire de mathématiques transcendantes. Ce qu'il fut comme professeur, son successeur au Lycée et à l'Académie Valat l'a dit en termes excellents : « Ses vœux étaient comblés et depuis il n'eût jamais désiré d'autre position. Les succès de son enseignement nous sont attestés par de nombreux élèves qui vivent au milieu de nous et dont plusieurs se font remarquer entre leurs concitoyens par un rare mérite; beaucoup d'entre eux lui doivent leur admission à l'École polytechnique. Comment n'eût-il pas réussi avec les brillantes qualités dont il était doué! Élégance et clarté d'exposition, sagacité et profondeur de vues, facilité d'élocution, tels sont les caractères de sa méthode... Esprit fin, orné par la lecture, il savait répandre sur des sujets arides un charme et une variété qui en écartaient l'ennui; d'une douceur et d'une patience parfaites, il faisait de ses élèves des amis tendres ou des enfants affectueux, afin de leur rendre l'étude agréable et facile; il avait surtout le secret connu de peu de professeurs, le secret des maîtres qu'il avait étudiés à Paris, de faire descendre à force d'art la science jusqu'aux intelligences les plus faibles[2]. » Pour compléter cette physionomie attachante, ajoutons que Leupold ne se confinait pas dans les sciences qu'il enseignait. Lettré fin et délicat, il se reposait souvent de ses

---

1. Arch. de l'Académie, Correspondance, an XI-1807, f°° 18-19.

2. *Éloge de Leupold* par Valat. (*Actes de l'Académie de Bordeaux*, 1841, p. 553-564.) Valat se trompe en disant que Leupold « s'assit sur les bancs de l'École normale » à côté de Biot et de Francœur, répétiteur à l'École polytechnique, dont il était, en effet, le contemporain. L'École normale de l'an III, créée par le décret du 9 brumaire (30 octobre 1794), était morte le 30 floréal (19 mai 1795). Voir Paul Dupuy, *l'École normale de l'an III*, Paris, 1895 (dans le volume du *Centenaire de l'École normale*).

études d'astronomie dans la lecture des classiques latins. Lucrèce était son auteur de chevet.

Lorsqu'en 1808, l'Empire, renonçant au projet des Écoles spéciales du Consulat, ressuscita les Facultés, le grand-maître Fontanes fit savoir à Leupold qu'il était désigné pour le décanat de la Faculté des Sciences de Bordeaux. Ce n'était qu'un titre honorifique qui lui était décerné : en fait, le cours de mathématiques de la Faculté ne fut autre chose que la classe de mathématiques transcendantes du Lycée; le local et les élèves se confondaient. En 1813, on proposa à Leupold une chaire dans un Lycée de Paris; il refusa et ne voulut pas quitter son cher Bordeaux. Il y resta jusqu'à la fin de sa carrière. En 1821, sa chaire fut supprimée; il garda celle de physique qu'il cumulait depuis 1819 avec celle de mathématiques transcendantes[1]. Membre du Conseil académique, vice-président de la Commission de surveillance de l'École normale d'instituteurs de la Gironde, président de la Commission d'examen des institutrices depuis sa création, Leupold avait trente-six ans, cinq mois, deux jours de service et touchait un traitement de 2,000 francs lorsqu'il fut mis brusquement à la retraite le 27 décembre 1839. Cette mesure le surprit péniblement et causa quelque émotion à Bordeaux. Le député Wustenberg, qui avait demandé pour lui, sans succès, la Légion d'honneur en 1838, écrivait à cette occasion : « Les services rendus par M. Leupold comme professeur et comme homme privé, le nombre d'élèves qu'il a donnés à l'École polytechnique et qui témoignent de la supériorité de son enseignement, l'estime, le respect dont l'entourent tous ceux qui le connaissent, tout lui donnait des droits à être traité un peu moins brusquement. » Leupold avait soixante-cinq ans : il était usé et malade. L'année précédente, il avait été forcé de donner sa démission de membre de l'Académie. Il survécut un an à sa mise à la retraite et mourut le 16 décembre 1840, à quatre heures du matin, dans sa maison de la rue Maucoudinat, n° 13[2]. Il avait bien mérité

---

1. Il publia un ouvrage classique : *Leçons élémentaires de physique*, Paris, 1823, Barrois, in-8°.

2. Archives nationales, F17 C, L., 127. Leupold avait épousé, le 11 novembre 1807,

de l'Université, du Lycée, auquel sa réputation, comme l'écrivait en 1836 le recteur, « ne fut pas sans utilité », et de la ville de Bordeaux qui lui marqua sa reconnaissance en donnant son nom à une de ses rues[1].

Le même honneur mériterait peut-être d'être accordé à un collègue de Leupold, Bordelais d'adoption, Chassin-Villers, qui eut un rôle très actif dans la renaissance intellectuelle du Consulat. Né en 1751 à Villers, dans l'Ain, Chassin, qui ajouta à son nom celui de son pays d'origine, après de brillantes études au collège de Trévoux, se destina d'abord à la médecine et prit ses grades jusqu'au doctorat inclusivement. Puis il entra dans la congrégation des Doctrinaires et fut jusqu'à la Révolution professeur au collège de Saint-Omer. En 1790, il vient à Bordeaux sous les auspices de l'abbé Sicard ; Journu-Auber lui confie l'éducation de son fils et de son neveu Bory de Saint-Vincent[2]. Il conquiert vite une grande notoriété. En 1793, il fait partie du *Lycée des Sciences et des Arts*, curieuse tentative d'Université populaire imaginée par Mittié fils[3]. Lorsque la Commission des Bibliothèques, nommée en 1791 par les administrateurs du district, eut été décimée par les Terroristes, il est désigné avec Tournon et Jogan pour composer la nouvelle Commission, organisée le 13 décembre 1793[4]. En 1796, il fonde avec Capelle la Société d'Histoire naturelle, dont il est, après Aquart, le président. En cette qualité il signe le règlement arrêté dans la séance du 30 vendémiaire

Marie-Pétronille Guérin, fille de Pierre Guérin, professeur royal en chirurgie. Ses obsèques eurent lieu le 18 décembre 1840. (Voir les articles nécrologiques très élogieux de la *Guienne* et de l'*Indicateur* du 19.)

1. L'ancienne rue de la Vieille-Corderie, entre la rue de la Bourse et la rue de la Cour-des-Aides.

2. Voir sur Chassin-Villers la notice nécrologique d'Albespy, lue à la Société Philomathique (*Bulletin polymathique*, 1810, p. 311-314) et les notes de Laboubée. (Biblioth. de la Ville, mss. de LABOUBÉE, t. XVII, f° 104.)

3. Le *Lycée des Sciences et des Arts* devait comprendre : 1° un musée de peinture et de sculpture ; 2° une bibliothèque et un dépôt d'archives ; 3° des laboratoires scientifiques, installés dans un local vaste. Chassin-Villers faisait partie de la 3e section : physique, histoire naturelle, mathématiques et mécanique. (Arch. municipales, placard reproduisant l'arrêté de Mittié fils, agent des représentants du peuple pour organiser l'instruction publique dans le département du Bec-d'Ambès.) — Voir sur le *Lycée des Sciences et des Arts*, qui n'exista que sur le papier, H. DE LA VILLE DE MIRMONT, *Histoire du Musée de Bordeaux*, Bordeaux, 1899, in-8°, t. I, p. 19-27.

4. R. CÉLESTE, *Histoire de la Bibliothèque de la ville de Bordeaux*, p. 40.

an V (21 octobre 1796). Il prend une part active aux travaux de la Société[1], propose le 22 frimaire (12 décembre) de créer un journal qui en sera l'organe et fonde le *Journal de santé et d'histoire naturelle,* qu'il dirige pendant un an avec Capelle[2]. Le 13 brumaire an VI (3 novembre 1797), il est nommé, avec Dutrouil, Guilhe et Duplantier, membre de la Commission qui prépara la transformation de la Société d'Histoire naturelle en Société des Sciences, Belles-Lettres et Arts, et il devient secrétaire adjoint de l'Académie ressuscitée, puis à la séance du 9 pluviôse (28 janvier 1798), bibliothécaire et conservateur des collections. En même temps, il collaborait à la fondation du Musée de Rodrigues, occupait la chaire d'histoire naturelle à l'École centrale[3] et succédait à Tournon comme directeur du Jardin botanique, d'abord installé dans le jardin actuel de l'Hôtel de Ville, puis transporté dans le grand jardin dépendant de la Chartreuse. Chassin-Villers fut un des professeurs les plus actifs de l'École centrale, un de ceux qui eurent le souci de la faire durer en améliorant les vices originels de l'institution. C'est lui qui eut l'idée de créer le pensionnat des Feuillants, qu'il dirigea jusqu'à l'établissement du Lycée. Quand l'École centrale fut supprimée, le Conseil général maintint le crédit du Jardin botanique et un arrêté préfectoral du

---

1. Il consulte la Société sur la méthode qu'il devait adopter pour la classification des oiseaux dans son cours public d'histoire naturelle au Musée et, d'après les avis émis, se décide pour la méthode de Brisson. Il fait partie, avec Belin de Balu et Rodrigues de la commission spéciale nommée pour étudier, à la demande de la Société philanthropique de santé, les vers qui s'introduisent dans le corps humain. Le 30 ventôse an V, à la séance publique, il lit un mémoire sur les quadrupèdes utiles qui peuvent être naturalisés en France. (Arch. de l'Académie, Procès-verbaux de la Société d'Histoire naturelle. — *Journal de santé et d'histoire naturelle,* t. I, p. 96.)

2. *Journal de santé et d'histoire naturelle, contenant les travaux et les mémoires de la Société d'histoire naturelle et des deux Sociétés de santé de Bordeaux, par les c^s Villers et Capelle, membres de la Société philanthropique de santé et de la Société d'histoire naturelle,* Bordeaux, 1797-1799, 3 vol. in-8°. A partir du t. II, Villers, en raison de ses occupations, abandonna la direction à Capelle. On y trouve (t. I, p. 41-52) un *Rapport sur les maladies dominantes de l'automne dernier,* lu par Villers à la première séance publique de la Société philanthropique, le 15 pluviôse an V, un rapport du Comité d'observations dont il était le secrétaire, lu le 5 vendémiaire an VI (t. II, p. 190-192), un rapport sur plusieurs conférences qui ont eu lieu pendant l'année sur diverses maladies, lu le 23 ventôse de la même année (t. III, p. 175-176). Villers commença par être un hygiéniste.

3. Voici le programme de son cours pour l'an VI : 1° mammifères ; 2° insectes ; 3° vers. (Séance d'inauguration de l'École centrale, 15 brumaire an VI, dans le *Journal de santé,* t. II, p. 252.)

5 floréal an XI (25 avril 1803) annonça que le cours qu'y professait Chassin-Villers serait maintenu[1].

Tels étaient les remarquables services qu'il avait rendus à la ville de Bordeaux lorsque fut établi le Lycée. On comprend que les hommes chargés de l'organiser n'aient pas cru pouvoir se passer d'un tel collaborateur. Véritable maître Jacques, il y enseigna non seulement les mathématiques, mais encore l'histoire naturelle, la physique, l'histoire et la géographie. Professeur consciencieux et dévoué, il ne négligeait aucun petit moyen pour être utile à ses élèves : en février 1804, devançant l'arrêté du préfet Delacroix qui ordonnait l'application du nouveau système métrique, il dressa et fit imprimer à leur usage un tableau des poids et mesures que le portier du Lycée vendait pour la somme de vingt centimes[2]. Villers n'atteignit pas sa retraite ; en 1810, gravement malade des suites d'une phtisie pulmonaire, il se rendit aux eaux de Cauterets, où il mourut le 13 juillet, à l'âge de cinquante-neuf ans. C'était un sage : il menait une vie fort retirée, au milieu de ses livres et de ses collections. C'était aussi un homme pratique : cumulant avec son traitement de professeur, que grossissait la part de rétribution des externes, très nombreux à ses cours, celui de directeur du Jardin botanique, il laissa de la fortune. « Sa perte, dit Albespy dans la notice nécrologique qu'il lut à la Société Philomathique dont Villers fut un des fondateurs, a été vivement sentie par ses élèves. Le mode d'enseignement qu'il avait adopté était bien propre, en effet, à lui concilier leur affection : clarté, précision, affabilité, furent constamment sa devise. Il s'énonçait avec facilité et écrivait de même. »

Les deux collègues de Leupold et Villers, Larrouy et Chalret, furent des hommes de valeur moindre ; ils arrivèrent d'ailleurs aux hautes dignités universitaires : le premier mourut recteur de l'Académie, le second proviseur du Lycée et professeur

---

1. Cet arrêté autorisa Villers à continuer provisoirement son cours de botanique, supprimé avec l'École centrale, « considérant que la ville de Bordeaux le désire et qu'elle espère obtenir une des écoles spéciales de médecine prévues par la loi du 11 floréal an X. » (Arch. dép., K, 11, f° 56 v°-57 r°.) Voir aussi *Bulletin polymathique*, I, 189 et 219, et *Écho du Commerce* du 20 avril 1803.

2. *Écho du Commerce* du 14 pluviôse an XII (4 février 1804).

honoraire de la Faculté des Lettres de Bordeaux. Larrouy était né le 3 mai 1773 à Paillet, où son père était maître d'école[1]; de 1798 à 1803, il avait été professeur de mathématiques au pensionnat de l'École centrale. C'est de là qu'il passa tout naturellement au Lycée, où il fut nommé le 22 prairial an XI (13 mai 1803) professeur de 5e et 6e mathématiques, puis le 27 messidor (26 août) professeur de 1re et 2e. Il semble avoir été un modeste et un médiocre. En juin 1809, il fut candidat à l'Académie et se vit préférer Fitte. Il fut élu peu après, sur un rapport de Lescan et Leupold qui jugeaient ainsi un mémoire qu'il avait présenté pour justifier sa candidature, et où il établissait une théorie complète de l'élimination entre deux équations d'un degré quelconque à deux inconnues, d'après les idées d'Euler et de Lagrange : « C'est aux professeurs comme l'obscur M. Larrouy, et surtout à ceux qui, comme lui, ont dès leurs premiers pas dans la carrière de l'instruction publique obtenu de grands succès qu'il appartient d'être ainsi les intermédiaires entre les grands géomètres et les élèves, de rendre classiques leurs travaux. La théorie que M. Larrouy a entrepris de développer, une des plus délicates de l'analyse élémentaire, méritait le soin avec lequel il l'a traitée dans son mémoire. » Le rapport louait ensuite la clarté soutenue et la méthode de l'auteur, tout en regrettant qu'il n'eût rien dit de l'équation finale et qu'il n'eût pas déduit de son analyse « le théorème important du maximum du degré auquel montera l'équation finale »[2]. L'indulgence tempère l'éloge. Après 1809, l'« obscur » Larrouy sort brusquement de l'ombre : il entre dans l'administration, devient le 15 décembre 1809 inspecteur de l'Académie de Bordeaux, recteur de l'Académie d'Aix (30 septembre 1824), puis de Toulouse (1er octobre 1825), enfin de Bordeaux (20 octobre 1830) ; il mourut en fonctions le 26 décembre 1831[3].

---

1. Voir une reconnaissance de Pierre Larrouy, « maître d'école et de pension » de Paillet, en date du 11 mai 1781. (Arch. dép., G, 2628, f° 1.) La mère de Larrouy s'appelait Marguerite Hellies.

2. Arch. de l'Académie, *Rapports*, 1808-1809, pièce 92.

3. Il ne faut pas confondre, comme l'a fait M. Fierville (*Archives des Lycées*, p. 380), Simon-Amand Larrouy, qui était laïque et dont il est ici question, avec

Son collègue Chalret arriva moins haut; sa notoriété était pourtant supérieure à celle de Larrouy. C'était un Aveyronnais[1], qui était entré en 1767 dans la congrégation des Doctrinaires et avait enseigné la grammaire, les humanités, la rhétorique, la philosophie, les mathématiques dans divers collèges. Il se vantait d'y avoir été le collègue de l'oncle de Royer-Collard. En 1791, il était à Bordeaux, au collège de Guienne: le 6 février, il prêta avec les autres professeurs le serment à la constitution civile du clergé dans l'église Sainte-Eulalie[2]. Le 3 ventôse an IV, il fut nommé professeur suppléant de mathématiques à l'École centrale. Quand l'École fut fermée, il devint professeur suppléant à l'École de théorie commerciale et y prononça, le 28 fructidor an XI (15 septembre 1803), le discours de distribution des prix[3]. Mais dès le 8 fructidor (26 août), il avait été nommé au Lycée à la place de Puissant. Il faisait partie de la Société d'Histoire naturelle, où il avait été présenté le 28 frimaire an VI (18 décembre 1797), puis de l'Académie, où avec Lescan, Leupold et Ducom il représenta les « mathématiques pures et mixtes». Son rôle y fut, d'ailleurs, très modeste: il se bornait à peu près à signer au registre de présence[4]. Quand de Champeaux quitta Bordeaux, Chalret fut appelé à lui succéder. Le nouveau proviseur avait plus de soixante ans : dans le

son frère aîné, l'abbé Louis Larrouy, né le 8 juillet 1762, qui fut préfet des études, puis directeur du Séminaire de Saint-Raphaël de 1781 à 1790, passa ensuite en Espagne, revint en 1801 à Bordeaux, où il ouvrit une institution privée qu'il dirigea jusqu'en octobre 1813. Quand Chalret donna sa démission de proviseur, il le remplaça. Il prit sa retraite en 1830 et mourut le 19 janvier 1842. (Voir L. BERTRAND, *Histoire des séminaires de Bordeaux et de Bazas*, Bordeaux, 1894, t. I, p. 176-177.) C'est grâce à la protection de son frère le proviseur et d'un autre frère, aumônier du Lycée, que Simon-Amand Larrouy obtint en 1830 le rectorat de Bordeaux. Il avait fait preuve d'insuffisance à la tête de l'Académie de Toulouse et fut suspendu pour ce motif. Cet ancien professeur de mathématiques avait occupé à Toulouse la chaire d'histoire à la Faculté des Lettres ! (Arch. nation., F 17 C, L, 47.)

1. Il avait un frère, doctrinaire comme lui, né à Villefranche-de-Rouergue, qui fut professeur de mathématiques au collège de La Flèche, de philosophie à l'Université de Toulouse et composa un ouvrage classique qui eut plusieurs éditions : *Éléments d'arithmétique, de géométrie, d'algèbre, etc.*, à Villefranche, chez Bruno Vendeilhié. MDCCLXXXII, in-8°. On dit qu'il fit ce livre à l'hôpital, étant tombé malade sur la route de Paris. (Biblioth. de la ville, mss. de LABOUBÉE, t. V, f°° 151 et 171.)

2. Arch. mun., GG, carton 297. (Cité par GAULLIEUR, *Histoire du collège de Guienne*, p. 529.)

3. *Echo du Commerce* du 26 septembre 1803.

4. Arch. de l'Académie, *Rapports*, I, f° 17 r°. Voir f°° 18 r°-19 v°, le rapport qu'il signa avec Leupold sur un mémoire de Thibaut.

discours qu'il prononça le jour de son installation en réponse au recteur Desèze, il laissa entendre que, s'il n'eût consulté que son goût, son âge et ses forces, il se fût bien passé de cet honneur[1]. Trois ans après, il donna sa démission et obtint sa mise à la retraite[2].

La loi de l'an X prévoyait un nombre minimum de huit professeurs; mais elle supposait que les élèves ne seraient admis dans les Lycées qu'à partir de la sixième, c'est-à-dire à partir de onze ou douze ans. Les premières études devaient donc être faites dans les écoles secondaires. Il en était ainsi dans les Écoles centrales, et c'était là précisément ce qui les avait, en bien des endroits, empêchées de se recruter. Il était à craindre qu'il en fût de même dans les Lycées. Le proviseur de Champeaux vit le danger à Bordeaux, où les écoles privées étaient très nombreuses. Il songea de suite à organiser une classe élémentaire. Il avait sous la main un homme : c'était Migneret, l'une des figures, à coup sûr, les plus originales du personnel du Lycée.

Migneret avait été engagé comme maître d'études en juillet 1803. Il s'était aussitôt distingué par son activité ingénieuse et par d'utiles services. C'est lui qui avait négocié chez les libraires et les bouquinistes l'achat du premier fonds de livres classiques. Il avait le génie de l'intrigue : il se fit l'intermédiaire du proviseur dans ces petites affaires, où sa dignité ne permettait pas au chef de la maison de descendre. Il conquit ainsi sa confiance et obtint d'être chargé de la classe élémentaire qui fut créée à la rentrée de 1803. Mais ce titre ne suffisait pas à son ambition impatiente. On le voit toute l'année continuer à rôder aux étalages des libraires, marchandant avec astuce des *Gradus* de rencontre et des *Historiæ romanæ res memorabiles*

---

1. Procès-verbal de l'installation de M. le proviseur du Lycée de Bordeaux, 17 mars 1810. (Dans le volume des Palmarès du Lycée de 1803 à 1814.)

2. Vieux célibataire, Chalret proviseur mangeait à la table commune et payait pension à ce titre. Vers la fin de 1810, il disparut de la caisse du Lycée une somme de 853 francs qui avait été dérobée en l'absence du proviseur, tandis qu'il recevait deux personnes de distinction. Chalret la remplaça aussitôt, mais cessa dès lors de payer sa pension à la table commune, se fondant sur une autorisation verbale que lui avaient donnée les inspecteurs généraux. Cela lui créa des difficultés au moment de sa retraite. (Arch. nation., F 17 C, C, 52).

d'occasion, les acquérant au plus juste prix[1]. Tant de zèle devait être récompensé. En février 1805, Camoin tombe malade. Aussitôt le proviseur propose à Fourcroy de le faire suppléer par Migneret : « Ce jeune homme, écrit-il, d'un mérite distingué, d'abord maître d'études et que vous avez bien voulu nommer ensuite professeur de classe élémentaire, fait déjà les classes de cinquième et sixième depuis l'absence de M. Camoin. Il n'a cessé de rendre des services au Lycée par son zèle, son intelligence et son activité, soit en remplaçant les professeurs malades, soit en exerçant avec le censeur la surveillance pénible dont est chargé ce dernier. En vous proposant, Monsieur le conseiller d'État, de donner à M. Camoin M. Migneret pour adjoint[2], je désirerais cependant qu'il me fût réservé de pouvoir l'offrir pour remplacer un professeur de classes plus élevées, s'il arrivait que quelqu'un tombât malade ou fût forcé de s'absenter. Il n'est aucune chaire que M. Migneret ne puisse occuper avec distinction[3]. » Le 10 janvier 1806, Camoin ayant été mis en congé, Migneret fut nommé professeur adjoint[4]. Deux ans plus tard, Camoin ayant été mis à la retraite, le proviseur demanda avec instance que Migneret fût nommé titulaire et il l'obtint en juin 1808[5].

Un accident avait pourtant failli briser cette brillante carrière. Le 11 novembre 1806, le public bordelais se pressait en foule aux portes du théâtre de la Gaîté, le fameux théâtre de Beaujolais, sur les allées de Tourny[6]. On y donnait une pièce

---

1. Récépissés de Migneret pour achat de livres d'occasion, les 19 et 30 brumaire an XI, le 1er germinal, le 11 floréal, le 4 prairial an XII. (Arch. du Lycée, pièces comptables, 1802-1805).

2. Un arrêté de Portalis, du 7 brumaire an XIII (29 octobre 1804) avait établi que les proviseurs pouvaient, sur demande motivée des professeurs, leur donner un professeur adjoint qui devrait être choisi de préférence parmi les maîtres d'études du Lycée ou parmi les élèves les plus distingués. « A compter du jour de sa nomination, le professeur adjoint sera payé sur le traitement du professeur suppléé. Le directeur général de l'instruction publique fixera la quotité de la rétribution à laquelle il a droit, sur la proposition du bureau d'administration. » (Recueil des Lois et Règlemens..., t. II, p. 98.)

3. Champeaux à Fourcroy, 16 pluviôse an XIII (5 février 1805). (Arch. du Lycée, Reg. de corr. I, f° 14 v°.)

4. Champeaux à Fourcroy, 17 janvier 1806. (Ibid., f° 25 v°.)

5. Champeaux à Fourcroy, 15 janvier 1808. (Ibid., f° 46 r°.) — État des traitements de juillet 1808. (Arch. du Lycée, pièces comptables, 1808.)

6. Sur le théâtre de la Gaîté, voir Hippolyte Minier, Le Théâtre à Bordeaux, étude

de circonstance, un vaudeville qui célébrait la victoire d'Iéna et l'entrée des Français à Berlin ; le titre était : *Berlin, Berline et Berlingot*. Les spectateurs parurent prendre un vif plaisir à cette bagatelle ; on bissa plusieurs couplets. Le plus goûté fut celui-ci :

> Le successeur de Charlemagne
> Vient dicter ses lois aux Saxons :
> Brunswick aux plaines de Champagne
> A vu s'enfuir ses bataillons.
> En vingt jours la Prusse conquise
> A l'univers prouve à jamais
> Qu'à Rosbach on vainquit Soubise
> Sans vaincre pourtant les Français.

La pièce fut jouée six fois. Les journaux donnèrent les noms des auteurs : Château-vieux, Gué, Michel, Lepeintre et... Migneret. L'*Echo du Commerce* défigura ce dernier nom et le transforma en Milleret[1]. Mais il était impossible de s'y tromper : Migneret, le jeune et brillant professeur adjoint, l'homme de confiance de M. le proviseur, l'honneur et l'espoir du Lycée, était auteur dramatique ! Le démon du théâtre, qui faisait alors tant de ravages à Bordeaux, l'avait tenté ; et tandis que, le jour, il expliquait gravement à ses élèves l'*Epitome historiæ sacræ* « jusqu'au mariage d'Isaac inclusivement », et leur faisait réciter l'*Abrégé de l'Ancien Testament*, de M. Lefranc de Pompignan, le soir, il se commettait en la compagnie d'histrions vulgaires et rimait avec eux des couplets de vaudeville ! Le cas était d'autant plus grave que le coupable était un récidiviste : n'avait-il pas déjà — on se le chuchotait tout bas — fait représenter sur le même théâtre, le 14 septembre 1805, un acte

---

historique, Bordeaux, Chollet, 1883, in-8°. Le théâtre de la Gaîté ne fut pas ouvert en 1806, comme le dit M. Minier, mais le 12 avril 1801. (*Bulletin polymathique*, V, 408.) Il brûla une première fois en 1803 ; On le rebâtit « sur le pré du Château » (*Ibid.*, II, 59) ; il fut rouvert le 16 mai 1804 (*Ibid.*, II, 312. — *Echo du Commerce* du 18 mai 1804), et fut enfin fermé le 16 septembre 1807, en vertu d'un arrêté ministériel qui supprima tous les théâtres, sauf le Grand-Théâtre. La troupe fut autorisée à achever la saison à la salle Molière, rue du Mirail. Il y a aux Archives départales, dans les registres des arrêtés préfectoraux, d'assez nombreux documents sur J.-B. Cortay, dit Beaujolais, directeur de la Gaîté. C'est le 27 mars 1808, d'après l'*Indicateur*, qu'il succéda à Prat comme directeur du Grand-Théâtre.

1. *Indicateur* et *Echo du Commerce* du 14 novembre 1806. Les deux comptes rendus sont également dithyrambiques. « Il est impossible, dit le chroniqueur de l'*Echo*, d'apprendre et de jouer en aussi peu de temps, et M. Beaujolais nous prouve qu'il est aussi actif à faire chanter nos victoires que nos troupes le sont à les gagner. »

intitulé *Monsieur Baudet*, où il ridiculisait un imprimeur de la ville nommé Baudis[1]? N'avait-il pas travaillé avec Marandou, Châteauvieux, Olivier et Lepeintre, à ce *Vingt-six brumaire ou le Bulletin de la Grande Armée*, composé, disait-on, en cinq heures de temps pour célébrer la victoire d'Austerlitz et joué jusqu'à six fois du 5 au 16 décembre[2]? N'était-il pas, enfin, l'un des collaborateurs de *la Guerre pour la paix ou les Cinq Auteurs dans l'embarras*, représenté, toujours sur la même scène, le 1ᵉʳ janvier 1806[3]? Le proviseur, qui avait jusque-là fermé les yeux, s'émut; on pouvait craindre un scandale : le Lycée avait tant d'ennemis! Il écrivit à Fourcroy, en lui envoyant le numéro de l'*Indicateur* qui rendait compte de *Berlin, Berline et Berlingot* :

MONSIEUR LE DIRECTEUR GÉNÉRAL,

J'ai l'honneur de vous transmettre un numéro de l'*Indicateur*, journal de Bordeaux, où vous verrez figurer parmi les noms des auteurs d'une pièce destinée à célébrer, sur le théâtre de la Gaîté de Bordeaux, les triomphes de nos armées en Prusse, celui de M. Migneret, professeur adjoint de 5ᵉ et 6ᵉ classe de latinité. Déjà l'an dernier, à la même époque, ce professeur avait coopéré à un vaudeville composé également à l'occasion de nos victoires en Autriche et qui avait eu quelque succès. La malignité s'était emparée de cette circonstance pour calomnier M. Migneret et l'accuser d'avoir des relations habituelles avec ce théâtre, où la réunion qui s'y forme n'est pas toujours parfaitement composée. J'avais, en conséquence, invité ce professeur à ne plus travailler pour ce théâtre. Il me l'avait bien promis ; mais la circonstance de l'an passé s'étant renouvelée cette année, M. Migneret ne put résister à son enthousiasme et au besoin d'improviser quelques couplets qui furent recueillis et intercalés dans une pièce arrangée par quelques gens de lettres[4]. Son nom fut cité dans les journaux, malgré l'assurance qu'il avait exigée, et qu'on lui avait donnée, de ne

---

1. Biblioth. de la Ville, mss. de LABOUBÉE, *Notices biographiques*, t. XIII, f° 11. Cette notice contient des erreurs de date qu'a reproduites M. Hippolyte MIXIER.

2. *Echo du Commerce* du 13 décembre 1805.

3. *Indicateur* du 15 janvier 1806. La pièce fut jouée quatre fois, le 13, le 14, le 16 et le 19. — M. MIXIER cite encore de Migneret, sans donner de date, un vaudeville, *Un sur mille*, en collaboration avec Martignac, le futur ministre de la Restauration et le fondateur de la Société des Vaudevillistes de l'an IX. CHAUVOT ne mentionne pas Migneret parmi les membres de ce Caveau bordelais. (H. CHAUVOT, *Le Barreau de Bordeaux*, 1886, in-8°, p. 536-578.) Il dut en faire partie.

4. Ces « gens de lettres » étaient des acteurs de la troupe de Beaujolais.

pas le faire connaître [1]. Je fis venir M. Migneret et lui reprochai la violation de sa promesse. Il me répondit qu'il n'avait fréquenté ce théâtre que pendant les dernières vacances, et très rarement, que c'était contre son gré et sans son consentement qu'on avait donné de la célébrité au peu de part qu'il avait eue à une pièce dont les circonstances seules, d'ailleurs, avaient pu donner l'idée et devaient fournir l'excuse. Il m'a, de plus, écrit la lettre que j'ai l'honneur de vous transmettre ci-joint.

J'ai cru, Monsieur le Directeur général, devoir vous prévenir de cet événement qui pourra vous être présenté avec quelque malignité par la malveillance, qui malheureusement ne s'est déjà que trop souvent manifestée contre le Lycée. J'ose vous garantir la vérité et la sincérité des motifs de justification de M. Migneret. C'est d'ailleurs un professeur instruit et très exact, et dont je n'ai qu'à me louer sous le rapport de ses fonctions; mais j'ai cru que sa légèreté, dans cette circonstance, méritait de ma part quelque réprimande [2]. »

Fourcroy dut se déclarer satisfait de ces explications. L'affaire n'eut pas de suites. Migneret continua à faire sa 5ᵉ et 6ᵉ et à acheter des livres d'occasion pour le Lycée [3] ; au besoin, si le vin manquait, il en procurait une barrique [4].

Un collègue de Migneret, Semelet, eut des destinées plus hautes. Le proviseur de Champeaux l'avait connu à Langres, où il était précepteur, en 1791-92, des enfants de M. de Serrey de Chatoillenot. En 1792, Semelet partit comme volontaire, fut officier dans la 170ᵉ demi-brigade d'infanterie, fit les campagnes de 1793, 1794, 1795. Il s'établit ensuite à Fuligny, dans l'Aube, où il reprit son métier de précepteur, après avoir été quelque temps commissaire répartiteur des contributions

---

1. L'*Écho du Commerce* avait cité, parmi les auteurs du *Bulletin de la Grande Armée*, M. X..., attaché au Lycée de Bordeaux, mais n'avait pas nommé expressément Migneret.

2. Champeaux à Fourcroy, 15 novembre 1806. (Arch. du Lycée, *Reg. de corr. I*, fᵒ 32 rᵒ.)

3. Mémoire de Migneret pour livres de rencontre achetés pour le Lycée, octobre-décembre 1809. (Arch. du Lycée, pièces comptables, 1809.)

4. « L'administration du Lycée doit à M. Migneret pour une barrique de vin, droits d'octroi et port compris, la somme de 45 fr. 50. Pour acquit : MIGNERET. » 13 décembre 1808. (*Ibid.*, pièces comptables, 1808). — Claude Migneret se maria à Bordeaux et eut un fils, Jean-Baptiste-Stanislas-Martial Migneret, né le 15 septembre 1809, qui s'établit comme avocat à Langres et eut une brillante carrière administrative sous la monarchie de Juillet et le second Empire : il fut préfet au Mans, à Limoges, à Toulouse et dix ans à Strasbourg (1855-1869). Écrivain à ses heures, il publia en 1835 un *Précis de l'histoire de Langres*, et en 1846 un *Essai sur l'administration municipale des Romains*.

directes. Il avait gardé le goût des armes et cumulait avec ses
fonctions pédagogiques le titre de capitaine de la garde nationale du canton de Soulaines[1]. De Champeaux le fit venir à
Bordeaux et il fut nommé maître d'études le 6 septembre 1803.
Semelet fut chargé, comme Migneret, de suppléances; par
« ses talents et ses vertus », il sut se concilier l'estime de ses
chefs, la confiance des parents et l'affection des élèves. Aussi,
lorsque, à la rentrée de 1807, le poste de censeur fut supprimé,
par mesure d'économie, le proviseur obtint qu'il fût nommé
sous-directeur[2]. Quand de Champeaux partit pour Orléans,
Semelet l'y suivit comme censeur titulaire. Il revint à Bordeaux comme censeur de 1815 à 1823, puis fut nommé inspecteur de l'Académie de Montpellier; au bout d'un an, il
revint, avec le même titre, une troisième fois à Bordeaux;
mais son mariage le rappela, en 1825, à Montpellier, où il finit
sa carrière dans l'inspection en 1831[3].

Le règlement général des Lycées prévoyait un maître de
quartier ou d'études pour chaque classe ou compagnie de vingt-
cinq élèves au-dessus de quatorze ans, et deux maîtres pour
trois compagnies au-dessous de cet âge[4]. Il n'y eut d'abord
que trois maîtres d'études : Migneret, Sauteyron et Lasmartre.
Semelet remplaça, en octobre 1803, Migneret mis à la tête de la
classe élémentaire. En décembre, on en ajouta deux nouveaux,
Poirée et Nau. Au début de 1804, Lasmartre disparaît; il est
suppléé par Valrivière et on ajoute un sixième maître, Monge.
Semelet étant occupé à aider le censeur de Sermand, puis
étant devenu sous-directeur, le cadre définitif est formé de
cinq maîtres : en 1805, Monge, Lasmartre, Laterrade, Sauteyron
et Roux; en 1807, Sauteyron, Smith, Monge, Verdot et Michel;
en 1808, Monge, Sauteyron, Michel, d'Hélie (Galin suppléant

----

1. Arch. nation., F 17 C, S, 31.

2. Champeaux à Fourcroy, 4 décembre 1807 et 17 janvier 1808. (Arch. du Lycée,
Reg. de corr. I, f° 43 r° et 46 r°-v°.)

3. Jean Semelet, né le 13 mai 1772 à Rivière-le-Bois (Haute-Marne), mort le
23 septembre 1840, était licencié ès sciences et docteur ès lettres.

4. La situation des maîtres d'études fut pour la première fois officiellement établie
par l'arrêté du 8 pluviôse an XIII (28 janvier 1805). (*Recueil des Lois et Règlemens...*
t. III, p. 109-110.)

en avril) et Cavidali. Il faut y joindre le professeur de classe élémentaire qui remplaça Migneret, Vinçon et le fidèle commis aux écritures Verdot-Fayet, secrétaire du proviseur.

Le personnel du Lycée était complété par le procureur-gérant Aubert[1], l'aumônier, qui fut d'abord l'abbé Rauzan, le futur créateur des Missions, remplacé en avril 1804 par l'abbé Moutardier, natif de Lesparre, qui devint en 1810 professeur de dogme à la Faculté de théologie et doyen de cette Faculté[2]; l'officier instructeur de Champeaux, qui fut remplacé en 1807 par le garde-magasin Lebrun, marié à une des lingères du Lycée; le professeur de dessin, Pierre Lacour, qui s'adjoignit quelque temps son élève Jean Alaux, le futur *Romain*; enfin le maître d'écriture Verdet, qui a droit à une mention spéciale.

Le citoyen Verdet, « maître écrivain de Bordeaux, » était loin d'être un mince personnage. L'art qu'il professait était alors en grand honneur. On prisait fort les belles « pièces », ornées d'entrelacs savants et de boucles mirifiques. Quand le Lycée fut créé, Verdet s'imposa d'emblée pour y enseigner : c'était lui qui, en janvier 1803, avait envoyé à l'Institut national de Paris une pièce d'écriture si belle qu'il avait été décidé qu'elle serait déposée dans la bibliothèque[3]. A Bordeaux, il exposait au Musée ses « chefs d'œuvre », et les connaisseurs venaient les admirer en foule. Il organisa avec un professeur toulousain, nommé Guérin, un tournoi dont l'enjeu était un beau fusil de chasse à deux coups, mais dont les conditions étaient terriblement sévères. L'exposition des pièces eut lieu au Musée; un jury les examina le 23 vendémiaire au XII (16 octobre 1803)[4].

---

1. Il avait un cautionnement de 9,000 francs. (Champeaux au préfet, 26 floréal an XII (16 mai 1804). (Arch. du Lycée, *Reg. de corr. II*, f° 14 r°.) En octobre 1808, on lui donna un aide, Bachelier, « employé dans la gestion du procureur, » au traitement de 500 francs.

2. Voir le discours qu'il prononça à la séance d'installation de la Faculté de théologie, le 10 juillet 1810. Le procès-verbal se trouve dans le premier volume de Palmarès du Lycée conservé à la Bibliothèque de la Ville. Laboubée dit qu'on faisait chez l'abbé Moutardier, lorsqu'il était caché pendant la Révolution, des conférences philosophiques « sur les philosophes les plus hardis ». (Biblioth. de la Ville, mss. de LABOUBÉE, t. XIII, p. 327.) Bernadau n'a pas épargné l'abbé Moutardier. (*Tablettes*, t. VIII, p. 287.)

3. *Bulletin polymathique*, I, 59.

4. *Ibid.*, I, 113, 284, 363, 388.

On ignore le résultat du concours, mais nul doute que Verdet fut vainqueur. L'envie tenta de ternir cette pure renommée. En septembre 1805, un pamphlet anonyme accusa Verdet d'avoir dit que la méthode de graphométrie, inventée par Saint-Omer, illustre professeur parisien, n'était « bonne qu'à plier du fromage ». Un confrère de Verdet, qui était sans doute l'auteur du pamphlet, Jolly, se vit réduit à écrire une lettre aux journaux pour démentir le propos [1]. La gloire de Verdet reçut en septembre 1809 la consécration suprême : il fit parvenir au ministre de l'intérieur Champagny un magnifique tableau d'écriture ; d'étourdissantes arabesques encadraient le portrait de l'Empereur. Le ministre remercia ce fidèle sujet qui faisait

PIERRE LACOUR
PROFESSEUR DE DESSIN AU LYCÉE DE BORDEAUX
(D'après le portrait de G. de Galard.)

servir la calligraphie à célébrer Napoléon, et Verdet, qui ne dédaignait pas la réclame, s'empressa de communiquer une copie conforme de la précieuse lettre aux journaux [2]. Il eut quelque temps pour adjoint au Lycée Dejernon, le futur secrétaire de l'Académie d'écriture ressuscitée en 1814 [3]. Verdet avait

1. *Indicateur* du 23 fructidor an XIII (10 septembre 1805).
2. *Écho du Commerce* du 29 septembre 1809.
3. Cette Académie prétendait se rattacher à l'Académie d'écriture de Bordeaux fondée par lettres patentes de Louis XIII, de juin 1636, confirmées par Louis XV le 1ᵉʳ mars 1736 et par un arrêt du Parlement du 7 janvier 1773. (Arch. dép., M, Correspondance du préfet de la Gironde, 1802-1850). Dejernon dirigea avec Donadieu la pension de l'École centrale, qui se trouvait en 1805 rue Arnaud-Miqueu, 5, et qui fut transportée rue Sainte-Colombe, 7, puis rue Neuve, 16, près la place du Palais. (*Écho du Commerce* du 23 septembre 1805. *Indicateur* du 16 novembre 1807.)

un traitement de 1,200 francs auquel s'ajoutaient 100 francs par an pour la fourniture de deux cents modèles « sur papier vélin vernis »[1].

Une autre silhouette originale est celle du professeur de langues vivantes, P.-O. Mariaval. Il venait de Poitiers et enseignait également l'anglais, l'italien, le français et l'allemand[2]. Il avait fait paraître à Paris, en 1803, une traduction en anglais d'une comédie de Pigault-Lebrun, *les Rivaux d'eux-mêmes*, précédée d'un « traité de prononciation approximative figurée ». A Bordeaux, il publia, en 1808, un « *Tableau méthodique* des prépositions et des conjonctions anglaises, d'un grand nombre d'adverbes, de pronoms, de verbes auxiliaires et de quelques autres, avec la prononciation, précédé de *vingt* règles grammaticales », une feuille grand atlas, prix : 1 fr. 50. Au moyen de ce tableau, on pouvait, en six leçons au plus, traduire « d'une manière raisonnée » un livre anglais facile, tel que *The travels of Cyrus* ou *Lady Montagne's letters*[3]. Mariaval était en même temps un illustre auteur d'énigmes, de charades et de logogriphes, qu'il composait en vers latins. En février 1808, il proposa à l'*Indicateur* le logogriphe suivant :

> Proteus ipse novus varias queo sumere formas :
> Se caput iratæ contorquet more colubræ ;
> Est tuditi magno similis prope forma secunda,
> Atque oculis bifidam protendit tertia furcam.
> Quartæ si libeat fortasse invertere caudam.
> Æqualis capiti tunc caudæ fiet imago.
> Haud dubie, Stygias totus te ducet ad oras.

Un élève de la classe de Belles-Lettres du Lycée, Georges Saint-Espès, de Bazas (on ne suivait pas toujours au cours de

---

1. Facture de Verdet, 7 frimaire an XII (29 novembre 1803). (Arch. du Lycée, pièces comptables, 1802-1805.)

2. Biblioth. de la Ville, manuscrits de LABOURÉE, *Notices biographiques*, t. XIII, f° 112.

3. *Bulletin polymathique*, VI, 442-443. — Mariaval fit pendant l'hiver de 1808 un cours gratuit d'anglais à la Société Philomathique, dont il fut un des premiers membres. Sa méthode lui valut une lettre enthousiaste d'un admirateur ; il s'empressa de la faire insérer dans les journaux. (*Écho du Commerce*, 24 novembre 1808). Mariaval habitait rue Porte-Dijeaux, 21.

M. Fitte!), donna la solution, également en vers latins assez
ingénieux :

> Styx me conterret, me singula littera turbat.
> S fit commoti sinuata draconis imago:
> T. luditi magno similis prope, territat infra:
> Y bifidam praefert formam furcaque minatur:
> X, si divisi vertas caudamve caputve.
> Aut duplex caput (VV) aut duplex tibi cauda (ΛΛ) manebit [1].

L'heureux vainqueur eut un prix ; Mariaval proposait, en effet,
aux Œdipes bordelais, pour stimuler leur zèle, soit des livres
italiens, soit un exemplaire de son traité de prononciation
anglaise. Moyen original d'encourager le goût des langues
vivantes.

Le professeur d'anglais était simplement attaché au Lycée,
au même titre que le professeur de musique; il était agréé.
Les élèves lui payaient ses leçons, tandis que le maître de
danse avait un traitement fixe de 1,500 francs [2]. C'était beaucoup, semble-t-il, surtout si l'on compare ce chiffre à ceux des
traitements des autres fonctionnaires et professeurs. Ils avaient
été fixés par l'arrêté des consuls du 5 brumaire an XI (27 octobre 1802). Le Lycée de Bordeaux ayant été rangé dans le premier ordre, le proviseur avait 4,000 francs, le censeur 2,500,
le procureur-gérant 2,000, les professeurs de 1re classe (belles-
lettres et mathématiques transcendantes) 2,000, ceux de
2e classe (1re, 2e, 3e et 4e) 1,800, ceux de 3e classe (5e et 6e) 1,500.
Les maîtres d'études et l'aumônier touchaient 1,000 francs,
l'officier instructeur 800 francs, le professeur de classe élémentaire 600 francs, plus le casuel [3]. Ce casuel était constitué par le dixième de la pension des élèves payants et les
deux tiers de la rétribution des externes, qui étaient répartis

---

1. *Indicateur* du 2 février 1808.

2. Il s'appelait Durosier. On trouve en messidor an XII un professeur de déclama-
tion, nommé Tigé, payé 100 fr. par mois. Cet emploi ne fut pas maintenu. Quant à
Lacour, il touchait au Lycée un traitement égal à celui qu'il avait eu à l'École municipale de dessin, 2,400 francs. (Arrêté du préfet répartissant les 5,000 francs accordés
par la Ville à l'École de dessin, 12 brumaire an XII, Arch. dép., K, 11, f° 160 v°-161 r°.)

3. L'article 42 de la loi du 11 floréal an X avait fixé le chiffre de la retenue au 20e
du traitement; un arrêté du 15 brumaire an XII le réduisit au 25e. Les proviseurs, ne
participant point au casuel, touchaient, sous forme de gratification, un supplément
de traitement en raison de la prospérité du Lycée.

entre le censeur, le procureur-gérant et les professeurs. On imagine aisément la complication d'une pareille comptabilité ; elle s'aggravait de ce fait que la part due à chacun sur la rétribution des externes était calculée : 1° à raison du nombre des élèves externes de la classe; 2° à raison du traitement fixe du fonctionnaire. Par exemple, dans le quatrième trimestre de l'an XII (juillet–décembre 1803), Leupold et de Sermand touchèrent 64 fr. 20 de casuel à raison de leur traitement fixe et 12 fr. 95 à raison du nombre, évidemment très faible, des externes dans leurs classes; tandis que Villers, qui était chargé de plusieurs enseignements, eut 103 fr. 20 à raison du nombre des externes et 57 fr. 75 à raison de son traitement de professeur de 2° classe. Migneret, chez qui les bambins affluaient, toucha 232 fr. 25[1]. Le censeur et le procureur-gérant n'avaient droit qu'au tiers de la rétribution des externes à raison de leur traitement. Les professeurs à l'origine leur dénièrent même ce droit, avec quelque justice semble-t-il; l'arrêt du 5 brumaire an XI avait omis, en effet, de nommer censeur et procureur parmi les bénéficiaires. Fourcroy consulté déclara qu'ils devaient être sur ce point assimilés aux professeurs[2]. Ceux-ci furent mécontents et en gardèrent rancune au censeur et au procureur. En mars 1805, l'un d'eux, Messier, alla jusqu'à déclarer, le jour où l'on passait à la caisse, que Fourcroy n'avait jamais donné un pareil ordre, et que sa bonne foi avait été surprise par les bureaux[3]. On continua pourtant à répartir entre censeur, procureur et professeurs les deux tiers de la rétribution des externes; mais, au lieu de donner exactement à chaque professeur ce qui lui revenait à raison du nombre des externes de sa classe, on établit cette part du traitement variable sur un chiffre moyen, en progression croissante à mesure que l'on descendait des classes supérieures, moins populeuses, aux classes inférieures, tandis que le tiers prélevé à raison du traitement décroissait progres-

---

1. État des traitements du 4° trimestre de l'an XII. (Arch. du Lycée, pièces comptables, 1802-1805.)

2. Champeaux à Fourcroy, 7 frimaire an XII (29 novembre 1803). (Ibid., Reg. de corr. I, f° 7 r°.)

3. Champeaux à Fourcroy, 14 ventôse an XIII (5 mars 1805). (Ibid., f° 15 v°.)

sivement dans le même sens. Cet artifice permit d'établir plus d'égalité, mais supprima tout avantage pour les professeurs dont les classes étaient plus chargées d'élèves.

Ces traitements nous paraissent bien modiques; ils l'étaient surtout en raison de la médiocrité du casuel[1]. Mais il ne faut pas oublier, d'une part que les professeurs étaient en majorité célibataires, d'autre part que tous étaient logés aux frais de la Ville, ou du moins devaient l'être. On a vu que ce problème du logement avait préoccupé le proviseur dès la première heure. Il ne fut pas aisé à résoudre. Il avait d'abord été question de loger les célibataires aux Feuillants, les mariés au collège de Guienne, où habitaient déjà Villers et Chalret, comme professeurs de l'École centrale. Mais les Feuillants se trouvèrent insuffisants pour les élèves, et les nouveaux professeurs durent rester à l'auberge[2]. Le préfet promit le collège de Guienne pour la rentrée de novembre 1803[3]. Le proviseur eût désiré que les professeurs fussent installés aussi confortablement que possible. Le rez-de-chaussée et le premier étage donnant sur la rue des Ayres étaient occupés par les bureaux de la municipalité du Centre; le second et le troisième devaient être attribués au curé de Saint-Paul et à ses vicaires. Restait la façade sur la rue de Gourgues et le Grand Marché. Le 2 brumaire an XII (25 octobre 1803), le proviseur demandait que le citoyen Grenouilleau, qui y était logé, fût transféré dans l'autre corps de logis, que « conformément à l'hiérarchie (sic) établie par les lois dans l'instruction publique, le citoyen Leupole (sic), professeur de mathématiques transcendantes, fût logé avec sa famille dans la partie gauche de la façade », et les deux autres professeurs « qui sont à l'auberge », Messier et Camoin, dans la partie droite[4]. Cette belle combinaison ne réussit pas. Un mois plus tard, le proviseur, alors en train de conquérir pied à pied la Visitation, demandait qu'on attribuât au Lycée, pour le

---

1. Le proviseur s'en plaignait à Fourcroy le 17 janvier 1808. (Arch. du Lycée, *Reg. de corr. I*, f° 46 v°.)
2. Champeaux à Fourcroy, 25 thermidor an XI (13 août 1803). (*Ibid.*, f° 3 v°.)
3. Champeaux au préfet, 15 et 29 vendémiaire an XII (8 et 22 octobre 1803). (Arch. du Lycée, *Reg. de corr. II*, f° 5 v° et 6 r°.)
4. Champeaux au préfet, 2 brumaire an XII (25 octobre 1803). (*Ibid.*, f° 6 v°.)

logement de deux professeurs une maison qui en dépendait et qu'occupait un entrepôt des illuminations[1]. Le 25 brumaire (17 novembre 1803), le préfet répondait que, de l'avis du directeur des Domaines, il était impossible de loger les professeurs dans aucune propriété nationale, et qu'en particulier on ne pouvait les placer au n° 25 de la rue Lalande, proposé par le proviseur. Il offrait de louer des appartements provisoires aux environs du Lycée[2]. Rien ne fut fait d'ailleurs, et en janvier 1805, le proviseur, revenant à la charge, proposait de loger Leupold, Messier et Camoin aux numéros 6, 7, 8 et 9 de la rue Saint-Antoine, afin d'obtenir ainsi des propriétaires qu'ils autorisent la fermeture de ce coupe-gorge[3]. Cette nouvelle combinaison n'aboutit pas plus que les précédentes. Les professeurs durent se contenter de l'indemnité de résidence due par la Ville et qui s'élevait à la somme totale de 14 à 1500 francs. Villers et Chalret furent même expulsés, au cours de l'an XIII, du collège de Guienne par la Ville qui eut besoin de leur logement pour ses bureaux et qui réserva le troisième étage au clergé de Saint-Paul[4].

En ces années de l'Empire, où les journaux étaient remplis par les bulletins de la Grande Armée, les occasions furent nombreuses pour le personnel du Lycée de participer à des cérémonies officielles. On allait donc régulièrement, dans le costume fixé par l'arrêté du 5 brumaire an XI[5], aux *Te Deum* chantés à Saint-André à l'occasion de nos victoires, ou de la fête du couronnement, ou de la saint Napoléon. En mars 1804, le Lycée fut aussi empressé que les autres autorités locales à envoyer au Premier Consul une adresse pompeuse pour le

---

1. Champeaux à Dufort, préfet par intérim, 18 brumaire an XII (10 novembre 1803). (Arch. du Lycée, *Reg. de corr.* II, f° 8 r°.)

2. Champeaux au même, 4 frimaire an XII (26 novembre 1803). (*Ibid.*, f° 8 v°.) — Le préfet négociait cependant encore avec la municipalité pour loger les professeurs au collège de Guienne; Thiac avait fait un rapport, Bonfin avait été chargé de dresser un devis. (Dufort, préfet par intérim, au maire du Centre, 29 brumaire an XII. Arch. mun., doc. non classés, dossier *Lycée*.)

3. Champeaux au préfet, 26 nivôse an XIII (16 janvier 1805). (Arch. du Lycée, *Reg. de corr.* II, f° 19 r°.)

4. Dufort, préfet par intérim, au maire du Centre, le [date en blanc] an XIII. (Arch. mun., doc. non classés, dossier *Lycée*.)

5. Habit noir à la française, manteau noir à collet vert, cravate en batiste blanche, chapeau français. C'était aussi l'uniforme du censeur et du procureur-gérant.

féliciter d'avoir échappé au complot « anglais » de Pichegru et Cadoudal. A en croire le proviseur, qui rédigea cette adresse, les plus jeunes élèves eux-mêmes avaient déclaré qu'ils étaient prêts à aller défendre « leur père », et les voûtes de la maison avaient retenti des cris longtemps répétés de *Vive Bonaparte!*[1]. De Champeaux ne négligeait aucune occasion de manifester son loyalisme. En août 1807, quand l'Empereur passa à Bordeaux, il provoqua une adresse de félicitations, qui avait été préalablement donnée aux élèves des classes supérieures comme sujet de composition[2]. En novembre, il mit la salle des exercices à la disposition du préfet Fauchet pour la session du collège électoral de la Gironde, et quand l'archichancelier Cambacérès, qui devait la présider, fit son entrée solennelle à Bordeaux, il lui adressa une harangue d'une obséquiosité fort voisine de la platitude, mais qui, d'ailleurs, est dans le ton de tous les discours officiels du temps[3]. Cet étalage bruyant de zèle avait, du moins, une excuse : au cours de cette même année, le proviseur avait eu une « affaire » fort désagréable, qui semble avoir été pour certains professeurs une occasion de répandre des bruits malveillants sur la sincérité de ses opinions politiques. On lui en voulait, sans doute, d'être un étranger et un ancien émigré[4]. Il garda, du reste, toujours la confiance des préfets qui se succédaient à Bordeaux. On a vu quel appui il trouva chez Dubois et Charles Delacroix ; Fauchet eut avec lui des relations aussi cordiales. Proviseur et préfet entretenaient leur amitié d'une façon originale ; le premier offrit un jour au second un exemplaire de Lucrèce : « Puisse, lui écrivait-il, cet ouvrage dédié à l'amitié me procurer près de vous les avantages qui résultent des petits cadeaux[5] ! »

On a vu qu'avant l'établissement du Lycée, plusieurs professeurs, Bordelais de naissance ou d'adoption, participaient

---

1. Adresse des administrateurs et professeurs du Lycée au Premier Consul, 24 ventôse an XII (15 mars 1804). (Arch. du Lycée, *Reg. de corr.* I, f° 10 r°.)
2. Champeaux à Fourcroy, 5 août 1807. (Arch. du Lycée, *Reg. de corr.* I, f° 39 r°.)
3. *Indicateur* du 25 novembre 1807.
4. Voir plus loin, p. 137, le récit de l'affaire Bujac-Edmond Géraud.
5. Champeaux au préfet, 21 décembre 1807. (Arch. du Lycée, *Reg. de corr.* II, f° 40 r°.)

activement à la vie intellectuelle locale. Les nouveaux venus ne furent pas moins zélés. Dès l'hiver de 1803-1804, des cours furent organisés au Musée par les professeurs du Lycée. De Sermand parla sur l'art dramatique et expliqua *Mithridate*, *Phèdre* et *Iphigénie* de Racine ; les auditeurs goûtèrent, paraît-il, surtout « un rapprochement ingénieux de l'oracle de Calchas et de son explication »[1]. Larrouy fit un cours d'algèbre élémentaire; on regretta qu'un plus grand nombre d'auditeurs ne l'eût pas suivi, surtout parmi les futurs employés de commerce auxquels il était destiné. Leupold fit un cours d'astronomie, le premier de ce genre qu'on eût entendu à Bordeaux. Il parla avec goût de sa science préférée, exposa les divers systèmes du monde, la théorie des phénomènes célestes, le mouvement des planètes et des comètes, le placement et les distances des constellations et des étoiles fixes. Il sut « se montrer digne des grands maîtres, Fontenelle, Euler et Algarotti »[2]. Son cours eut un très vif succès; il le continua en 1804, 1805 et 1806. Quand il l'eut terminé, Rodrigues et les membres du Musée lui adressèrent une lettre de remerciements[3]. Par ces cours publics, les professeurs du Lycée suppléaient, dans une certaine mesure, à l'absence d'enseignement supérieur à Bordeaux ; ils étaient aussi les précurseurs des cours professionnels d'adultes. On n'est donc pas surpris de les trouver, en 1808, parmi les fondateurs de la Société Philomathique. Villers, le collaborateur actif de Rodrigues au Musée, ouvrit par un discours la première séance de la nouvelle Société, dont il était le vice-président[4].

---

1. *Bull. polymathique*, II, 162-164. — Le cours de de Sermand ouvrit le 29 décembre 1803; il avait lieu le lundi et le jeudi à 6 h. 1/2 du soir. Celui de Leupold, qui commença le 30, avait lieu le mardi et le vendredi à la même heure. Celui de Larrouy avait lieu le mardi et le samedi. (*Écho du Commerce* du 24 décembre 1803.) Larrouy avait déjà donné en mai un cours de mathématiques.

2. *Bull. polymathique, loc. cit.* L'article est de Bernadau, qui a écrit, d'autre part, dans les *Tablettes*, sous la date du 4 avril 1806 : « Dernière séance du cours d'astronomie au Muséum. Il a été fait pour amuser les ignorants sur les phénomènes généraux de cette science. Le professeur a fait foule par désœuvrement. » (Bibliothèque de la Ville, mss. de Bernadau, t. VIII, p. 137.) Les deux derniers mots ont été ajoutés après coup. Ce petit détail permet d'apprécier la valeur morale du personnage.

3. *Bull. polymathique*, IV, 305-307.

4. Le 14 septembre 1808. (*Ibid.*, VI, 407.) Le 25 juin, à la séance du Musée, il avait aussi prononcé un discours où il louait Rodrigues d'avoir démontré la compatibilité

A l'Académie aussi, le Lycée fut, on l'a vu, représenté. Le secrétaire général de la Compagnie, Leupold, ne se borna pas à rédiger avec exactitude, de son écriture menue, les procès-verbaux. Chaque année, c'était lui qui lisait en séance publique le précis des travaux et les jugements sur les concours. Rapporteur infatigable et toujours prêt à se dévouer, il ne s'intéressait pas seulement aux recherches scientifiques de son confrère Lescan et des autres mathématiciens de l'Académie. Il suivait avec un vif intérêt les expériences de Brémontier relatives à l'ensemencement des dunes, et en 1809 ce fut lui qui rédigea la notice nécrologique de l'illustre ingénieur[1]. Son intelligence ouverte et son patriotisme bordelais s'inquiétaient des graves atteintes portées par les démolisseurs aux vieux monuments; en 1803, il fut le rapporteur de la commission de cinq membres nommée par l'Académie « pour arrêter les dévastations d'un vandalisme stupide »[2]. Rien de ce qui touchait Bordeaux et la région n'était étranger à Leupold. La même préoccupation se retrouve chez son ami Villers. Tout en enrichissant d'espèces nouvelles le Jardin botanique qu'il dirigeait, il rendait compte d'un mémoire de Bergeron relatif à la greffe de la vigne[3]; il était rapporteur des commissions chargées d'étudier l'amélioration des troupeaux dans le département de la Gironde[4], ou de rédiger, à la demande du préfet, une instruction sur les maladies des blés[5]. Il prononçait sur l'admission des naturalistes candidats au titre de correspondants, entre autres de Félix Lamouroux, d'Agen[6]. En 1807, en collaboration avec Guyet-Laprade, il fit un rapport remarquable sur l'établissement d'une pépinière départementale : il y insiste sur la nécessité de reprendre l'œuvre de Tourny en plantant d'arbres les grandes

---

du goût et de l'étude des sciences avec l'esprit du commerce. (*Ibid.*, 295-298.) — Deux autres fonctionnaires du Lycée, le censeur Abbal et le procureur Aubert, figurent parmi les abonnés du Musée. (*Ibid.*, II, 117.)

1. Notice sur Nicolas-Thomas Brémontier, inspecteur général des ponts et chaussées, mort à Paris le 16 août 1809. (Arch. de l'Académie, registre de 1809-1812, f° 76.) Cf. *Mémoires de l'Académie*, t. III, p. 241.

2. *Éloge de Leupold*, par VALAT.

3. 20 ventôse an XII. (Arch. de l'Académie, Rapports, I, f°° 86 r°-89 v°.)

4. 5 thermidor an XII. (*Ibid.*, f°° 90 r°-92 v°.)

5. 1er ventôse an XIII. (Arch. de l'Académie, Registre du Conseil, 1804-1840.)

6. Archives de l'Académie, Rapports, I, f° 115 r°-v°.

routes, réfute minutieusement toutes les objections, propose d'établir la pépinière dans le domaine impérial situé sur les bords de la Devèze et affecté à la dotation de la Légion d'honneur, enfin expose les moyens financiers pour faire aboutir l'entreprise[1]. La même année, il exposait à ses confrères les résultats de la visite qu'il avait faite avec Dudevant à la bergerie de mérinos établie à Tustal par le sénateur Journu-Auber et que dirigeait son gendre Legrix de la Salle[2]. Il faisait mettre au concours les trois questions suivantes : 1° quelles sont les espèces de bois que l'on pourrait faire concourir avec le chêne pour la fabrication des douves de merrain? 2° quel est le moyen le plus simple et le plus facile de reconnaître les douves susceptibles de communiquer au vin le goût du fût? 3° quel est le meilleur procédé à employer pour enlever entièrement au vin le goût qu'il a contracté dans la barrique[3]? Enfin, en 1808, il obtenait de l'Académie une médaille pour récompenser M. Cambon de ses plantations de faux acacias dans son domaine de Blanquefort[4]. Très au courant des travaux des autres Sociétés d'agriculture, Villers acquit une véritable autorité dans toutes les questions d'applications de la science à l'exploitation agricole. Ce souci très vif des besoins de la région lui mérite une place parmi les précurseurs de cet enseignement pratique qui a depuis compté et compte encore de brillants initiateurs à l'Université de Bordeaux[5].

Chalret eut à l'Académie un rôle plus modeste. On lui confiait l'examen d'ouvrages élémentaires, tels que l'*Arithmétique pratique*, le *Nouveau Traité du change* et la *Tenue des livres rendue facile*, de Degrange, qu'il analysait avec conscience[6]. On

---

1. Archives de l'Académie, Rapports, I, f°° 195 r°-209 r° (13 avril 1807).
2. *Ibid.*, f°° 221 r°-224 r° (4 juin 1807). Ce rapport est imprimé dans le *Bulletin polymathique*, V, 275-278.
3. *Ibid.*, f° 225 r°-v°. — Sur la première question, le prix fut décerné en 1809 à Dupuy jeune, propriétaire à Sainte-Foy-la-Grande. (Arch. de l'Académie, Rapports, II, f° 161 r°.)
4. Arch. de l'Académie, Rapports, II, années 1808-1809 (24 juillet).
5. C'est sans doute à l'instigation de Villers que son ancien protecteur l'abbé Sicard vint, le 1er juillet 1809, au Lycée pour y présenter à un nombreux public un sourd-muet de l'école de Paris et exposer sa méthode. (*Echo du Commerce* du 29 juin et du 2 juillet 1809.)
6. Arch. de l'Académie, Rapports, I, f°° 210 r°-215 v°, 216 r°-218 v°.)

a vu que Fitte et Larrouy furent élus en 1809. Il n'est pas jusqu'au procureur-gérant du Lycée qui n'ait tenu à l'Académie, indirectement, il est vrai. Ne pouvant y entrer lui-même, il y fit admettre comme correspondant son frère Jean-Baptiste-Dieudonné Aubert-Audet, qui avait été membre de l'Athénée des Arts et instituteur à Paris. Cet Aubert-Audet était poète latin et chantait spécialement le saule[1].

Je laisse à des juges plus compétents le soin de décider de la valeur scientifique des travaux d'un Leupold ou d'un Villers. Les profanes qui les lisent aujourd'hui sont un peu mis en défiance par cette belle tenue littéraire, cette phraséologie vague, ces effusions sentimentales que nous ne sommes plus habitués à trouver dans des mémoires d'astronomie ou d'histoire naturelle. Mais un fait reste acquis : ces professeurs ne se laissèrent pas uniquement absorber par le métier; ils consacrèrent à des études désintéressées les loisirs de leur enseignement; ils travaillèrent, suivant l'expression du temps, à la diffusion des lumières, héritiers en ceci des hommes du xviii⁰ siècle qui avaient été leurs maîtres. Ils tinrent leur place dans Bordeaux, ils accrurent sa dignité intellectuelle, ils se soucièrent de ses besoins matériels. Ils entrevirent assez nettement quel rôle actif et utile les dépositaires de la science peuvent avoir dans leur ville, dans leur région. Essayons-nous de faire autre chose aujourd'hui?

---

1. Aubert-Audet possédait à Paris, rue de Berry, n° 2, un immeuble qui garantissait le cautionnement de son frère. (Arch. dép., K, 15, f° 145 r°-v°.) — Pour remercier l'Académie, il lui envoya trois pièces de vers latins : *Salix et Pholoe* ou l'*Origine du Saule*, *Salix Babylonicus* et une élégie sur *la Violette*. (Arch. de l'Académie, Rapports, II, 1808-1809.)

Or

É
de
n
x
p
é
d
fa
e
c
M
L
c
r
n

CHAPITRE IV

L'Enseignement.

Les législateurs de l'an IV, en rédigeant les programmes des Écoles centrales, avaient rompu hardiment avec les méthodes des collèges de l'ancien régime et s'étaient inspirés des idées nouvelles des Encyclopédistes et des parlementaires du XVIIIe siècle. Leur œuvre, excellente en certaines parties, avait pourtant donné de médiocres résultats. L'introduction des études scientifiques, la place faite aux lettres françaises à côté des humanités latines, la création d'un enseignement, il est vrai facultatif, des langues vivantes, le souci de la culture artistique et de l'utilité marqué par l'importance donnée au dessin, tout cela constituait une réforme heureuse et un véritable progrès. Mais l'organisation pratique fut singulièrement défectueuse. Les études n'étaient ni coordonnées ni graduées ; les lettres, commencées de douze à quatorze ans, étaient ensuite interrompues et reprises à seize. Telles matières, comme la grammaire générale, chère à Condillac, et la législation étaient peu accessibles à des écoliers mal préparés. En dépit des améliorations tentées par les professeurs à qui fut confiée l'application de ces programmes, l'enseignement des Écoles centrales, mal équilibré, participant à la fois du secondaire et du supérieur, était condamné d'avance à la faillite.

Une vue déjà plus nette des besoins d'un enseignement secondaire apparaît dans le rapport de la commission chargée par Fourcroy de choisir les livres classiques des Lycées. Fontanes, Champagne et Domairon, qui la composaient, y proposent de rendre la place d'honneur à l'enseignement des langues, de faire du latin l'armature de tout le système pédagogique, de rétablir dans leur dignité les exercices de version, de thème et de vers. Ce plan n'est d'ailleurs pas inspiré par un esprit de réaction aveugle ; ses auteurs rejettent la grammaire générale, comme inaccessible à des enfants, mais ils maintiennent les lettres françaises, la géographie et l'histoire[1]. On sent que leurs préférences personnelles sont pour le rétablissement des vieilles méthodes : c'est dans les ruines des anciennes écoles qu'ils cherchent les matériaux des nouvelles. Mais ils ne pouvaient faire table rase de ce qu'avait créé la Révolution, et ils avaient, de plus, à compter avec la volonté impérieuse d'un maître qui entendait marquer de son empreinte le nouvel enseignement.

Bonaparte, nourri dans les mathématiques, voulut qu'elles fussent dans les nouveaux programmes placées sur le pied d'égalité avec les lettres. Les Lycées devaient, dans sa pensée, lui procurer des officiers, comme, avant la Révolution, les écoles de cadets ; il fallait donc qu'on y enseignât avant tout les mathématiques, comme à Brienne, comme à Sorèze. On y joignit les sciences physiques et naturelles, legs des programmes des Écoles centrales, et le latin, la rhétorique, les vieilles recettes de style, empruntés aux collèges de l'ancien régime. Des méthodes anciennes juxtaposées à des idées nouvelles et, au travers, la fantaisie personnelle du Premier Consul, tels furent les premiers programmes des Lycées : œuvre hâtive

---

1. Ce rapport est du 15 mai 1803. (*Recueil des Lois et règlemens*, t. II, p. 378-390.)

et incohérente, amendée bientôt dans un sens plus réaction-
naire, mais pourtant intéressante, parce qu'elle fait la transi-
tion entre le système du Directoire, encore tout pénétré des
principes de la législation révolutionnaire, et l'Université
impériale définitivement organisée en 1809.

Ces éléments divers furent agencés d'une façon assez bizarre
par l'arrêté du 19 frimaire an XI concernant l'organisation de
l'enseignement dans les Lycées. Le cours normal des études
était de cinq ans. Deux séries parallèles de six classes, les
unes de Latinité, les autres de Mathématiques, conduisaient
aux deux classes terminales de Belles-Lettres et de Mathématiques transcendantes. Les six classes étaient dénommées :
sixième, cinquième, quatrième, troisième, deuxième et première. Un élève de force moyenne faisait deux classes en un an ;
à la fin de la troisième année, s'il avait satisfait régulièrement
aux examens semestriels, il pouvait entrer en Belles-Lettres ou
en Mathématiques transcendantes, où il restait deux ans. Le
parallélisme des deux séries n'était pas, d'ailleurs, absolument
rigoureux : on n'entrait en 6ᵉ mathématiques qu'après avoir
fait la 6ᵉ et la 5ᵉ latinité. Les classes étaient, en réalité, des
cours, où les élèves étaient groupés suivant leur force. Les
deux séries n'étaient pas non plus séparées par des cloisons
étanches : tel brillant élève de Belles-Lettres était inscrit en
même temps dans la classe de 1ʳᵉ et 2ᵉ mathématiques et suivait
le cours de sphère en 4ᵉ et 3ᵉ mathématiques. Les classes d'histoire naturelle, de langues vivantes, d'histoire et géographie
étaient composées d'auditeurs d'âge et d'origine très divers.
La rigidité du système n'était donc qu'apparente. Au Lycée de
Bordeaux, du moins, s'il faut en juger par les listes d'élèves
qui participaient en fin d'année aux exercices publics, l'organisation ressemblait plus à nos cours de Facultés, suivis par
des auditeurs volontaires, qu'à nos Lycées où commencent
timidement à s'établir les cours facultatifs. Cette liberté était
un souvenir des Écoles centrales[1].

---

1. L'emploi du temps explique qu'un élève pût suivre deux classes à la fois. En
effet, chaque classe n'avait lieu qu'une fois par jour. Par exemple, le même professeur faisait le matin la 6ᵉ et le soir la 5ᵉ. On comprend dès lors qu'un élève pût aller
le matin, par exemple, en 1ʳᵉ latin et le soir en 4ᵉ mathématiques.

L'arrêté du 19 frimaire an XI s'était borné à tracer les grandes lignes des programmes d'enseignement. Le rapport du 25 floréal avait précisé les matières de chaque classe et indiqué les ouvrages à mettre entre les mains des élèves. Il est intéressant de voir dans quelle mesure les professeurs du Lycée de Bordeaux se conformèrent à ces instructions. Elles étaient assez générales pour laisser place à leur libre initiative et à leurs préférences personnelles.

Dans la classe élémentaire, en sixième et en cinquième latin, la grammaire latine et française était étudiée avec les rudiments de Lhomond[1]. L'explication et la récitation des textes étaient le fond de l'enseignement littéraire. En même temps que les élèves traduisaient un auteur latin, ils en apprenaient par cœur une traduction ou une imitation française[2]. C'est ainsi qu'en sixième, l'*Épitome historiæ sacræ* était accompagné d'une pièce de vers de Fontanes ou de Lefranc de Pompignan contenant un précis de toute l'histoire sacrée. En cinquième, on récitait les fables de La Fontaine « ayant rapport » à celles de Phèdre et on illustrait le récit du combat des Horaces et des Curiaces du *De Viris* par celui de l'*Horace* de Corneille. En quatrième, les *Églogues* de Virgile et les *Selectæ ex Ovidio fabulæ* étaient commentées par les *Églogues* de Gresset ou la traduction en vers de Didot et par la traduction des *Métamorphoses* de Saint-Ange[3]. Dans les classes supérieures, Delille régnait sans rival et aidait les élèves à mieux comprendre les beautés de Virgile. Les écoliers bordelais étaient donc forcés de meubler leur mémoire de milliers de vers français, quelques-uns excellents, la plupart médiocres; à partir de la seconde seule-

---

1. Pluche, l'auteur de la *Mécanique des langues* (1751) avait préconisé l'étude du latin par la méthode qu'employait le père de Montaigne, la « méthode directe ». Un instituteur bordelais, Jean Labordère, appliquait cette méthode dans son école. En octobre 1800, il fit paraître son fils Charles, âgé de sept ans, devant le préfet Dubois et le commissaire général Pierre Pierre, dans une des salles de la préfecture; l'enfant répondit en latin avec beaucoup de sûreté aux questions qui lui furent faites par diverses personnes. (*Bull. polym.*, II, 180.) Labordère publia une *Syntaxe latine;* il mourut en mars 1803. (*Écho du Commerce* du 21 mars 1803.)

2. Les détails qui suivent sont tirés des programmes des exercices publics, réunis dans le premier volume de palmarès conservé à la Bibliothèque de la Ville.

3. Ange-François Fariau de Saint-Ange (1747-1810), professeur de grammaire générale, puis de belles-lettres à l'École centrale de la rue Saint-Antoine, ami de Fontanes et membre de l'Académie française.

ment, ils apprenaient par cœur Virgile et Horace, qui leur enseignaient le secret des vers latins. Les autres textes français de récitation étaient les fables de Florian en sixième, *Philémon et Baucis* en quatrième (1809), les *Odes* de Jean-Baptiste Rousseau en deuxième et en première (1804). En 1809, les élèves de sixième apprirent deux morceaux tirés de la tragédie d'*Omasis ou Joseph en Égypte* de Baour-Lormian. Migneret, on le voit, ne craignait pas d'initier sa classe aux beautés de la littérature contemporaine.

Les textes d'explication latine, en dehors de ceux qui ont été déjà cités, étaient : en sixième, l'*Appendix de diis et heroibus poeticis* du P. Jouvency, chaudement recommandé par la commission, et qui n'apparaît qu'en 1806 ; en quatrième, Cornelius Nepos (1804, 1806, 1808), le *Narrationes* (1805, 1809)[1], le *Selectæ* (1807, 1809) ; en troisième, Quinte Curce (1804, 1805, 1809), le *Catilina* de Salluste (1805), le *De Senectute* et le *De Amicitia* de Cicéron (1806), les *Commentaires* de César (1808) ; en deuxième, Virgile et Horace, des extraits de la troisième décade de Tite-Live (1804, 1805), le *Jugurtha* (1806, 1808) et le *Catilina* (1807, 1809) de Salluste, le *Pro Ligario* (1804, 1806, 1809), le *Pro Marcello* (1805, 1808), le *Pro Archia* (1807) de Cicéron ; en première, Virgile et Horace, la troisième décade de Tite-Live, le *Pro Lege Manilia* (1804), le *Pro Archia* (1805, 1807), le *Pro Ligario* (1806, 1809), le *Pro Marcello* (1808) ; en Belles-Lettres, Virgile et Horace, le *Conciones* (1804), la deuxième Catilinaire (1804), le *Pro Milone* (1805, 1808), la première et la troisième Catilinaire (1807, 1809), le *De Suppliciis* (1806), le *Pro Ligario* (1808), la *Vie d'Agricola* (1805, 1807, 1809) et les *Annales* de Tacite (1806, 1808). Il faut noter l'absence complète de textes français. Le programme, s'inspirant sur ce point des nouveautés pédagogiques des Doctrinaires, en indiquait dans toutes les classes[2] ; mais à Bordeaux, les professeurs des classes

---

1. A la rentrée de novembre 1804, le libraire Thiron, rue du Chapeau-Rouge, n° 3, près la Bourse, annonçait la mise en vente d'un *Narrationes*, approuvé à l'usage des Lycées, d'un *Abrégé de Mythologie universelle* de Noël et d'une traduction nouvelle de Virgile, par René Binet. (*Écho du Commerce* du 26 novembre 1804.)

2. En 6ᵉ, le *Catéchisme historique* de Fleury ; en 5ᵉ, les *Mœurs des Israélites*, ces deux ouvrages représentant des manuels d'histoire ; en 4ᵉ, les *Dialogues des morts* et

inférieures, esclaves de la vieille routine, négligèrent absolument de le suivre ; ceux des classes supérieures (première et Belles-Lettres) analysèrent quelques-uns de ces textes, mais mirent très rarement les élèves en contact avec eux. En revanche, la mythologie était en honneur : on la faisait apprendre en sixième et cinquième par le moyen d'un abrégé en vers techniques, que l'on retrouve jusqu'en deuxième et en première.

Les classes de première et de Belles-Lettres étaient consacrées à l'enseignement littéraire proprement dit. En première, Fitte apprit à ses élèves, en 1804, les tropes d'après Dumarsais. Abbal, en 1805, élargit un peu le programme et y ajouta des principes généraux sur l'art d'écrire, d'après le *Discours sur le style* de Buffon ; il donna aussi, par une initiative remarquable, des notions d'esthétique et fit une brève histoire des beaux-arts. En 1807, il appliqua ses principes de l'art d'écrire aux trois genres de l'apologue, de la poésie pastorale et de l'ode, en illustrant ses préceptes d'exemples pris dans les meilleurs fabulistes, « bucolistes » et lyriques. En 1809, il plaça en deuxième l'enseignement des principes du style, et en première fit un cours sur la poésie lyrique, avec lecture d'exemples tirés d'Horace et de Jean-Baptiste Rousseau. Dans la classe de Belles-Lettres, de Sermand exposa en 1804 les principes de la rhétorique traditionnelle : invention, disposition, élocution, figures de rhétorique, figures de mots, figures de pensée, convenances du style. En 1805, Fitte y joignit un cours d'histoire littéraire. Ses goûts personnels le portaient vers la poésie : il étudia le vers français, puis l'apologue, l'églogue, l'élégie, l'ode, la cantate, le sonnet, la tragédie, et, à ce propos, lut et analysa quelques fables de La Fontaine, les imitations de Virgile par Segrais, l'élégie aux Nymphes de Vaux, une ode d'Horace et une ode

---

les *Aventures d'Aristonoüs* de Fénelon, les *Portraits* choisis de La Bruyère ; en 3ᵉ, le *Télémaque* et le *Charles XII* ; en 2ᵉ, la *Conjuration de Venise* de Saint-Réal, les *Révolutions de Portugal* et les *Révolutions romaines* de Vertot ; en 1ʳᵉ, le *Discours sur l'histoire universelle* de Bossuet, un choix de lettres de Mᵐᵉ de Sévigné ; en Belles-Lettres, *Esther* et *Athalie*, le septième chant de la *Henriade*, le *Misanthrope*, l'*Art poétique* de Boileau, les *Oraisons funèbres* de Bossuet et de Fléchier, des *Éloges* de Fontenelle, l'*Éloge de Marc-Aurèle* de Thomas, le *Petit Carême* de Massillon, le *Traité de l'Existence de Dieu* de Fénelon, des morceaux choisis de La Bruyère et de Buffon.

de Jean-Baptiste Rousseau, la *Cantate de Circé,* le sonnet de Desbarreaux, proposé comme un modèle, et l'*Athalie* de Racine. En 1806, il traita, en première année, du poème didactique, du poème dramatique et de la comédie, avec lecture de quelques scènes de Térence et de Molière ; en deuxième année, de la tragédie (analyse de *Mérope*), de l'épopée (analyse de l'*Énéide* et de la *Henriade*) et de l'art oratoire. En 1807, il refit le même cours, mais en développa la dernière partie et cita les principaux représentants chez les modernes de l'éloquence de la chaire (analyse de l'oraison funèbre de Turenne par Fléchier), du barreau, de l'éloquence académique et de l'éloquence politique. A côté de Démosthène et d'Eschine, il n'hésitait pas à placer un contemporain, Servan, et il proposait comme modèles les plaidoyers du grand avocat qui vivait encore et dont Voltaire admirait tant les idées généreuses de tolérance. L'ancien élève des Doctrinaires apparaît dans ces audaces.

Les exercices écrits se réduisaient à la version et au thème. A partir de la deuxième, on y joignait les vers latins. A dater de 1806, la narration latine remplaça le thème en première. Le discours latin était inconnu : il n'a fait son apparition dans les classes qu'après 1809 [1]. Le discours français régnait seul dans la classe de Belles-Lettres ; il était le couronnement unique des efforts des écoliers. Le latin n'était qu'un auxiliaire utilisé pendant tout le cours des études pour les rendre capables de s'exprimer correctement et élégamment dans la langue maternelle. Écrire en français, en prose et en vers, tel est l'objet que les professeurs proposent à leurs élèves. C'était le programme des Écoles centrales, auquel rien n'avait été changé. On peut critiquer les méthodes, s'étonner de cette préoccupation de former les écoliers « au ministère de l'éloquence » en un temps où l'éloquence ne pouvait qu'être muette. Mais il est juste de constater que cet enseignement, trop formel, à coup sûr, conservait pourtant quelque chose des principes posés par les législateurs révolutionnaires.

---

1. Voir le règlement du 19 septembre 1809. (*Recueil des Lois et règlemens,* t. V, p. 29.) En fait, le discours latin ne fut enseigné à Bordeaux qu'à partir de 1815.

L'enseignement de l'histoire ne fut organisé qu'en 1805. On estima toujours que l'explication des historiens latins y suppléait parfaitement. Le programme plaçait en troisième l'histoire ancienne, en deuxième l'histoire moderne, en première l'histoire de France. En 1804, Villers, le naturaliste, qui s'était chargé de cet enseignement, donna en première des notions très vagues, un tableau historique et géographique de la France. L'année suivante, on créa un cours spécial, où étaient groupés les élèves des diverses classes supérieures. Le professeur ne se conforma d'ailleurs nullement au programme : en 1805, il étudia l'histoire de France jusqu'aux Capétiens ; en 1806, il passa très sommairement en revue les Capétiens directs, les Valois, les Bourbons, la Révolution, le Consulat et l'Empire jusqu'à la bataille de Trafalgar et aux affaires de Naples. En 1807, il aborda l'histoire ancienne : Égyptiens, Phéniciens et Carthaginois, Assyriens, Babyloniens, Mèdes et Perses, Grecs et Macédoniens. En 1808, il fit un tableau de l'histoire romaine jusqu'à la prise de Numance. En 1809, Villers étant tombé malade, le cours fut supprimé. L'enseignement se réduisait, d'ailleurs, à des notions très sommaires et à des anecdotes souvent suspectes ; aucune idée générale, aucune précision. Maître et élèves n'avaient à leur disposition que les *Rudiments d'histoire* de Domairon, les *Tablettes chronologiques* à l'usage du Prytanée et le *Tableau historique* de Le Prévost d'Iray[1]. En 1807, Migneret fit en cinquième une tentative curieuse : il donna à ses écoliers des notions sommaires d'antiquités romaines. Voici le programme de ce cours, qui décelait chez le professeur une intelligence et un esprit d'initiative remarquables :

Origine de la ville de Rome. — Du gouvernement de Rome. — De la Royauté. — Du Sénat. — De l'ordre des Chevaliers. — Du Peuple. — Des Magistrats. — Magistrats ordinaires : les Consuls, les Préteurs, les Édiles, les Censeurs, les Tribuns du peuple, les Questeurs, les Proconsuls et les Propréteurs. — Magistrats extraordinaires : le Dic-

---

1. Le *Tableau comparatif de l'histoire moderne*, par M. Le Prévost d'Iray, censeur des études du Lycée impérial, faisant suite au *Tableau d'histoire ancienne* du même auteur, était en vente, en novembre 1804, chez Castillon, 42, rue de l'Égalité. (*Écho du Commerce* du 26 novembre 1804.)

lateur, le Maître de la cavalerie, l'Interroi, les Décemvirs. — Distribu-
tion du temps : de l'Année, des Mois, des Semaines, des Jours, des
Heures, des Veilles. — Manière de compter les jours du Mois : les
Calendes, les Nones, les Ides.

Ces notions élémentaires étaient-elles irréprochables? En
tout cas, Migneret le vaudevilliste avait entrevu seul ce que
devait être l'enseignement de l'histoire ancienne au Lycée, ce
que l'on n'a découvert qu'au début du XX⁰ siècle.

La géographie fut un peu mieux traitée que l'histoire. Dès
1804, elle apparaît en deuxième, où Villers donna quelques
notions très sommaires sur l'Europe, l'Asie et l'Afrique. En
1805, la classe d'histoire et géographie étant constituée, les
élèves apprirent les longitudes et les latitudes, et on les initia
à la division de l'Empire en départements. En 1806, on leur
donna des notions générales sur l'Europe et des notions plus
particulières sur les divers États, en insistant, du reste sans
aucune méthode, sur les remaniements récents introduits par
les traités de Lunéville et de Presbourg. En 1807, on étudia
l'Asie : le cours se réduisit à quelques notions générales et à des
détails parfois bizarres sur les mœurs des différents peuples.
En 1808, ce fut le tour de l'Afrique et de l'Amérique : les élèves
apprirent d'où venait le nom de Nigritie; on leur raconta
l'aventure de Dominique de Gourgues en Floride et on leur fit
jeter un coup d'œil sur les îles de l'Amérique septentrio-
nale; on n'oublia pas de leur parler de l'ipécacuanha, dont
l'excellent docteur Treyeran, le médecin du Lycée, leur admi-
nistrait de fréquentes doses à l'infirmerie. En 1809, le cours de
géographie, comme celui d'histoire, fut supprimé, et pour la
même raison. Il est curieux de constater qu'il fut fait par un
naturaliste. Si universel qu'il fût, Villers ne put oublier que
l'histoire naturelle était sa spécialité : on s'explique dès lors la
place qu'il fit dans ses leçons à la faune, à la flore et aux pro-
ductions des divers pays. L'enseignement était encore dans
l'enfance; les livres faisaient défaut : le professeur y suppléa de
son mieux par ses connaissances personnelles. Ne faut-il pas
lui savoir gré d'avoir entrevu que la géographie ne devait
pas se borner à de sèches nomenclatures?

Les six classes de mathématiques, parallèles aux six classes de latin, ne leur correspondaient pas exactement. Pour entrer en sixième mathématiques il fallait avoir fait la sixième et la cinquième latin; les élèves n'abordaient donc pas les sciences avant douze ans[1]. Cette disposition avait heureusement corrigé ce qu'avait de trop artificiellement symétrique l'organisation des classes. L'enseignement complet des mathématiques exigeait une durée de trois ans au moins, se décomposant ainsi :

> Arithmétique : deux divisions . . . . . . ı an. -
> Géométrie :   —   . . . . . ı an. -
> Algèbre :   —   . . . . . ı an (ou 2 ans).

Il faut y joindre les deux années passées dans la classe de mathématiques transcendantes, qui n'était accessible qu'à une élite. Étant donnée l'étendue des programmes, on peut penser que le temps était un peu court; mais il ne faut pas oublier que les élèves avançaient plus ou moins vite, suivant leurs aptitudes.

Les programmes de mathématiques avaient déjà une forme arrêtée; peu de modifications y ont été apportées depuis. Dans les deux divisions d'arithmétique, on enseignait les quatre opérations, les fractions ordinaires et décimales, le carré et la racine carrée, les proportions arithmétiques et géométriques, les progressions et, à dater de 1806, les racines cubiques et les logarithmes. Les élèves de quatrième (1ʳᵉ division de géométrie) étudiaient la géométrie plane; ceux de troisième (2ᵉ division), la géométrie dans l'espace : plans, volumes et corps ronds. En 1807, on forma une troisième division consacrée aux corps ronds et à la trigonométrie, dont l'étude était jusque-là réservée à la classe d'algèbre et de mathématiques transcendantes. Le programme des deux divisions d'algèbre (deuxième et première) répondait assez exactement à celui que l'on enseigne de nos jours en mathématiques élémentaires

---

1. Les professeurs de 6ᵉ et de 5ᵉ latin devaient apprendre aux élèves à chiffrer et les quatre règles. Au Lycée de Bordeaux, on organisa la première année une classe élémentaire de mathématiques distincte, qui disparut ensuite.

et en mathématiques spéciales, déterminants et dérivés exceptés. Quant à la classe de Mathématiques transcendantes, son programme comprenait la géométrie analytique à deux et trois dimensions, la statique, le calcul différentiel et intégral et les applications de ce calcul aux courbes et aux surfaces. Il correspondait assez exactement à ce qu'on nomme aujourd'hui la première année de licence. On est un peu surpris de n'y voir pas mentionnée la géométrie descriptive. Monge, le génial créateur de cette science, qui faisait partie avec Laplace et Lacroix de la commission chargée d'élaborer les programmes, ne crut pas devoir l'y inscrire. Rares sans doute étaient les maîtres qui avaient eu la bonne fortune d'assister aux leçons qu'il avait professées à l'École normale de l'an III : Leupold, on l'a vu, n'était pas de ces privilégiés.

Les livres à la disposition des professeurs et des élèves étaient peu nombreux. Le programme proposait seulement les ouvrages classiques de Lacroix et le *Traité élémentaire de mécanique*, de Francœur. Il y a lieu de croire qu'à Bordeaux Leupold se servait aussi des *Éléments de géométrie* de Legendre, publiés en 1794, et des *Éléments d'algèbre* d'Euler, dont la traduction française, donnée en 1774 par Bernouilli, avait eu une vogue si rapide qu'une seconde édition, plus complète et plus correcte, en fut donnée précisément en 1807.

Le progrès des sciences mathématiques à la fin du xviiie siècle avait permis de tracer à l'enseignement des cadres nettement définis. Il ne pouvait en être de même pour la physique et la chimie. La commission chargée d'élaborer les programmes se borna à quelques indications vagues et constata qu'il n'existait point de livres propres à cet enseignement dans les Lycées. Les principaux phénomènes de la physique devaient être étudiés en cinquième, les principes de la chimie en deuxième, les principes généraux de la haute physique, spécialement de l'électricité et de l'optique, en Mathématiques transcendantes. Au Lycée de Bordeaux, cet enseignement ne fut donné que dans cette dernière classe, et à partir de 1806 seulement. Ce qui frappe d'abord dans le programme, ce sont les lacunes. Il n'y est pas question du pendule[1]. L'élasticité des gaz est représentée par cette simple mention : « Élasticité de l'air; fusil à vent; fontaine de compression. » On n'y parle pas des dilatations. L'optique est réduite à cet article unique : « La lumière : sa manifestation; sa ténuité; sa rapidité; sa composition; ses affinités; d'où Newton tire-t-il l'explication des couleurs? » Par contre, une place est faite à la toute récente et capitale découverte de Volta, la pile électrique. Dans le programme de 1807, qui contient des éléments de physico-chimie, on trouve des rapprochements bien étranges, même pour l'époque : « Les corps non décomposés sont la lumière, le calorique, les fluides électrique et magnétique, l'oxygène, l'azote, l'hydrogène, le carbone, le soufre, le phosphore, les métaux, les terres (sic) et les alcalis. » Mais il faut louer le souci de donner toutes groupées les connaissances relatives à des substances telles que l'eau et l'air, qui jouent un rôle si important[2]. En résumé, les deux programmes de 1806 et 1807 (le cours fut supprimé en 1808 et 1809 par suite de la maladie de Villers) montrent nettement que cette partie de l'enseignement scientifique était encore bien indécise. Le professeur enseigna sans doute ce qu'il savait. C'est ce qui explique la forme timide, parfois un peu puérile de son cours. Les programmes de physique ne furent véritablement établis qu'en 1811.

Même incertitude pour les sciences naturelles, qui étaient représentées au programme par l'histoire naturelle en sixième et la minéralogie en première. La commission avait là aussi constaté l'absence de livres classiques et chargé Duméril et Alexandre Brongniart d'en rédiger. A Bordeaux, on organisa dès la première année un cours spécial professé par Villers, et que suivirent treize élèves. Le programme n'est pas dénué

---

1. Il est intéressant de rappeler qu'en août 1808, Biot et Mathieu, chargés par le Bureau des Longitudes de déterminer la longueur et les oscillations du pendule à Bordeaux, firent leurs expériences dans la chapelle du Lycée. (*Bull. polym.*, VI, 384.)

2. Dans les exercices publics de fin d'année, les élèves ne se bornaient pas à répondre aux questions posées; ils exécutaient les expériences, ce qui prouve que les manipulations existaient. « Mémoire de menues dépenses du procureur-gérant (18 août 1808) : ingrédients pour les exercices publics du cours de phisico-chimie, 11 fr. 80. » (Arch. du Lycée, pièces comptables, 1808.)

d'intérêt. Le point de vue du professeur fut tout élémentaire et pratique : il étudia les caractères généraux des êtres vivants et des corps bruts, les caractères généraux des mammifères, les caractères extérieurs de l'homme. Au lieu de chercher à pénétrer dans l'examen des menus faits, il se borna à étudier ceux dont les élèves eux-mêmes pouvaient être témoins tous les jours. Il entrevit que les phénomènes en soi n'ont qu'une importance secondaire, que l'objet de la science est de trouver les lois qui les rattachent les uns aux autres. A ces généralités qui décèlent chez le maître une remarquable clairvoyance pédagogique, Villers joignit un cours d'hygiène très élémentaire; il parla du maillot, de la petite vérole, de la vaccine [1] et termina en se demandant si une mère doit allaiter ses enfants ou les confier à une nourrice. En 1805, il étudia, d'après la même méthode excellente, les caractères généraux des plantes. Puis, brusquement, l'enseignement change de caractère : aux généralités succède un chapitre de zoologie descriptive, l'étude approfondie de quelques singes, de quelques pachydermes et de quelques carnassiers. Les élèves apprirent les mœurs et les caractères spécifiques du papion, du mandrill et du pithèque, matière d'enseignement supérieur. Il y a lieu de croire que ces leçons furent illustrées par des visites aux collections du Musée de Rodrigues et Goethals, dont l'entrée gratuite avait été donnée aux élèves du Lycée accompagnés de leurs professeurs. A partir de 1806, le cours d'histoire naturelle fut remplacé par le cours de physique et chimie.

En dépit des lacunes, dues à l'insuffisance du personnel enseignant, les programmes du Lycée de Bordeaux ne manquent pas d'intérêt. Les professeurs, assez mal informés, sans doute, des instructions officielles [2], se laissaient guider à la fois par la tradition et par leurs goûts. L'initiative personnelle, absente de l'enseignement des mathématiques, déjà fixé, se fait jour dans les cours de géographie, d'histoire naturelle,

---

1. Un arrêté du ministre de l'intérieur ordonnait de vacciner tous les élèves des Lycées. (Champeaux à Fourcroy, 5 messidor an XI (24 juin 1803). (Arch. du Lycée. *Reg. de corr. I*, f° 2 r°.)

2. Le proviseur se plaint, à plusieurs reprises, dans ses lettres à Fourcroy et au préfet de n'avoir pas en sa possession le *Bulletin des Lois* et le *Moniteur*.

où les méthodes étaient encore incertaines. Quant à l'enseignement littéraire, il apparaît figé dans la forme que lui avaient donnée les Jésuites et les Oratoriens et qu'avaient un peu rajeunie les Doctrinaires. Là aussi, pourtant, il y eut place pour des innovations assez hardies : le cours d'histoire de l'art d'Abbal, le cours d'antiquités romaines de Migneret. On est aussi frappé de la part faite aux auteurs français contemporains : des vivants, tels que Delille, Fontanes, Saint-Ange, Didot, Baour-Lormian concourent à faire comprendre aux élèves les auteurs latins. Nous jugeons aujourd'hui qu'ils ne méritaient guère cet honneur. Mais, si l'on peut blâmer les professeurs du premier Empire d'avoir sacrifié les grands classiques à ces versificateurs médiocres, on serait, par contre, mal venu à leur reprocher d'avoir laissé leurs élèves dans l'ignorance des œuvres et des écrivains de leur temps. Leur enseignement était à la fois très traditionnel et très « moderne ». Le souci de bien dire, d'exprimer des idées vagues et rebattues dans une forme irréprochable, qui se retrouve partout, tel est, sans doute, l'idéal des professeurs et des élèves : mais c'était aussi celui de l'époque.

L'arrêté du 19 frimaire an XI n'avait pas prévu de cours de langues vivantes. Le proviseur en organisa pourtant dès l'ouverture du Lycée[1]. Il eut recours à des professeurs libres, qui recevaient directement des élèves le prix de leurs leçons. Le cours d'anglais fut le plus suivi : en 1804, onze élèves prirent part aux exercices publics ; en 1805, dix ; puis le chiffre oscilla entre six et huit. Le cours d'allemand compta seulement deux ou trois élèves. Ces deux cours étaient professés par Mariaval. Les textes expliqués étaient, en anglais : des poésies de Pope (1805, 1806) ; des fables de Gay (1805, 1807, 1808), un extrait d'Abraham Cowley « sur la vie champêtre » (1806), des morceaux de l'*Histoire romaine* de Goldsmith (1804), le *Vicaire de Wakefield* (1807, 1808), des extraits des *Voyages de Cyrus* de Ramsay[2] (1805, 1808), du *Télémaque* (1805), de

---

1. *Echo du Commerce* des 3 et 21 novembre 1803. — Il convient de rappeler ici que dans le projet d'organisation des Écoles spéciales, une école de langues vivantes avait été attribuée à Bordeaux.

2. Le chevalier Adrien-Michel de Ramsay, ami et admirateur de Fénelon, ami aussi de Montesquieu, publia en 1727 à Londres et à Paris, en 2 vol. in-8°, les *Voyages*

Sterne (1807); en allemand : des fables de Gellert (1805), les *Idylles* de Gessner et le *Magasin historique* (1806), un drame de Kotzebue, *Armuth und Edelsinn* (1807). Le cours d'allemand disparut en 1808, faute d'élèves. En 1807 et 1808, il y eut un cours d'italien, confié à un maître d'études, Cavidali[1]; il faisait réciter et expliquer à ses deux ou trois élèves des morceaux du Tasse (la mort de Clorinde, la mort d'Argant, le départ de Renaud du château d'Armide), d'Arioste (le combat de Renaud et de Sacripant) et d'un *Conciones* pseudo-classique, les *Nuits romaines* de Verri, où il choisissait habilement le discours dans lequel César expose les désordres de la république et montre l'opportunité du rétablissement de la monarchie. Cavidali n'oubliait pas, on le voit, qu'il devait faire de ses élèves de fidèles sujets de l'empereur. Mariaval, qui était polyglotte, annonça aussi des leçons d'espagnol, mais il ne se présenta pas d'auditeurs.

Au mois de mai 1805, le proviseur, à la prière de plusieurs pères de famille, songea à créer un cours en latin de philosophie, « comme aux ci-devant Universités ». Il soumit son idée au préfet et insista sur l'avantage qu'il y aurait à organiser cet enseignement et à permettre ainsi à bien des jeunes gens de ne pas quitter Bordeaux pour aller terminer au loin leurs études en vue du droit[2]. Mais la philosophie ne figurait pas aux programmes; l'État refuserait sans doute de faire les frais de ce cours, à supposer qu'il l'autorisât. Le proviseur s'adressa au Conseil général, qui déclara que, toutes les dépenses du Lycée étant à la charge du gouvernement, il ne pouvait voter de fonds, et se borna à émettre un vœu, qui resta plato-

---

de Cyrus, avec un discours sur la mythologie et une lettre de Fréret sur la chronologie de cet ouvrage, roman moral imité à la fois du *Télémaque* et de la *Cyropédie*. L'ouvrage avait aussi paru en anglais sous le titre de *The travels of Cyrus*.

1. Il avait été d'abord professeur libre et avait fait en 1803, pendant trois mois, un cours au Musée. (*Bull. polym.*, III, 6.) On étudiait l'italien à Bordeaux, sous l'Empire : l'*Indicateur* donne des annonces de professeurs, entre autres de Bellucci, qui avait inventé une méthode nouvelle et prétendait avoir la prononciation romaine. Il habitait 12, rue de la Petite-Taupe.

2. Champeaux au préfet, 11 floréal an XIII (1er mai 1805). (Arch. du Lycée, *Reg. de corr.* II, f° 22 r°-v°.) — Le Conseil général avait en vain demandé qu'une école de droit fût créée à Bordeaux. (Arch. dép., Conseil général, Procès-verbaux de l'an XII, séance du 24 germinal.)

nique[1]. Une autre tentative fut un peu plus heureuse : en 1807, un cours de grec fut organisé ; huit élèves le suivirent ; le professeur enseigna les éléments de la grammaire et fit traduire en français et en latin un certain nombre de fables d'Esope. Le proviseur tenait à « cette partie si essentielle de l'instruction » ; il espérait pouvoir la développer ; un candidat s'était présenté pour la chaire[2]. Mais dès l'année suivante, le cours fut supprimé.

On a vu, par l'énumération des ouvrages expliqués ou employés dans les classes, de quels livres disposaient les maîtres et les élèves. Les autres instruments de travail furent assez péniblement acquis. Le Lycée n'eut pas d'abord de cabinet de physique. Il y en avait un au collège de Guienne ; c'était celui de l'École centrale. Il appartenait au pharmacien Cazalet, qui y était professeur de chimie et de physique expérimentales. Le proviseur, alléguant que le local occupé par les instruments devait être affecté à la Loterie, s'offrit à donner l'hospitalité au cabinet de Cazalet : une fois au Lycée on chercherait les moyens de l'acheter[3]. Cazalet avait quitté Bordeaux ; sa femme déclara qu'elle s'opposait au transfert jusqu'au retour de son mari. Un arrêté du préfet du 26 nivôse an XII (17 janvier 1804) lui enjoignit de faire transporter les instruments au Lycée dans un délai de huit jours[4]. L'ordre préfectoral fut exécuté un mois après[5] et le proviseur proposa à Fourcroy d'acheter le cabinet[6]. Il est permis de trouver que le moyen employé avait été un peu brutal.

La procédure fut plus longue pour obtenir que le Lycée eût

---

1. Arch. dép., Conseil général, Procès-verbaux de l'an XIII.

2. C'était un professeur du collège de Mont-de-Marsan, nommé Rivière, qui avait envoyé au préfet une traduction en vers latins d'un morceau du premier chant de l'*Iliade*. (Champeaux au préfet, 20 mai 1807.) (Arch. du Lycée, *Reg. de corr. II*, f° 37 v°.)

3. Champeaux au préfet, 23 nivôse an XII (14 janvier 1804). (Arch. du Lycée, *Reg. de corr. II*, f° 10 r°.)

4. Arrêté du préfet Delacroix, 26 nivôse an XII (17 janvier 1804). (Arch. dép., K, 15, f° 10 v°-11 r°.)

5. Champeaux au préfet, 27 pluviôse an XII (17 février 1804). (Arch. du Lycée, *Reg. de corr. II*, f° 11 r°.)

6. Champeaux à Fourcroy, 8 ventôse an XII (28 février 1804). (Arch. du Lycée, *Reg. de corr. I*, f° 9 v°.)

une bibliothèque. L'arrêté préfectoral du 28 germinal an XI (18 avril 1803) avait ordonné qu'il serait formé « dans la maison des Feuillants » une bibliothèque à l'usage des professeurs et des élèves du Lycée. Le proviseur devait se concerter avec Monbalon pour le choix des livres à prendre dans le dépôt provisoire[1]. En octobre, de Champeaux demanda à être autorisé à faire ce choix[2]. Monbalon traînait les choses en longueur; avec un personnel et des ressources très insuffisants, il triait les volumes pour mettre à part les doubles, dont un certain nombre devait être attribué au Lycée. En décembre, le proviseur revient à la charge et envoie, en guise de sommation, l'arrêté des consuls du 19 frimaire an XI (10 décembre 1802) qui prescrivait l'établissement dans chaque Lycée d'une bibliothèque de quinze cents volumes[3]. Un mois plus tard, il transmet au préfet la liste des livres arrêtée par le ministre de l'Intérieur[4]. En mai, il n'avait encore rien obtenu[5]. En mars 1805, le triage des doubles était terminé; le proviseur crut le moment venu de recommencer ses démarches : il insista sur la nécessité de plus en plus urgente d'avoir une bibliothèque : « Les professeurs, écrivait-il, qui ont à chaque instant besoin d'y avoir recours, me harcèlent continuellement et nous sommes obligés de louer des livres chez les libraires pour les élèves de Belles-Lettres et des premières classes. L'intention de M. Monbalon, bibliothécaire, est de ne se dessaisir d'aucun livre avant d'avoir fait le dépouillement de tous les dépôts qui doivent augmenter la bibliothèque de la Ville. Ce dépouillement est commencé depuis un an, et M. Monbalon vient de finir la lettre B... Il s'écoulerait donc plus de dix ans avant que nous puissions espérer d'obtenir une bibliothèque[6]. » Cette fois la réclamation fut entendue. Le

---

1. Arrêté du préfet Dubois. 28 germinal an XI (18 avril 1803). (Arch. dép., K, 12, f° 26 v°-27 r°.)

2. Champeaux au préfet, 2 brumaire an XII (25 octobre 1803). (Arch. du Lycée, *Reg. de corr.* II, f° 6 r°.)

3. Champeaux à Dufort, préfet par intérim, 6 nivôse an XII (28 décembre 1803). (*Ibid.*, f° 9 v°.)

4. Champeaux au préfet, 30 nivôse an XII (21 janvier 1804). (*Ibid.*, f° 10 r°.)

5. Champeaux au préfet, 25 floréal an XII (15 mai 1804). (*Ibid.*, f° 14 r°.)

6. Champeaux au préfet, 21 ventôse an XIII (12 mars 1805). (*Ibid.*, f° 20 v°-21 r°).

3o avril 1805, un « char » de livres vint de l'hôtel de l'Académie au Lycée; il y transportait 546 volumes[1]. La bibliothèque ainsi constituée se trouva vite insuffisante. Le préfet avait assuré le proviseur qu'une partie de l'argent provenant de la vente des doubles servirait à l'augmenter; mais ce fut une promesse en l'air[2].

Réduit à peu près au latin et aux mathématiques, organisé tant bien que mal pour les autres matières, pourvu d'instruments de travail plutôt médiocres, l'enseignement était sanctionné par des compositions mensuelles, des examens semestriels, des compositions finales et des exercices publics, suivis de la distribution des prix. Nous connaissons les examens semestriels par les mémoires de la cuisinière chargée de préparer les repas des professeurs qui étaient, à cette occasion, hébergés au Lycée[3]. Il en était de même pour les compositions des prix[4]. Mais la consécration solennelle de l'enseignement était donnée par les exercices publics de fin d'année. Cet usage, emprunté aux collèges de l'ancien régime, avait été conservé dans les Écoles centrales; il le fut également dans les Lycées. Le proviseur y attachait avec raison une grande importance : n'était-ce pas à la fois le meilleur moyen de stimuler le zèle des élèves et de faire apprécier du public la valeur de l'enseignement?

C'était un véritable événement dans la vie locale que les exercices publics du Lycée. Ils étaient annoncés par des affiches et des insertions dans les journaux. Des programmes indiquant en détail pour chaque classe les matières vues dans l'année et les noms des élèves qui devaient être interrogés,

---

1. Mémoire de Mothes, économe: « 10 floréal an XIII. Pour le char de livres provenant de l'Académie, 6 francs. » (Arch. du Lycée, pièces comptables, 1802-1805.) — Bibliothèque de la ville, papiers de Monbalon.

2. Champeaux au préfet, 12 octobre 1807. (Arch. du Lycée, *Reg. de corr.* II, f° 38 v°.) — La vente des doubles avait duré du 10 juin au 4 septembre 1805 et avait produit 10,943 francs 8 sols. (R. CÉLESTE, *Histoire de la Bibliothèque de la ville de Bordeaux*, p. 68.)

3. Mémoire d'Izabeau, cuisinière, pour les dîners donnés aux professeurs, maîtres et examinateurs pendant les examens semestriels de 1809, du 5 au 11 avril. La dépense monta à 216 francs. (Arch. du Lycée, pièces comptables, 1809.)

4. Dîner de professeurs qui ont jugé les compositions des prix, 19 fr. 5o (3 août 1809). (*Ibid.*)

étaient envoyés d'avance aux corps constitués, aux fonctionnaires publics, aux écoles secondaires et primaires, à toutes les sociétés savantes, aux parents et aux correspondants ; on y joignait des billets d'invitation [1]. Au jour indiqué, le public se rendait au Lycée. Les exercices avaient lieu tantôt dans la vieille église des Feuillants, tantôt dans la salle des tirages de la Loterie. Au fond s'élevait une estrade, sur laquelle les élèves défilaient classe par classe [2]. Des chaises étaient louées pour la circonstance [3]. Les spectateurs y prenaient place. S'il fallait en croire les comptes rendus dithyrambiques des journaux, l'assemblée était nombreuse. « On comptait, écrit Castillon en 1804, parmi les interrogateurs les hommes les plus distingués du barreau de cette ville [4]. » Le proviseur, dans ses rapports à Fourcroy, est moins enthousiaste : « Quoique l'affluence, écrit-il en 1806, se ressentît encore beaucoup de cette apathie dont je me suis toujours plaint, j'ai cru cependant remarquer que l'esprit public s'était un peu remonté en faveur du Lycée [5]. » En 1807 : « J'ai vu avec peine que l'on n'a pas montré autant d'empressement que je l'aurais désiré [6]. » L'impression est meilleure en 1808 : « Le nombre des interrogateurs a été assez considérable et bien composé, et le public a constamment donné des preuves non équivoques d'une franche approbation et d'une vive satisfaction [7]. » La situation du Lycée cette année-là donne malheureusement lieu de craindre que le

----

1. On trouve dans les manuscrits de Bernadau (*Spicilège bordelais*, t. V, pièce 70) un spécimen de ces invitations. — Mémoire de menues dépenses du procureur-gérant : 14 août 1808, affranchissement des lettres et billets à l'occasion des exercices et de la distribution des prix, 47 fr. 75. (Arch. du Lycée, pièces comptables, 1808.)

2. Champeaux au maire, 21 août 1806. (Arch. du Lycée, *Reg. de corr.* II, f° 34 r°.)

3. « Doit le Lycée de Bordeaux à Ligier Mathieu pour location de chaise pendent les exercice : le 23 fructidor, 300 chaises ; du 24 au 29, 450 ; le 30, 750, à 5 c. pièce. » 29 pluviôse an XIII (18 février 1805). (Arch. du Lycée, pièces comptables, 1802-1805.)

4. *Écho du Commerce* du 5° compl. an XII (22 septembre 1804). — Voir aussi l'article élogieux de Bernadau (*Bull. polym.*, II, 324-330), et en rapprocher sa note des *Tablettes* : « Depuis le 24 jusqu'à aujourd'hui ont eu lieu les exercices publics des élèves du Lycée de Bordeaux. L'instruction n'y paraît pas bien avancée. » (Biblioth. de la ville, mss. de Bernadau, t. VIII, p. 75.)

5. Champeaux à Fourcroy, 18 septembre 1806. (Arch. du Lycée, *Reg. de corr.* I, f° 29 v°-30 v°.) — Cf. *Bull. polym.*, IV, 361-362.

6. Champeaux à Fourcroy, 13 octobre 1807. (Arch. du Lycée, *Reg. de corr.* I, f° 40-41 v°.)

7. Champeaux à Fourcroy, 20 août 1808. (*Ibid.*, f° 53 v°-54 r°.)

proviseur n'ait, cette fois, été de parti pris quelque peu optimiste.

Il fallait, à dire vrai, quelque courage pour affronter pendant cinq, six, sept ou même huit jours, des séances d'examen
qui s'ouvraient à neuf heures du matin et finissaient ordinai-
rement à trois ou quatre heures de l'après-midi. Il était sans
doute un peu fastidieux de voir défiler pendant six ou sept
heures d'horloge des écoliers faisant le mot à mot du *De viris*
ou réduisant des fractions au même dénominateur. Aussi les
amateurs se réservaient-ils pour les deux séances finales, consacrées aux Belles-Lettres et aux Mathématiques transcendantes.
Ces jours-là, il y avait de véritables joutes entre les élèves d'une
part, et de l'autre les notabilités littéraires et scientifiques de la
ville. En 1808, un élève déconcerta et humilia un interrogateur
qui était venu avec l'intention manifeste de l'embarrasser. Ces
séances s'ouvraient par un discours du professeur : en 1804,
Leupold parla de l'utilité et des charmes des mathématiques ;
de Sermand, de la différence entre le style poétique et le style
prosaïque[1]. La même année, il y eut un discours de clôture
non prévu par le programme : un assistant, M. Vinson, « ci-
devant principal de collège et professeur de belles-lettres, qui
avait constamment suivi les cinq jours d'examen et qui avait
interrogé la plus grande partie des élèves, » crut devoir prendre la parole ; il évoqua le souvenir classique de Villars égalant
ses succès scolaires à une de ses plus belles victoires[2]. Le
cliché avait encore une fraîcheur relative. En 1805, les exercices durèrent huit jours et furent très brillants : « quelques
maîtres particuliers » cherchèrent en vain à embarrasser les
écoliers de quatrième latinité ; quatre élèves de première lurent
« avec grâce » de « jolies » pièces de vers français de leur composition ; la classe de Mathématiques transcendantes eut un succès
« éclatant » ; de Sermand fit sur les avantages de la mémoire
un discours « plein de choses » et « élégamment écrit », qui

---

1. *Écho du Commerce* du 5ᵉ complémentaire an XII (22 septembre 1804).
2. *Indicateur* du 3 vendémiaire an XIII (25 septembre 1804). Ce Vinson donnait des
leçons de latin, français et géographie ; il habitait 66, rue des Remparts. Il remplaça
Semelet comme maître élémentaire.

« avait attiré un grand nombre d'hommes instruits ». Enfin, il y eut un exercice d'escrime le dimanche 21 fructidor, et le dimanche 28, les exercices militaires, la musique et l'équitation attirèrent beaucoup de curieux; il y eut même un concours de jeu de bague [1].

Avant et après les séances, les invités pouvaient examiner des spécimens de travaux d'élèves, dessins et pages d'écriture, appendus aux murs de la salle des exercices [2]. C'était le triomphe de Verdet. En 1807, « plusieurs personnes, même quelques professeurs d'écriture, jugèrent d'abord que la plupart de ces pièces avaient été exécutées par le professeur. Pour détruire l'erreur, M. le proviseur fut obligé de faire placarder dans la salle que la composition et l'exécution de ces pièces étaient entièrement des élèves et non du maître d'écriture. » Le fait fut consigné dans le *Bulletin polymathique*. Verdet ne fut certainement pas étranger à la rédaction de cette note [3].

La distribution des prix clôturait les exercices. Les volumes donnés en récompense aux élèves étaient judicieusement choisis, fort bien reliés et d'une réelle valeur. La dépense totale monta en 1804 à 1,156 fr. 40. On trouve parmi les prix donnés cette année-là la plupart des classiques français du XVII° siècle, beaucoup d'auteurs du XVIII°, tels que Fontenelle, d'Aguesseau, Voltaire, Buffon, Thomas, Gresset, Dumarsais, J.-B. Rousseau, Crébillon, Fleury, Florian, Berquin; quelques ouvrages d'histoire médiocres, des livres de science coûteux, comme l'*Algèbre* d'Euler, celle de Clairault (25 fr.), de Lacroix, la *Statique* de Monge (14 fr. 50), l'*Astronomie* de Lalande (19 fr. 50), des poésies allemandes (10 fr.), une *Vie de Milton* en anglais (6 fr.), les *Études de la nature* de Bernardin de Saint-Pierre, 10 vol. in-18°, reliés, 22 fr. 50; le *Manuel du naturaliste*, 2 vol.

---

1. Champeaux à Fourcroy, 5° complémentaire an XIII (22 septembre 1805). (Arch. du Lycée, *Reg. de corr.* II, f° 22 r°-23 v°.) Tous les rapports du proviseur sur les exercices sont uniformément élogieux; ils ne contiennent de critique qu'à l'adresse du professeur de 3° et 4°, Messier.

2. Mémoire de Morlan, aide-portier: « Pour avoir fourni des petits clous pour attacher les tableaux d'écriture à la salle des exercisses qui ne sont pas encadré, 90 c. » 30 août 1808. (Arch. du Lycée, pièces comptables, 1808.)

3. *Bull. polym.*, V, 374, note 1.

in-8°, 14 fr.; un *Cours de Pilotage,* in-8°, 3 fr., et, pour les petits, *Robinson Crusoé* et la *Morale en action* de l'ex-oratorien Bérenger, le premier proviseur du Lycée de Lyon[1]. La dépense, qui était relativement considérable, était supportée par le département des Landes, qui donnait 300 francs, et par la ville de Bordeaux, qui vota un crédit de 1,200 francs, après que le Conseil général de la Gironde eut refusé de maintenir en faveur du Lycée la somme qu'il allouait à l'École centrale[2]. Les prix des trois classes supérieures étaient attribués par le Bureau d'administration, appelé à juger lui-même du travail des élèves et à s'adjoindre pour cela tels examinateurs qu'il lui plaisait[3].

Le proviseur ne négligeait rien pour donner le plus de solennité possible à la distribution : « Je me suis aperçu, écrivait-il à Fourcroy, qu'à Bordeaux plus qu'ailleurs peut-être, on se laissait facilement éblouir par l'éclat d'une cérémonie[4]. » Malgré la pauvreté du Lycée, la fête fut brillante dès la première année. Elle eut lieu dans la chapelle et fut présidée par le proviseur, assisté des membres du Bureau. On avait commandé un service d'ordre[5]; les élèves exécutèrent une symphonie. Un ami du Lycée, le commissaire général de police Pierre Pierre, offrit les prix d'excellence. Pour intéresser la population, un arrêté du préfet avait décidé que la distribution serait faite en même temps à l'École de botanique de Villers et à l'École municipale de dessin de Lacour. Les journaux soulignèrent que sur deux cents élèves couronnés, trente étaient

---

1. Mémoire du libraire Beaume. (Arch. du Lycée, pièces comptables, 1802-1805.)

2. Il fallut de nombreuses démarches du proviseur pour obtenir ces résultats. — Voir, Arch. du Lycée, *Reg. de corr.* II, f°s 12 r°-v°, 15 v°, 17 r°, 18 v°, 25 r°-v°, 26 r°, 27 v°, 33 v°, 35 r°, la correspondance de Champeaux avec les trois préfets et le maire de Bordeaux. Le préfet de Lot-et-Garonne refusa de participer aux frais. En 1805, la Ville réduisit le crédit à 900 francs; le proviseur protesta en vain. (Lettre du maire de Bordeaux au proviseur du Lycée, 23 frimaire an XIV, Arch. munic., *Corresp. générale,* n° 33.)

3. Champeaux aux membres du Bureau, 25 fructidor an XIII (12 septembre 1805) et au préfet, 26 août 1806. (Arch. du Lycée, *Reg. de corr.* II, f° 27 r° et 34 v°.)

4. Champeaux à Fourcroy, 1er floréal an XII (21 avril 1804). (Arch. du Lycée, *Reg. de corr.* I, f° 10 v°-11 r°.)

5. 2 vendémiaire an XIII (24 septembre 1804) : « Doit le Lycée de Bordeaux à Verdot pour la solde de la garde placée à la chapelle du Lycée pendant la distribution des prix, 15 francs. » (Arch. du Lycée, pièces comptables, 1802-1805.)

natifs de Bordeaux pour les prix, soixante pour les accessits [1]. Parmi les lauréats, on distingua le jeune Lafon, âgé de seize ans, de La Réole, qui obtint seul douze couronnes et environ soixante volumes d'ouvrages « précieux » [2]. En 1805, le proviseur, très soucieux de dissiper les préventions du public qui se représentait le Lycée comme un foyer d'idées révolutionnaires, infecté de l'esprit des philosophes, obtint que l'archevêque accordât des prix de bon exemple [3], qui furent décernés aux élèves les plus méritants désignés par le suffrage de leurs maîtres et de leurs camarades. Par une délicate attention, il choisit comme thème de son discours le bon exemple : « Je n'ai pas cherché, écrivit-il à Fourcroy, les choses que j'ai dites dans mon esprit, je les ai trouvées dans mon cœur. J'ai parlé comme un père parle à ses enfants; on dit qu'on a été attendri. Je l'ai cru, car j'ai été moi-même si ému, si touché, que je pouvais à peine prononcer les derniers mots de ma péroraison [4]. » La sensiblerie de Bernardin n'était pas étrangère, à l'occasion, même à ce Bourguignon robuste et plutôt rude. La distribution eut lieu cette fois, dans la salle de la Loterie : ce fut comme la prise de possession officielle de la Visitation [5]. Un orchestre spécialement engagé exécuta un concert [6]. Les domestiques du Lycée, le portier Lasmolles et son adjoint, l'économe Mothes en livrée vert olive et culotte de velours, le tambour en pantalon et habit bleu à revers, veste bleu céleste, gantés de blanc, recevaient à la porte les invités et les parents [7].

1. *Echo du Commerce* du 2ᵉ complémentaire an XII (15 septembre 1804). Le nᵒ du 3ᵉ septembre donne l'analyse du discours du proviseur, « écrit avec élégance et rempli de vues utiles. »

2. *Indicateur* du 3 vendémiaire an XIII (25 septembre 1804).

3. Champeaux à l'archevêque, 13 fructidor an XIII (31 août 1805). (Arch. du Lycée, *Reg. de corr. II*, fᵒ 16 vᵒ.) — L'archevêque assista à l'exercice public de la classe de Belles-Lettres.

4. Champeaux à Fourcroy, 5ᵉ complémentaire an XIII (22 septembre 1805). (*Ibid.*, *Reg. de corr. I*, fᵒ 22-23 rᵒ.)

5. « Pour faire netoyer la salle de la lotterie, 2 l. » Mémoire de Lasmolles, du 30 fructidor an XIII. (Arch. du Lycée, pièces comptables, 1802-1805.)

6. « Doit le Lycée de Bordeaux aux musiciens qui ont exécuté le concert pendant la distribution des prix du 30 fructidor : à M. Rise, violon, 12 fr.; à MM. Venoix père et fils, 24 fr.; à M. Dubois, cor, 12 fr.; à M. Ferrand, basse, 12 fr.; à M. Madix, contrebasse, 12 fr. Total, 72 fr. » — « Avoir donné aux deux hommes qui ont porté la basse, 3 fr. » (Arch. du Lycée, pièces comptables, 1802-1805.)

7. État des habillements faits au tambour, 135 fr., plus 20 fr. pour le chapeau d'uniforme acheté chez Mathieu fils cadet, chapelier, rue Saint-Rémi, 11, 12 fructidor

L'année suivante, le proviseur, dans l'intention de flatter les négociants bordelais, obtint que la distribution eût lieu à la Bourse, le dimanche 14 septembre, à midi. L'affluence fut « prodigieuse »; on y remarquait « tout ce qu'il y avait de plus distingué dans les différents ordres de la ville ». La cérémonie fut présidée par le préfet Fauchet qui prononça un discours « analogue à la circonstance ». Il montra que l'étude des mathématiques et des langues anciennes est la base d'une bonne éducation. Ce sujet très neuf eut le don de faire verser des larmes d'attendrissement. L'émotion fut au comble lorsque le jeune Poirée, élève de Mathématiques transcendantes et sergent-major du Lycée, « ému par le souvenir des traits de ce tableau, après avoir reçu une couronne des mains de M. le Préfet, » se retourna vers ses camarades « comme pour leur demander leur adhésion » et lui en fit hommage. « L'action de ce jeune homme, écrivait Bernadau, se traduisait naturellement ainsi : le laurier d'Uranie appartient à celui qui l'a si dignement célébrée [1]. »

La solennité de 1807 fut digne des précédentes. Elle eut lieu, de nouveau, dans l'église des Feuillants. Le préfet la présida encore; il accorda des prix d'excellence aux meilleurs élèves des classes de latinité. Le sénateur général Lamartillière distribua les couronnes. Le proviseur parla du véritable honneur et de la véritable gloire. « Je me suis, dit-il modestement, abandonné à l'enthousiasme qu'excite un si beau sujet et à la sensibilité que j'éprouve toutes les fois que je parle à mes enfants; et je croirai avoir rempli l'objet que je me proposais, si je m'en rapporte aux applaudissements qui m'ont été pro-'digués et aux félicitations que j'ai reçues dans le monde; il

---

an XI (30 août 1803). — Mémoire de Maupin, tailleur : habillement de M. Mothes, économe, 137 fr. (an XII). — Mémoire du portier Lasmolles, 30 fructidor an XIII : « Avoir achetté 4 père de gan blanc, 6 l. » (Arch. du Lycée, pièces comptables, 1802-1805.)

1. *Bull. polym.*, IV, 361-362. — Champeaux à Fourcroy, 18 septembre 1806.(Arch. du Lycée, *Reg. de corr.* I, f° 29 v°-30 v°.) — L'élève Poirée était malheureusement un plagiaire; l'année précédente, à la distribution des prix de l'école privée d'Ouvrard, le fils de cet instituteur avait mis sa couronne sur la tête du maire Fieffé qui présidait; un autre élève avait couronné son père, un honnête couvreur du nom de Perro. (*Echo du Commerce* du 20 septembre 1805.)

paraît qu'on a été ému[1]. » En 1808, le préfet présida pour la troisième fois. Il fit allusion dans son discours au passage de Napoléon Ier à Bordeaux, à sa visite au Lycée, aux fameux décrets de Bayonne du 25 avril : « L'empereur a paru... A sa voix vont s'élever un temple à la Justice, un asile salubre à la pauvreté souffrante, un vaste atelier pour les malheureux sans travail ; les routes se créent ou se réparent, l'eau croupissante des marais s'écoule, et la sagesse sourit aux efforts des arts appliqués au soulagement et aux jouissances du peuple. Ainsi se délassait Titus lorsqu'il ornait d'établissements utiles les villes de son empire[2]. » Les distributions de prix du Lycée étaient de bonnes occasions pour réchauffer l'admiration très tiède des Bordelais pour Napoléon. Le maire fit cette année-là les frais des prix d'excellence. Ils furent offerts en 1809 par le préfet Gary, qui présida et fit à son tour un panégyrique de l'empereur, bienfaiteur de Bordeaux[3].

Après ces séances, la fête n'était pas terminée. Les élèves avaient un dessert exceptionnel : mis en appétit par les beaux discours qu'ils venaient d'entendre, ils mordaient à belles dents dans les tartes à la frangipane du bon pâtissier Lievois[4], cependant que MM. les membres du Bureau, les administrateurs, les professeurs et les maîtres d'études faisaient honneur à un succulent dîner[5]. L'année scolaire finissait gaiement : les

---

1. Champeaux à Fourcroy, 13 octobre 1807. (Arch. du Lycée, *Reg. de corr.* I, f° 41 v°.) — Voir les comptes rendus de l'*Écho du Commerce* du 15 septembre et du *Bulletin polymathique*, V, 373-374.

2. Palmarès de 1806. — Champeaux à Fourcroy, 20 août 1808. (Arch. du Lycée, *Reg. de corr.* I, f° 54 r°.) — *Indicateur* du 15 août, *Écho du Commerce* du 17, *Bulletin polymathique*, VI, 353-354.

3. Palmarès de 1809. — *Écho du Commerce* du 14 août. — *Bulletin polymathique*, VII, 233.

4. « Fourny au eleve du licée par Lievois, patissier : 20 tarte à la franchipane, à 4 l. pièce, 80 fr. ; 10 assiette de dessert assortie pour le jour de la distribution des prix, 20 fr. 60. Vu bon à payer la somme de cent francs pour la pâtisserie qui a été donnée aux élèves et pour le dessert du dîné donné aux membres du bureau et à M. l'archevêque. » 30 fructidor an XIII (17 septembre 1805.) (Arch. du Lycée, pièces comptables, 1802-1805.)

5. « Mémoire des frais du repas donné aux membres du bureau d'administration, aux professeurs et aux maîtres d'études à la suite de la distribution des prix de 1808 : divers oiseaux, 19 fr. 50 ; beurre frais, 4 fr. ; 1 levreau, 4 fr. ; tête de veau, 7 fr. 50 : filet, 6 fr. 50 ; ris de veau, 6 fr. ; mouton, 2 fr. 75 ; écrevisses, 3 fr. ; oranges, 1 fr. 75 : champignons, 4 fr. ; poisson, 22 fr. ; jambon, 1 fr. 20 ; cervelle de veau, 0 fr. 50 ; pigeons et poulets, 7 fr. 20 ; fruits, 10 fr. ; pâtisserie, 65 fr. 65 ; 200 tartines, 20 fr. ;

écoliers ne se souvenaient plus, ce jour-là, que le réfectoire
était bien sombre, qu'il pleuvait dans les dortoirs et que l'hiver
on gelait en jouant à la balle dans la vieille église de la Visitation ; les maîtres ne songeaient plus que le casuel diminuait
chaque année et qu'ils étaient presque réduits à la portion
congrue du traitement fixe ; le proviseur lui-même oubliait un
instant ses ennuis de toute sorte, démêlés avec la Ville, désertion des élèves, lettres de parents qui invoquaient, pour ne pas
acquitter les frais de pension, la mévente des vins et la misère
générale, et, tout en sablant, en fin connaisseur, le Sauternes
et le Margaux, il se disait qu'en présentant bien les choses à
M. le Directeur général, il pourrait encore obtenir cette année
sa gratification et rentrer dans les sommes qu'il avait avancées
à la caisse du Lycée.

---

3 fromages à la glace, 36 fr. ; 20 b^{lles} vin de Sauternes, 40 fr ; 20 id. de Margaux, 35 fr. ;
6 id. de Champagne, 27 fr. ; 50 b^{lles} vin à 1 fr., 50 fr. ; eau-de-vie et liqueurs, 14 fr. ;
café, sucre, casson, câpres et huile, 18 fr. 30 ; charcuterie, 27 fr. ; salaires du maître
d'hôtel, du cuisinier, d'une relaveuse et d'un domestique, 29 fr. — Total, 462 fr. 45. »
(Arch. du Lycée, pièces comptables, 1808.)

CHAPITRE V

Les Élèves.

Le noyau primitif des élèves du Lycée fut, on l'a vu plus haut, officiellement constitué par l'arrêté consulaire du 3 prairial an XI. Il comprenait cent boursiers ou élèves du gouvernement, dont 38 tirés du Prytanée, 29 de la Gironde, 20 du Lot-et-Garonne et 13 des Landes. C'étaient, pour la plupart, des fils ou des proches de soldats qui s'étaient distingués dans les campagnes de la République ou étaient morts sur les champs de bataille, et de membres des assemblées révolutionnaires, Constituants ou Conventionnels victimes de la Terreur, membres du Corps législatif sous le Directoire victimes du coup d'État de fructidor. On y remarque les noms des deux fils du général de Champeaux, Achille et Gaston, neveux du proviseur; des trois fils du général Compère, du fils du capitaine de vaisseau Willaumez, qui venait de se couvrir de gloire dans l'expédition de Saint-Domingue[1]; de Charles-Louis Carteaux, fils de l'ancien adjudant-général de l'armée des Alpes, sous qui Bonaparte avait servi lors de la répression de l'insurrection fédéraliste de Marseille, emprisonné sous la Terreur comme suspect, remis en liberté au 9 thermidor, et qui allait être nommé commandant de la principauté de Piombino; de Charles Matenotte, dont le père, l'humble tailleur d'Uhart-Cize, connu sous le nom légendaire de *général La Victoire*, avait brillamment servi sous Moncey à l'armée des Pyrénées et avait été mortellement blessé le 15 prairial an II (3 juin 1794) à l'attaque de la redoute de Berdaritz[2]; d'Hégésippe Heyraud, « fils d'un chef de bataillon mort sur le champ de bataille »; de Pierre-Philippe Penard, « fils d'un officier de santé de l'hôpital militaire de Saintes, mort victime de ses fonctions. » Parmi les fils ou parents d'hommes politiques, il est possible d'identifier Alexandre-Jacques-Michel Lidon, fils du conventionnel de la Corrèze, ami des Girondins qui, traqué par les Montagnards, se réfugia dans son département d'origine et s'y brûla la cervelle; Augustin-Emmanuel Leleu, de Laon, parent du député à la Constituante; Alexandre-Jean Tronson-Ducoudray, fils de Guillaume-Alexandre, le défenseur de Marie-Antoinette, député de Seine-et-Oise au Corps législatif de l'an IV, déporté au coup d'État de fructidor à la Guyane, où il mourut en 1797[3]; Charles Béchade-Cazau, dont le père était sans doute le membre du Conseil des Cinq-Cents, l'ancien député de la Législative, ami de Vergniaud; Jean Boussion, de Lauzun, fils du conventionnel envoyé en mission à Bordeaux un peu avant le 9 thermidor, et qui s'y était fait remarquer par sa modération, avait ensuite été membre du Conseil des Anciens, et, depuis le 18 brumaire, se contentait d'une place de conseiller de préfecture de Lot-et-Garonne; Alphonse Guyet-Laprade, fils de Pierre-Jules, ancien capitaine au régiment de Bourbon-infanterie, membre des Cinq-Cents, démissionnaire le 14 ventôse an V et retiré à Meilhan dans les fonctions

---

1. Il n'accepta pas sa bourse.
2. J. CHARAVAY, *Les Généraux morts pour la patrie, 1792-1804*, p. 20-21.
3. Il n'accepta pas sa bourse.

modestes de juge de paix. Cinq noms illustres avaient été inscrits sur la liste des premiers élèves du Lycée : ceux de Barbaroux, Brissot, Gensonné, Guadet et Grangeneuve. Le fils de Barbaroux obtint d'aller au lycée de Marseille et permuta avec Etienne-Henri Lafargue-Grangeneuve[1]. Jacques-Jérôme Brissot, dont la mère habitait Paris[2], Dominique Gensonné, Jean-Baptiste Guadet et Maurice Grangeneuve firent leurs études à Bordeaux ; les deux derniers furent d'excellents élèves[3]. Si l'on joint à ces noms ceux de Jean Bernada, dont le père, administrateur du district de Bordeaux, avait été victime du tribunal révolutionnaire; Charles Clérico, de Nice, « fils d'un percepteur des contributions assassiné par les Barbets », et Honoré Batigne, de Castres, d'une famille qui comptait dix-sept enfants, on se rendra assez bien compte des préoccupations diverses qui inspirèrent le gouvernement consulaire dans la nomination des premiers élèves.

Les « classes opulentes », comme on disait alors, devaient composer la clientèle des Lycées. A Bordeaux, l'hostilité d'une partie de la population gêna le recrutement. Le commerce bordelais fut pourtant représenté par les noms d'Alaret, Bonnaffé[4], Barreyre, Brown[5], Béchade, Chicou-Bourbon, Dowling, Dallas,

---

1. Champeaux à Fourcroy, 3ᵉ complémentaire an XI (20 septembre 1803). (Arch. du Lycée, *Reg. de corr.* I, f° 4 v°.)

2. Jacques-Jérôme-Anacharsis Brissot-Warville, troisième fils du Girondin, né à Paris le 31 mars 1791 ; officier de hussards sous l'Empire, propriétaire au hameau du val Saint-Etienne, commune de Véron (Yonne), en 1818 ; marchand de vins en gros à Paris, chaussée de Ménilmontant, 57, en 1847 ; contrôleur général de la navigation de la Seine avant 1854, demeurant à Corbeil en 1854. On ignore la date de sa mort. (P. Nauroy, *Le Curieux*, t. II, p. 79.)

3. Maurice Grangeneuve, né à Bordeaux le 8 février 1793, second fils du Girondin, un des plus brillants élèves de Leupold, dont il prononça l'éloge funèbre le jour de ses obsèques, ancien élève de l'École polytechnique et de l'École normale, devint ensuite avocat au barreau de Bordeaux, puis notaire. De 1848 à 1851 il fut conseiller municipal et conseiller général de la Gironde. Il mourut le 8 septembre 1868, laissant la réputation d'un homme distingué et de beaucoup d'esprit. Son frère aîné, Henri-Etienne, né à Bordeaux en 1788, fit la campagne de Russie comme capitaine des grenadiers de la garde, se fit remarquer dans la retraite par sa gaîté et sa bonne humeur qui relevaient le courage de ses camarades, et mourut juge de paix à Bordeaux en 1874, chevalier de la Légion d'honneur et médaillé de Sainte-Hélène.

4. Auguste et Edouard, fils du grand armateur de la place de la Comédie.

5. Robert et David, fils de John-Lewis Brown, qui habitait façade des Chartrons, n° 158. — Robert Brown, né en 1792, mort en 1861 ; David, né en 1793, mort en 1877, conseiller municipal, président du tribunal de commerce, l'un des fondateurs du Dépôt de mendicité et le créateur à Fosseléou d'un haras de pur-sang.

Décasse, Delpla, Damas, Effray, Fénélon, Faurès, Hourquebie, Jouis-Praslin, Lopès-Pereyra, Michel, Mérillon [1], Orsel, à côté desquels on trouve quelques représentants de l'ancienne noblesse de robe et d'épée, les d'Arche, les de Tauzia, les de Marbotin, les de Canolle ; les professions libérales par les fils du notaire Trimoulet, de l'avocat Denucé, de l'avoué Thounens, du médecin Comet. Mais les fils de fonctionnaires, gros et petits, surtout étaient en nombre. Soutenir le Lycée naissant contre les préjugés du public était pour eux un devoir. Aussi trouve-t-on, sur les registres des internes seulement, les noms d'Amédée Desmirail, le futur procureur général de la Restauration, l'un des plus brillants élèves, dont le père était président de la cour de justice criminelle ; d'Antoine Galineau, fils du président du tribunal de première instance ; d'Édouard Lafourcade, fils d'un « magistrat de sûreté » [2] ; de Pelauque, fils du secrétaire général et de Charles Batré, fils d'un conseiller de préfecture de la Gironde ; de Jean-Antoine Boussier, fils du président du tribunal, et de Jean-Jacques Cavaignac, fils du sous-préfet de Lesparre ; d'Honoré Chéry, fils du président du tribunal de Blaye ; d'Antoine Guyet-Laprade, fils du conservateur des eaux et forêts, membre de l'Académie ; de Charles Salafou, fils du directeur des contributions ; d'Auguste Pierrugues, fils de l'ingénieur du cadastre ; de Jean-Baptiste Monbrun-Pomarède, fils du commandant de place du Château-Trompette ; de Gustave Prunevieille, fils d'un receveur de l'enregistrement ; d'Hyacinthe Duphot, fils d'un receveur des contributions ; de Jacques-Antoine Delaguette, fils d'un conducteur principal de la navigation à La Réole, etc.

Parmi ces fils de fonctionnaires, il en est un qui ne fit que passer, mais dont le nom mérite d'être inscrit au livre d'or du Lycée. C'était un bambin de sept ans, mince, au front olivâtre, à la face mobile, aux cheveux noirs, abondants et crépus, le

---

1. Jean, Guillaume et Silvestre Mérillon, d'Ossun.

2. Le 25 thermidor an XI (18 août 1808), le proviseur appuyait deux demandes de bourses, « faites dans des formes non légales », par ces « deux magistrats recommandables par les services qu'ils ont rendus à leur pays, par le crédit dont ils jouissent, et par leur zèle à concourir au bien de l'établissement. » (Arch. du Lycée, *Reg. de corr. I*, f° 2 v°.)

fils du préfet, Eugène Delacroix. On sait qu'à Bordeaux il étonnait déjà le professeur de musique de sa sœur par les bonshommes qu'il barbouillait sur ses cahiers[1]. Il s'oublia souvent sans doute à contempler Lacour décorant les salles de la Préfecture. Verdet devina-t-il le génie du futur artiste? Il le récompensa de son zèle à tracer la demi-grosse en lui accordant, en 1805, un quatrième accessit d'écriture. C'est avec ce laurier modeste qu'Eugène Delacroix, qui perdit son père moins de deux mois après, quitta Bordeaux pour aller continuer ses études au lycée Louis-le-Grand[2].

Des fils de négociants, de propriétaires, de gentilshommes campagnards de la région, quelques créoles réfugiés de Saint-Domingue, complétèrent la population du Lycée de 1802 à 1809. Il est difficile, faute de documents suivis, de donner une idée exacte du nombre des élèves. En février 1804, il était de 230, dont 158 internes et 72 externes. « Plusieurs de ces derniers, dit le proviseur, ont été admis gratuitement par considération pour les personnes qui les ont présentées et par égard pour les heureuses dispositions dont ils sont doués[3]. » A la fin de cette même année, il y avait 183 internes, dont 101 élèves du gouvernement et 82 pensionnaires[4]. En mars 1805, il n'y a plus que 75 pensionnaires, en juin 67[5]. Au début de 1806, le nombre des boursiers fut élevé à 150, dont 20 à pension entière, 50 à 3/4, 80 à 1/2 pension; les 50 nouveaux élèves entrèrent en juin[6]. Ils étaient destinés à combler les vides de

---

1. *Journal de Eugène Delacroix*, éd. Paul Flat et René Piot, Paris, Plon, 1893, in-8°, t. I, p. IX.

2. Le préfet Charles Delacroix mourut à Bordeaux, à la Préfecture, le 4 novembre 1805. Voir sur sa mort et ses obsèques l'*Indicateur* du 4 et du 8. Actif, énergique, autoritaire, il fut peu regretté des Bordelais, qui lui composèrent cette épitaphe :

> Testut coume un mulet,
> Boulur coume une agasse,
> Ci-gist noste préfet;
> Que Diou l'y fasci grâce!

3. Champeaux à Fourcroy, 13 pluviôse an XII (2 février 1804). (Arch. du Lycée, *Reg. de corr.* I, f° 7 v°.)

4. Mémoire de Friederich Guggoltz, cordonnier, 30 frimaire an XIII (21 décembre 1804). (Arch. du Lycée, pièces comptables, 1802-1805.)

5. *Ibid.*, 6 germinal et messidor an XIII.

6. Champeaux à Fourcroy, 17 avril et 27 juin 1806. (Arch. du Lycée, *Reg. de corr.* I, f° 26 r° et 33 r°.)

plus en plus nombreux dus à la désertion des pensionnaires libres. Au début de 1808, le Lycée comptait 129 élèves du gouvernement, mais n'avait plus que 25 pensionnaires libres[1]. La population fut donc en baisse constante[2].

L'arrêté du 21 prairial an XI (10 juin 1803) avait réglé dans les plus petits détails le régime intérieur des Lycées et particulièrement la vie des élèves. La journée d'un interne était distribuée de la façon suivante : lever à 5 h. 1/2 (dimanches et fêtes, à 6 heures); prière et étude de 6 h. à 7 h. 1/2; déjeuner (un morceau de pain apporté dans la salle d'étude par un domestique) de 7 h. 1/2 à 8 h.; classe de 8 h. à 10 h.; étude de 10 h. à 11 h. 1/2; leçon d'écriture et de dessin de 11 h. 1/2 à midi et demi; dîner de midi et demi à 1 h. 1/4; récréation de 1 h. 1/4 à 2 h.; étude de 2 h. à 3 h.; classe de 3 h. à 4 h. 3/4; goûter de 4 h. 3/4 à 5 h.; étude de 5 h. à 7 h.; récréation en hiver dans la salle d'étude, en été dans la cour, de 7 h. à 7 h. 1/2; souper de 7 h. 1/2 à 8 h. 1/4; récréation de 8 h. 1/4 à 8 h. 3/4; prière et coucher à 9 h. Le jeudi, étude de 6 h. 1/2 à 8 h.; déjeuner et récréation de 8 h. à 9 h. 1/2; étude de 9 h. 1/2 à 11 h.; exercices militaires de 11 h. à midi et demi; après le dîner, départ pour la promenade; retour à 5 h. en hiver, à 7 h. 1/2 en été; en hiver, étude de 5 h. 1/2 au souper. Le dimanche, les élèves étaient conduits à l'office le matin de 8 h. 1/2 à 10 h. 1/2; au retour, étude jusqu'à midi; à midi, dîner et récréation jusqu'à 1 h.; puis office et départ pour la promenade[3]. En somme, les jours ordinaires, les élèves avaient 4 h. 3/4 de classe, 6 h. d'étude et 3 h. 1/2 de récréation. Le régime paraît sévère, si l'on songe surtout qu'il n'y avait pas de sorties régulières et dans toute l'année pas de petits congés, hors les vacances qui duraient un mois et demi.

L'organisation et la discipline, calquées sur celles du Prytanée, étaient toutes militaires. Les élèves étaient divisés en compagnies de vingt-cinq. A la tête de chaque compagnie était un

---

1. Champeaux au préfet, 5 février 1808. (Arch. du Lycée, *Reg. de corr.* II, f° 41 r°.) — Registre de contrôle des internes, 1804-1809. *(Ibid.)*

2. Les chiffres des externes sont inconnus.

3. *Recueil des Lois et Règlemens....* t. II, p. 449-451.

sergent, ayant sous ses ordres trois caporaux. Au-dessus des sergents était un sergent-major, qui suppléait l'officier instructeur. Tous les mouvements de la journée étaient faits au pas militaire, sous la surveillance de l'officier instructeur ou du sergent-major. Au réfectoire, chaque compagnie était conduite à sa place, sergents et caporaux en tête. Pendant les repas principaux, le plus grand silence devait être observé : un élève placé dans une tribune faisait une lecture. A Bordeaux, on utilisa la chaire du réfectoire des Feuillants, que l'on fit réparer en décembre 1805[1]. En classe seulement, les élèves échappaient à cette discipline militaire. Pour certains, cette existence si rude devait être particulièrement douloureuse : tel ce jeune Dardenne qui, durant tout son séjour au Lycée, ne reçut pas une lettre de sa famille, à qui son tuteur même, le général Desroziers, écrivait très rarement[2].

On comprend aisément qu'une fois lâchés dans les cours et les cloîtres, pendant les rares récréations, ils s'en donnaient à cœur joie. Le jeu le plus en honneur était la balle. On faisait voler les carreaux en éclats. Le proviseur multipliait les démarches pour obtenir des châssis grillés; mais on les lui refusait, et le vitrier, sans se lasser, replaçait les vitres cassées, que les élèves infatigables brisaient de nouveau[3]. On établit, quand on le put, le jeu de balle dans le chœur de la Visitation ; mais nos lycéens eurent vite raison de ces murs en ruines. Le proviseur avait beau les surveiller lui-même du haut d'un petit clocher de bois[4]. Peine inutile; les vitraux délabrés eurent le même sort que les carreaux des fenêtres des Feuillants. Il est vrai que l'administration, déjà maternelle, faisait raccommoder

---

1. Mémoire de Lerbet, menuisier, 4 nivôse an XIV (25 décembre 1805) : « Recoupé une tribune pour le grand réfectoir, fait et fourni un banc ouvrant et ferment pour le lecteur, ajusté un morceau de lembris par dessous, fait une échelle pour monter dans ladite tribune, cy 16 fr. » (Arch. du Lycée, pièces comptables, 1802-1805.)

2. Champeaux à Fourcroy, 27 novembre 1806. (Arch. du Lycée, *Reg. de corr.* I, f° 32 v°.)

3. Mémoire de Ducaud, vitrier, 6 floréal an XII (377 francs); 8 thermidor an XII (412 fr. 75). Mémoires de Ducaud et de Dufour, vitriers, 7, 16 janvier 1805 et 18 juillet 1806. (Arch. du Lycée, pièces comptables.)

4. Il demandait au préfet qu'il fût conservé lorsqu'on répara les toitures des Feuillants et de la Visitation (Champeaux au préfet, 11 floréal an XII (1er mai 1804). (Arch. du Lycée, *Reg. de corr.* II, f° 13 r°.)

les balles et fournissait elle-même des armes aux jeunes destructeurs[1]. La surveillance était d'ailleurs rendue très difficile par l'état des lieux, le perpétuel provisoire dans lequel on vivait, les ouvriers qui allaient et venaient dans le Lycée. On a donc lieu de penser que, plus d'une fois, certains élèves firent des séjours dans les salles de discipline, où ils étaient au pain et à l'eau[2], ou même à la prison, dont ils démolissaient la voûte et dont l'administration faisait entretenir avec soin les serrures[3].

Dès la rentrée de 1803 il fallut prendre une mesure de rigueur contre trois élèves nationaux venus du Prytanée : c'étaient les fils du général Compère, commandant divisionnaire de la terre de Labourd, en résidence à Bayonne. Le 3 brumaire an XII (26 octobre 1803), le proviseur adressait le rapport suivant à Fourcroy : « Nous avons épuisé et sans succès tous les moyens connus en éducation pour dompter les trois frères Compère ; ils sont indociles, grossiers, insolents, vils, paresseux, ignares, vicieux ; ces trois élèves, dont malheureusement les vices sont connus du public, ont éloigné plusieurs parents du projet de placer au Lycée de leurs enfants. Je vous prie, je vous supplie avec instance, citoyen conseiller d'Etat, d'avoir la bonté de placer dans d'autres lycées au moins deux de ces jeunes Compère ; nous en avons bien assez d'un. J'espère que, séparés, ils seront moins mauvais sujets. Nous garderons, si vous le jugez à propos, Furcy-Théodore[4]. » Fourcroy invita le proviseur à avoir patience. Mais le 6 pluviôse (27 janvier 1804), le Bureau prononça l'exclusion d'Antoine-Henry-Furcy-Fructidor Compère, « cet élève s'étant rendu coupable de nouveaux excès en forçant la cassette de ses camarades pour les voler et en

---

1. Mémoire de Dupuy, vannier (20 juillet 1806) : « Quatre grande balle que je racomodé a 20 sou pièce lunne dans lotre, ce monte 4 l. ; plus une que ge fait a nuf, sancou, 5 l. : total, 9 l. » (Arch. du Lycée, pièces comptables, 1806.)

2. Mémoire de Morlan, aide-portier (31 juillet 1808) : « Avoir fourni deux pots a leau pour les salles de disciplines, 50 c. » (Ibid., 1808.)

3. Mémoire de Hibchebeau, serrurier (10 brumaire an XIII) : « ... Plus fourny un fort cadenat et cadenatierre pour la porte de discipline, 6 l. » — Mémoire de Vincendon aîné (21 brumaire an XIV) : « Avoir fait meurere 4 croizé des prison et racomoder une partie de voûte, fairmé les trous fait par les elleves, 48 fr. » (Ibid., 1802-1805.)

4. Champeaux à Fourcroy, 3 brumaire an XII (26 octobre 1803). (Arch. du Lycée, Reg. de corr. I, f° 6 r°.)

exposant la maison à être incendiée. » L'élève fut remis aux mains du citoyen Drouet, négociant, qui se chargea de le faire conduire à sa famille[1]. Fourcroy approuva l'exclusion[2]. Cet exemple fut salutaire et, en août 1804, après avoir lu aux élèves assemblés les arrêtés prononçant l'exclusion de trois élèves du lycée de Marseille, le proviseur écrivait : « J'espère ne pas être obligé de si tôt à avoir recours à un pareil acte de rigueur ; l'exclusion du jeune Compère est encore présente à la mémoire du petit nombre d'élèves du Lycée de Bordeaux qui pourraient avoir des dispositions vicieuses[3]. » Quant à Théodore-Furcy Compère, il devint un bon élève et obtint en 1807 une place à l'École de Fontainebleau[4].

Un autre cas d'indiscipline grave se produisit en avril 1805. Le coupable s'appelait Alexandre-Pierre-Joseph Warnet ; c'était aussi un ex-élève du Prytanée. Le proviseur, dans son rapport, fait de lui un épouvantable portrait. Ses méfaits étaient sans nombre : il avait dans sa cassette tout un attirail de cambrioleur avec lequel il forçait les serrures de ses camarades ; il dérobait leurs instruments aux ouvriers employés aux réparations ; un jour, on le surprenait brisant avec un bâton des vitres qui n'étaient pas encore placées ; ayant eu maille à partir avec l'officier instructeur, il mettait en pièces les carreaux des fenêtres de sa chambre ; il cassait ceux de la salle de lecture et insultait le maître d'études ; enfin il fut arrêté, portant un pain de six livres qu'il avait dérobé après avoir crocheté la porte du réfectoire. Punitions, remontrances, prières, récompenses même, rien n'y faisait : Warnet était un élève irréductible. Son correspondant, après avoir essayé d'une cure à la campagne qui n'avait donné aucun résultat, déclarait qu'il ne pouvait plus se charger de ce garnement. Il ne fut cependant pas exclu, par égard pour sa famille « honnête et malheureuse », et grâce à l'intervention du président du Conseil général de la Gironde

---

1. Champeaux à Fourcroy, 17 pluviôse an XII (7 février 1804). (Arch. du Lycée, *Reg. de corr. I,* f° 9 r°.)
2. Champeaux à Fourcroy, 25 ventôse an XII (16 mars 1804). (*Ibid.,* f° 10 v°.)
3. Champeaux à Fourcroy, 16 thermidor an XII (4 août 1804). (*Ibid.,* f° 13 v°.)
4. Champeaux à Fourcroy, 12 octobre 1807 (*Ibid.,* f° 40 v°.

qui s'intéressait à lui. Il resta au Lycée, s'amenda, eut en 1806 un prix d'écriture et partit en 1808 comme volontaire à la Grande Armée[1], avec les galons de sergent-major à la 4ᵉ légion de réserve[2].

Une pareille indulgence était exceptionnelle. La discipline était rude, les punitions nombreuses, les amnisties très rares[3]. Le proviseur écrivait à Fourcroy en lui accusant réception d'une circulaire relative aux sorties : « Je me félicite d'avoir prévenu vos intentions. Depuis longtemps, j'avais reconnu la nécessité de n'accorder que rarement la permission de sortir et d'exiger que les élèves rentrassent de bonne heure[4]. » Les parents ne s'en plaignaient pas : ils regardaient l'internat comme une école salutaire. Mᵐᵉ Gensonné priait le proviseur d'obtenir la translation de son fils de Bordeaux à Poitiers : « Comme cette respectable dame ne se sent pas assez d'énergie pour maintenir ce jeune homme avec toute la sévérité qui serait nécessaire et qu'elle se défie de sa tendresse pour lui, elle désirerait qu'il fût placé au Lycée de Poitiers, où il trouverait un correspondant qui aurait toute la fermeté convenable. Je crois, ajoutait le proviseur, que ce jeune homme, dont le nom rappelle de grands talents et de grands malheurs, n'obtiendra les succès auxquels il doit prétendre que lorsqu'il sera éloigné de Bordeaux[5]. » Il ne semble pas, du reste, que ce régime de compression ait produit d'excellents résultats. L'ordre et la discipline laissèrent beaucoup à désirer à partir de 1807 : le proviseur le laisse entendre dans ses rapports à Fourcroy. Lorsque le recteur Desèze vint installer Chalret comme successeur de Champeaux, il signala l'indiscipline

---

1. Champeaux à Fourcroy, 28 germinal an XIII (18 avril 1805). (*Ibid.*, fᵒ 16, vᵒ-17 rᵒ.)

2. Il entra l'année suivante dans la garde du roi Joseph, devint sous-lieutenant au régiment Royal-Étranger le 20 juillet 1812, lieutenant le 1ᵉʳ janvier 1814, rentra en France, revint en Espagne comme capitaine en 1823-1824, et prit sa retraite en 1839 comme chef de bataillon, chevalier de la Légion d'honneur. (Arch. du ministère de la guerre.)

3. Il y en eut une en 1807 à l'occasion de la fête de l'empereur. (Champeaux au censeur, 15 août 1807. Arch. du Lycée, *Reg. de corr.* II, fᵒ 38 rᵒ.)

4. Champeaux à Fourcroy, 2 novembre 1806. (Arch. du Lycée, *Reg. de corr.* I, fᵒ 31 vᵒ.)

5. Champeaux à Fourcroy, 24 décembre 1807. (*Ibid.*, fᵒ 43 vᵒ.)

comme une des causes de la faillite des Lycées et insista sur la nécessité de rendre le régime plus rigoureux encore.

C'est en mars 1807 que se produisit au Lycée un incident vraiment grave. Le maître d'études Verdot saisit entre les mains de l'élève Bujac, de la classe de Belles-Lettres, un papier sur lequel étaient écrits les vers suivants :

A BONAPARTE

Infâme usurpateur que tout Français abhorre,
Tyran dont le seul art est de nous avilir,
　　　Que ne puis-je moins te haïr
　　　Pour te mépriser plus encore?
Va, malgré les flatteurs que ton féroce orgueil
　　　Traîne enchaînés à la suite du trône,
Malgré le vain éclat d'une double couronne,
Un jour la Vérité, debout sur ton cercueil,
Redira de Moreau l'exil et la misère,
D'un prince infortuné l'horrible assassinat,
Et vingt peuples voués aux fureurs de la guerre
　　　Pour expier les crimes d'un soldat!

S. E. Géraud

　　Unissant dans un corps débile
Et l'esprit d'un Tartuffe et l'âme d'un tyran,
Pour être roi d'Égipte il crut à l'Alcoran ;
Pour être roi de France il croit à l'Évangile.

Géraud [1].

Verdot, épouvanté, remit le papier incendiaire au proviseur, qui le porta, fort ému, au préfet Fauchet. L'affaire était sérieuse; il était difficile de n'y pas donner suite. Le 19 mars 1807, à une heure de l'après-midi, Duparc, archiviste de la préfecture, spécialement délégué [2], se transporta au Lycée

---

1. Le papier et les autres pièces qui m'ont permis de reconstituer en détail cet incident, auquel Laterrade n'a fait qu'une brève allusion, forment un petit dossier conservé aux Archives départementales de la Gironde (série T, doc. non classés). La pièce à Bonaparte est la fin de l'ode d'Edmond Géraud sur la mort du général Lacuée, publiée avec deux variantes dans les *Étrennes royales de la ville de Bordeaux pour 1816* et réimprimée par Laterrade. Le très médiocre quatrain qui l'accompagne est inédit.

2. Duparc, ancien doctrinaire, avait été professeur de philosophie au collège de Guienne ; il prêta le serment constitutionnel avec ses collègues en 1791 (Gaullieur, *Histoire du collège de Guienne*, p. 529). C'est aussi lui qui fut chargé, le 20 janvier 1809,

et, dans le cabinet du proviseur, fit comparaître le coupable. Il commença par lui adresser une verte admonestation; il lui fit sentir « combien il était horrible à un Français de calomnier un prince qui a tant fait pour la patrie au moment même où il souffre pour elle les fatigues d'une guerre si pénible et affronte mille dangers pour assurer à jamais le repos de la nation dont il a été le sauveur et le père. » Le jeune homme écouta la mercuriale; puis, interrogé, il déclara que les vers étaient de son écriture, avoua les avoir communiqués à des camarades, en exprima ses regrets, mais refusa obstinément de dire comment il les avait eus, si Géraud en était l'auteur et depuis quand ils étaient entre ses mains. Muni de cet interrogatoire, le préfet demanda des ordres à Fouché. Le 31 mars, le ministre de la police répondit qu'il était « très important de découvrir l'individu qui, non content d'écrire de pareilles horreurs, cherche encore à corrompre la jeunesse. » En conséquence, il invitait le préfet « à le faire rechercher avec une grande activité et à le mettre en état d'arrestation jusqu'à nouvel ordre[1]. » Le 10 avril[2], à huit heures du matin, Jogan, commissaire de police du deuxième arrondissement, perquisitionnait au domicile de M. Géraud, négociant, rue du Chapeau-Rouge, 32; il y saisissait treize cahiers manuscrits, contenant « quelques articles peu respectueux contre Sa Majesté l'Empereur et Roi », et interrogeait Edmond Géraud, qui déclara que les vers trouvés au Lycée n'étaient pas de lui ni de son écriture, « que le jeune Bujac étant chez lui[3] et ayant aperçu ces vers sur sa table en avait pris copie à son insu. » On sait comment Géraud fut incarcéré au fort du Hâ, où il fut visité par les notabilités les

---

par le préfet de se rendre au séminaire pour interroger l'abbé Anglade, coupable d'avoir prêché à Saint-André un sermon où Junot avait cru découvrir des allusions désobligeantes pour l'empereur (abbé BERTRAND, *Histoire des séminaires de Bordeaux et de Bazas*, t. II, p. 95). — Le 8 mai 1808, Champeaux recommandait à Fourcroy le neveu de Duparc, « ami éclairé des arts et littérateur estimé. » (Arch. du Lycée, *Reg. de corr. I*, f° 49 r°.)

1. Lettre de Fouché au préfet, 31 mars 1807.

2. Et non le 20, comme l'a imprimé par erreur M. Charles Bigot dans sa notice (*Un témoin des deux Restaurations*, Paris, in-12, p. 7). — Lettre du préfet à Jogan et procès-verbal de perquisition (9-10 avril 1807).

3. Alfred Bujac était cousin d'Edmond Géraud et sortait chez lui.

plus distinguées de la ville : Ferrère, Louis Brochon, Lorrando, Soulyé, Bergeret, Henri Ducos, Stanislas Ferrière. Tout Bordeaux s'était intéressé au sort de la victime. Des démarches furent faites par « le commerce » auprès du préfet, qui ne demandait pas mieux que d'être indulgent. Le 21 avril, après dix jours de détention, le poète de Belle-Allée fut remis en liberté provisoire sous caution. Dans sa lettre à Fouché, où il exposait le dénoûment de l'affaire, Fauchet atténua les choses le plus qu'il put, présenta Géraud, qui avait trente-deux ans, comme un jeune homme « d'une candeur et d'une loyauté parfaites, » à qui les philosophes « extravageurs » *(sic)* ont tourné la tête, et qu'il serait habile de gagner par la générosité. Il faisait aussi allusion aux calomnies dont on avait « abreuvé le proviseur pour sa conduite d'honneur et de loyauté »[1]. On sent que l'affaire dut être fort désagréable à de Champeaux, ancien émigré et par là suspect de sympathie pour la cause royaliste. Dans tout cet incident, dont on parla fort à Bordeaux et qui intéresse notre histoire littéraire locale, celui qui fit, en somme, la meilleure figure, ce fut l'élève Bujac. On constate avec regret qu'à la fin de l'année, bien qu'un des meilleurs de sa classe, il n'eut ni prix ni accessit. En 1808, il obtint le second prix de discours français. Le sujet à traiter ne fut sans doute pas, comme en 1807, une adresse à l'empereur. Edmond Géraud avait raison de s'étonner, un mois après son aventure, qu'on fît traduire dans les Lycées le discours de Galgacus, que Fitte avait précisément fait expliquer cette année-là à ses élèves[2].

Les exercices physiques avaient naturellement leur place dans une maison qui rappelait à tant d'égards les écoles de cadets. Une heure et demie leur était consacrée le jeudi ; de plus, les promenades étaient de véritables marches militaires et

----

1. Lettre du préfet à Fouché, minute non datée. A la fin de sa lettre, le préfet annonçait un rapport confidentiel sur le personnel du Lycée et son attitude à l'égard du proviseur. Ce document est malheureusement perdu ; aucune trace de l'incident ne subsiste aux Archives nationales dans les rapports de police. — Le 27 juin 1807, l'archiviste Duparc restitua à Edmond Géraud ses manuscrits.

2. *Un homme de lettres sous l'Empire et la Restauration (Edmond Géraud)*, fragments de journal intime, publiés par Maurice Albert, Paris, in-12, p. 55.

avaient pour but un lieu fixé d'avance où les élèves s'exerçaient sous l'œil de l'officier instructeur. Le maniement d'armes et l'école de peloton étaient inscrits au programme. Mais les fusils faisaient défaut. A la rentrée de 1805, on en acheta seize pour les plus grands élèves[1]. En mai 1807, le proviseur en demanda d'autres au préfet[2]. L'équitation était aussi en honneur. Le proviseur y attachait une grande importance; il fit décider, en février 1805, par le Bureau d'administration, que les élèves profiteraient des leçons de l'écuyer Labat, qui dirigeait, en vertu d'un arrêté du représentant Ysabeau du 26 thermidor an II, le manège élevé par Tourny au Jardin-Public[3]. Le proviseur écrivait à cette occasion à Fourcroy : « L'éducation que les élèves reçoivent au Lycée, en devenant plus importante, ajoutera beaucoup à la considération dont jouit cet établissement; d'un autre côté, cet art fait partie de l'instruction que les jeunes gens reçoivent chez plusieurs maîtres de pension de Bordeaux, et il serait fâcheux que le Lycée ne pût offrir à la jeunesse les mêmes avantages qu'elle trouve chez des maîtres particuliers[4]. » Aussi voit-on le proviseur s'employer pour obtenir que Labat, qui ne pouvait arriver à payer la location du Manège, ne fût pas inquiété, et faire valoir les services qu'il rendait au Lycée[5]. En avril 1808, l'article 24 du décret impérial de Bayonne concéda le Manège à la Ville « à charge d'y faire donner gratuitement l'instruction à seize élèves du Lycée et à seize officiers ou soldats[6]. »

Les promenades du jeudi et du dimanche étaient une occasion pour les élèves de se montrer en public, de faire valoir

---

1. « Doit le lycée de Bordeaux à M. Nonès la somme de 96 fr. pour prix de seize petits fusils de munition garnis de leurs bayonnettes. » 30 vendémiaire an XIV. (Arch. du Lycée, pièces comptables, 1805.)

2. Champeaux au préfet, 20 mai 1807. (Arch. du Lycée, *Reg. de corr.* II, f° 37 r°-v°.)

3. Arrêté du préfet Delacroix, du 15 messidor an XI, invitant le citoyen Labat à régulariser son bail avec le Domaine pour le manège de Bordeaux, dont il est le chef. (Arch. dép., K, 12, f° 85 v°-86 r°.)

4. Champeaux à Fourcroy, 21 pluviôse an XIII (10 février 1805). (Arch. du Lycée, *Reg. de corr.* I, f° 15 r°.)

5. Champeaux au préfet, 15 messidor an XIII (4 juillet 1805 et 30 avril 1806). Arch. du Lycée. *Reg. de corr.* II, f° 24 v° et 32 r°.)

6. *Indicateur*, supplément au n° du 5 mai 1808.

leur bonne mine et leurs habitudes militaires. Ce devait être un vrai spectacle que la sortie des lycéens, débouchant de la rue des Ayres dans la rue Sainte-Catherine, vêtus de leur coquet uniforme, habit, veste et culotte bleus à boutons jaunes de métal, collets et parements bleu céleste, chapeau français en tête, flanqués de leurs sergents galonnés d'or fin [1], précédés d'un tambour-major à grandes bottes [2] qui, de sa canne réglait les batteries des cinq tambours [3], alternant avec les marches entraînantes de la musique, où rien ne manquait, pas même le cor et le chapeau chinois [4]. Il ne fallait pas, ces jours-là, que les cochers de fiacre, qui avaient la détestable habitude de filer ventre à terre, se permissent de couper la colonne ou de froisser en passant les élèves des roues de leurs véhicules. On savait leur répondre, et de la bonne façon [5]. Les badauds émerveillés se montraient le porte-drapeau, choisi par ses camarades parmi les lycéens qui avaient « montré le plus de qualités et de vertus militaires » [6], ou

UN LYCÉEN BORDELAIS
SOUS LE PREMIER EMPIRE

1. Mémoire d'Alazard aîné, marchand, sous le péristyle de la Comédie, n° 9 : « 7 aunes galon or de 6 lignes pour les tambours, 54 fr. ; 2 aunes 1/3 id. or fin surdoré de Paris de 10 lignes pour sergent, 32 fr. 25. » 20 floréal an XIII. (Arch. du Lycée, pièces comptables, 1802-1805.)

2. Mémoires de Maupin, tailleur, pour l'habit du tambour-major (71 l. 16 s) et de Dubois, cordonnier, pour une paire de bottes de 24 fr. (Ibid.)

3. « J'ai payé au maître qui aprenoit a batre du tamboure a cinq élèves par ordre de monsieur Champeaux la somme de cinq francs. » 3 fructidor an XIII. (Ibid.)

4. Mémoires d'Augrin et de Raver, marchands d'instruments de musique, 3 pluviôse an XII, 6 pluviôse, 1 floréal, 25 floréal, 12 prairial an XIII, 20 août, 25 septembre 1806. (Ibid.) — Les élèves crevaient assez souvent les caisses.

5. Champeaux au commissaire général de police, 2 thermidor an XIII (21 juillet 1805). (Arch. du Lycée, Reg. de corr II, f° 25 v°.) — L'arrêté municipal du 5 mai 1807 ordonna aux cochers de n'aller qu'au pas dans les rues.

6. Indicateur, 1er février 1806.

encore le tambour-major, héros d'une aventure singulière dont les journaux avaient parlé en son temps [1].

Dès l'ouverture du Lycée, le proviseur s'était préoccupé d'assurer aux élèves un emplacement vaste et aéré où ils pussent se rendre le jeudi et le dimanche pour s'y livrer aux exercices gymnastiques. Le 24 thermidor an XI (12 août 1803), il demandait au préfet de concéder pour cet usage le cloître et l'enclos de la Chartreuse, près du Jardin botanique [2]. Le 27 fructidor (14 septembre), un arrêté du préfet Delacroix fit droit à cette demande : considérant que la situation de cet enclos sur un terrain élevé et à peu de distance de la ville serait très avantageuse pour la santé des élèves, il accordait provisoirement au Lycée, à charge d'entretien, le grand et le petit cloître, les salles parallèles à ce dernier et le pavillon attenant au grand cloître, et ordonnait d'isoler les logements des colons déportés qui habitaient les cellules à l'ouest [3]. En présence de ce succès, l'ambition du proviseur grandit : il voulut avoir le pré du Pont-Long, de six arpents, attenant à la Chartreuse. Un jardinier allégua que ce terrain était destiné par un vote du Conseil départemental à l'établissement de la pépinière. Le proviseur s'en plaignit à Fourcroy : il rêvait d'établir là un lavoir et une buanderie, ce qui eût permis disait-il, d'économiser 600 francs par an [4]. Il fallut bientôt renoncer même aux bâtiments : l'entretien en eût été trop

---

1. « Le 2 pluviôse an XII, on trouva vis-à-vis le Chapeau-Rouge, le corps d'Antoine Gaillard, natif de Saint-Denis, près Paris. Il fut une des malheureuses victimes qui périrent dans le bateau qui submergea dans le port de Bordeaux le 27 nivôse dernier. Le corps de cet infortuné fut accompagné au cimetière public par ses parents, qui lui prirent ce qu'il avait dessus, et même sa chemise. Un jeune homme qui assistait à cette cérémonie, indigné de la conduite indécente de ces parents avides, se dépouilla de sa chemise pour en couvrir le cadavre. Ce jeune homme est tambour-major des jeunes élèves du Lycée de Bordeaux. » (*Bull. polym.*, II, 115.) L'*Écho du Commerce* ajoutait que ce jeune homme s'était retiré « sans adresser une parole à ces indignes parents ».

2. Champeaux au préfet, 24 thermidor an XI (12 août 1803). (Arch. du Lycée, *Reg. de corr.* II, f° 4 r°.)

3. Arrêté du préfet Delacroix, 27 fructidor an XII (14 septembre 1803). (Arch. dép. K, 12, f° 171 r°-v°.)

4. Champeaux à Fourcroy, 5 vendémiaire an XII (8 octobre 1803). (Arch. du Lycée, *Reg. de corr.* I, f° 5 v°). — Le même au même, 3 brumaire an XII (26 octobre 1803) : « Ce local serait pour nous une maison de campagne fort agréable et très avantageuse. » (*Ibid.*) La location du lavoir coûtait en réalité 200 francs par an.

onéreux et il ne fallait pas songer à faire appel à la Ville pour aider le Lycée à y faire face[1]. Le proviseur, à son grand regret, dut envoyer les élèves au Jardin public. Cela n'allait pas sans inconvénients : des dégâts furent commis, et le 24 thermidor an XIII (12 août 1805) le proviseur devait écrire une lettre d'excuses à Fieffé, maire du Nord, l'assurant que les élèves respecteraient à l'avenir « les embellissements qui se font par ses soins, avec tant de goût, aux deux péristyles de la terrasse du Champ de Mars »[2]. Mais les lycéens continuèrent à jouer à la paume contre les colonnades et, quelques mois plus tard, le maire dut prendre un arrêté pour le leur interdire. Heureusement un négociant, M. Delpla, qui avait son fils au Lycée, mit à la disposition du proviseur la maison de Ségur qu'il venait d'acheter, et c'est autour de cette ancienne « folie » que les turbulents élèves prirent désormais leurs ébats[3]. Pendant l'été, on les y gardait jusqu'à la nuit[4].

Au retour de ces promenades, leur prison devait leur paraître plus sombre encore. Leurs santés ne souffraient pas trop, cependant, des détestables conditions d'hygiène qui leur étaient imposées. Il y avait souvent des malades, s'il en faut juger par les mémoires interminables du pharmacien Lignac ; mais il semble bien qu'il s'agissait le plus souvent d'indispositions légères, dont avait raison une « prise » d'ipéca ou une bouteille d'eau de Sedlitz. En septembre 1804 pourtant, un élève mourut à l'infirmerie « des suites de sa mauvaise poitrine, d'une dyssenterie et de la fièvre épidémique » qui régnait alors à Bordeaux[5]. Le proviseur poussait d'ailleurs la

---

1. Champeaux à Fourcroy, 17 pluviôse an XII (7 février 1804). (Arch. du Lycée, *Reg. de corr.* I, f° 8 r°-v°.) Un arrêté préfectoral du 3 prairial an XII (23 mai 1804) concéda les bâtiments de la Chartreuse, évacués par le Lycée, au citoyen Sansané, chargé de l'entreprise générale des inhumations à Bordeaux. (Arch. dép., K, 14, f° 103 r°-104 v°.)

2. Champeaux à Fieffé, maire du 1ᵉʳ arrondissement, 24 thermidor an XIII (12 août 1805). (Arch. du Lycée, *Reg. de corr.* II, f° 26 v°).

3. Champeaux au maire, 5 frimaire (26 novembre 1805). (Arch. du Lycée, *Reg. de corr.* II, f° 30 r°.) — La folie de Ségur-Cabanac se trouvait entre les rues des Treuils et de Ségur actuelles.

4. Mémoire de dépenses de bouche : 13 septembre 1808, pour le souper des élèves à la campagne, 6 l ; le 21, à M. Cavidali, pour une journée de la nourriture des élèves à la campagne, 16 fr. 50. (Arch. du Lycée, pièces comptables, 1808.)

5. Champeaux à Fourcroy, 1ᵉʳ vendémiaire an XIV (23 septembre 1805). (Arch. du Lycée, *Reg. de corr.* II, f° 23 v°).

sollicitude jusqu'à donner un domestique particulier à un enfant infirme pour le soigner et l'aider à marcher[1].

Les murs du Lycée n'étaient pas si épais que les bruits du dehors n'y pussent parfois pénétrer. Les externes, en dépit des instructions qui interdisaient tout contact entre eux et les pensionnaires, apportaient à leurs camarades les nouvelles de la ville. En février 1805, un incendie ruina complètement l'honorable famille Biberon, qui habitait rue Arnaud-Miqueu. Toute la ville s'intéressa au sort de ces infortunés. Beaujolais organisa une représentation à leur bénéfice. Deux jeunes frères, pensionnaires du Lycée, proposèrent à leurs camarades de prélever sur les deux sous et les six liards que chacun d'eux recevait par jour pour ses menus plaisirs, pour faire une collecte : elle produisit cent vingt livres. Le proviseur n'oublia pas de faire publier par les journaux cet acte de bienfaisance, qui faisait « autant d'honneur aux élèves du Lycée de Bordeaux qu'aux chefs qui les guident dans un aussi beau chemin »[2]. L'usage des quêtes de bienfaisance annuelles n'existait pas encore, mais le proviseur, toujours soucieux de se ménager l'appui de l'archevêque, faisait bon accueil aux moines que Mgr d'Aviau envoyait au Lycée pour quêter[3], et s'empressait de faire attribuer à la maison de la Miséricorde les restes des cuisines jusque-là abandonnés aux pauvres[4].

Tandis que les externes avaient pour se distraire les représentations du cirque Franconi, installé dans le manège Ségalier, où l'on admirait le cheval infernal à sept changements, les manœuvres des Mamelucks et la fameuse voltige de pied ferme, ou encore les acrobates et les funambules de la troupe Saqui, au théâtre Maffey, la troupe Romanine aux Récollets, le « spectacle pittoresque et méchanique » de Clementini, sur les

---

1. Champeaux à Fourcroy, 3ᵉ complémentaire an XIII (20 septembre 1805). (Arch. du Lycée, *Reg. de corr.* II, fᵒ 21 rᵒ.)

2. *Écho du Commerce* du 6 ventôse an XIII (25 février 1805.)

3. Champeaux à Aubert, 25 mai 1806 : il l'invite à ajouter 25 francs à la somme de 67 francs, produit d'une quête faite parmi les élèves par un frère quêteur du Mont-Saint-Bernard, envoyé par l'archevêque. (Arch. du Lycée, pièces comptables, 1806.)

4. Champeaux à l'archevêque de Bordeaux, 20 avril 1807. (Arch. du Lycée, *Reg. de corr.* II, fᵒ 36 vᵒ.)

allées de Tourny, les pantomimes de *Don Quichotte* et de *Malborough*, alternant avec la jeune Bruxelloise et la grande pyramide de onze personnes sur trois chevaux, à l'Amphithéâtre d'équitation, sans oublier les foires, les pensionnaires avaient des plaisirs plus rares et plus austères [1]. C'était la procession de la Fête-Dieu, pour laquelle on érigeait un reposoir dans la cour des Feuillants [2]; c'était la sainte Catherine, qui leur valait une messe et des vêpres solennelles, et aussi des poulardes et des tartes à la crème [3]; c'était enfin la fête de M. le proviseur, célébrée avec solennité. On avait, ce jour-là, au dîner, un rôti d'agneau et des feuillantines de chez Lievois [4]; le matin, tous les élèves réunis offraient leurs vœux au chef de la maison, et l'un d'eux lui lisait un compliment en vers qui eût ravi d'aise l'honnête Bouilly :

LE CHÊNE ET LES OISEAUX

ALLÉGORIE

A M. de Champeaux, professeur (sic) du Lycée de Bordeaux, le jour de sa fête,
par les élèves de cette maison.

Un chêne, vainqueur du temps,
S'élevait sur le front d'une haute montagne;
Et, roi d'une riche campagne,
Bravait la fureur des autans.
Ses bras sans nombre et son vaste feuillage
Contre le vent et les coups de l'orage

1. Je pense que les parents ne menaient pas encore leurs enfants au Théâtre-Français, où une féerie, le *Petit Poucet*, faisait courir tout Bordeaux en août 1805.

2. Mémoire de Lerbet, menuisier : « Fait un repossoir dans la cour des Feuilans, pour dégradation des planches fournies et cloux, cy, 9 l. » (28 juillet 1808). Louage de tapis pour la Fête-Dieu, 6 l. (19 juin 1805.) (Arch. du Lycée, pièces comptables, 1805-1808.)

3. « Donné à 4 chantres pour messe et vêpres le jour de la sainte Catherine, 10 l. MOUTARDIER, ch^{ne}, aumônier du Lycée. » 4 frimaire an XII (26 novembre 1803). « Doit le lycée de Bordeaux pour voilaille fournie aux eleves le jour de la sainte Catherine, savoir : 22 paire poularde à 3 l., monte 66 l.; 1 canard, 1 chapon, 7 l. Total 73 l. Pour acquit : CHRISTINE. » 21 frimaire an XIII (12 décembre 1804). Mémoire de Lievois, pâtissier; du 17 novembre, pour la sainte Catherine : 12 tartes à la crème à 30 s., 36 l.; 4 id. à 50 s., 10 l.; 3 id. à 30 s., 4 l. 10 s.; 3 id. à 20 s., 3 l.; 9 id. à 10 s., 4 l. 10 s. Pour acquit : LIEVOIS (5 décembre 1808).

4. Mémoire de menues dépenses de Bachelier, secrétaire du proviseur : « Agneau donné aux élèves le jour de la fête de M. le proviseur, 45 fr. » Mémoire de Lievois, pâtissier : « Le 23, jour de la fête de M. le proviseur : cent soixante douze feuliantine, 17 l. 20 s.; une tarte à la franchipane de 4 l. » (23 avril 1809.)

> Défendaient un peuple d'oiseaux :
> Combien de fois, cachés sous ses rameaux,
> Ils avaient de l'autour trompé la faim cruelle!
> Là, grandissant en paix sous l'aile maternelle,
> Ils modulaient de timides accents,
> Et, souvent inspirés par la reconnaissance,
> Ils saluaient par des hymnes touchants
> L'arbre qui chaque jour protégeait leur enfance

> Cher abri de nos jeunes ans!
> Digne objet du plus tendre hommage!
> Daignez sourire à cette faible image
> De vos bontés, de vos soins bienfaisants.
> De ces oiseaux, heureux sous votre ombrage,
> Vous entendez les vœux, les sentiments;
> Que n'ont-ils pu mieux tracer la peinture
> De la retraite douce et pure
> Où préside l'ami des mœurs et des talents[1]!

Enfin ils étaient parfois admis à participer avec leurs maîtres aux cérémonies officielles. Le jour de la saint Napoléon, le Lycée était en fête : sa façade s'illuminait de lampions et d'un transparent aux devises flamboyantes[2]. Tandis que la municipalité négligeait parfois d'inviter les professeurs à la fête de l'Empereur[3], le préfet voulut, en 1807, que les élèves assistassent à un service solennel célébré à Saint-André pour le repos de l'âme des braves morts au champ d'honneur. « L'image des trophées de Miltiade, écrivait Fauchet, l'ancien secrétaire de Pache à la mairie de Paris, éveilla la gloire dans l'âme de Thémistocle. Le spectacle de la reconnaissance publique ajoutera encore aux leçons que reçoivent vos intéressants élèves des maîtres recommandables que leur a donnés le chef

---

1. *Indicateur* du 30 avril 1808. — Il est difficile de ne pas sourire en songeant aux « timides accents » que « modulaient » les camarades de Compère et de Warnet lorsqu'ils injuriaient dans les rues les cochers de fiacre.

2. Mémoires de Vivien, marchand ferblantier, « A la vraie Lumière, » rue Esprit-des-Lois, n° 89, vis-à-vis de la terrasse du café de la Grande Comédie: « Pour la fête de Sa Majesté l'Empereur, fait l'illumination sur la façade du licé, garny les deux portiques, le cordon et le derière du transparent, employé 600 lampions, 20 l. le cent, 120 l. Il y a une erreur de cent lampions qui, rectifiée, réduit la somme totale à cent francs, ci, 100 fr., DE CHAMPEAUX ». 15 août 1806. (Arch. du Lycée, pièces comptables, 1806.)

3. Champeaux au maire, 15 août 1806. (Arch. du Lycée, *Reg. de corr.* II, f° 34 r°.)

suprême de l'État[1]. » Lorsque, au mois de novembre de la même année, Cambacérès vint à Bordeaux, les Lycéens figurèrent officiellement aux fêtes magnifiques données en son honneur. Le 18, l'archichancelier fit son entrée solennelle par la porte d'Aquitaine et gagna la préfecture, précédé d'un grand appareil militaire : Il y avait là toutes les troupes de la garnison, la garde nationale, la garde soldée, la gendarmerie de la Gironde, et « les élèves du Lycée sous les armes, partie à cheval, partie à pied »[2]. Le 23, la Ville offrit à Cambacérès une fête à l'hôtel Saige. La municipalité n'oublia pas que le Lycée avait donné sa chapelle pour les séances du collège électoral ; elle invita six élèves à cette soirée ; le proviseur demanda que cette faveur fût étendue aux neuf prix d'excellence[3].

En 1808, Bordeaux eut trois fois la visite de Napoléon Ier, en avril, en août et en novembre. La première fois, l'empereur resta huit jours, mais ne vint pas au Lycée. Lorsque l'impératrice, qui arriva le 10 avril, après avoir traversé la Garonne à bord du brigantin municipal, mit pied à terre sur le cours Napoléon, elle put voir, rangés sur le plan incliné qui menait au débarcadère, avec les troupes nationales d'élite commandées par le général Lamartillière, la garde d'honneur à pied et la gendarmerie, les élèves du Lycée en armes[4]. Ils faisaient aussi partie de l'escorte lorsque, le 31 juillet, Napoléon et Joséphine, venant de Castres, entrèrent solennellement à Bordeaux par la porte d'Aquitaine, et ils formaient la haie sur les degrés du palais Rohan, où descendirent Leurs Majestés Impériales. Le lendemain matin, dès six heures, Napoléon montait à cheval et se rendait au Lycée. Les élèves étaient réunis dans la cour ; il les passa en revue, les fit manœuvrer, en interrogea quelques-uns sur le latin et les mathématiques. Il se déclara satisfait des réponses, de la tenue, de la distribution du local, mais regretta qu'il y eût si peu de pensionnaires

---

1. Champeaux aux professeurs du Lycée, 14 juillet 1807. (Arch. du Lycée, *Reg. de corr.* II, f° 38 r°.)

2. *Indicateur* du 19 novembre 1807.

3. *Indicateur* des 11 et 15 avril 1808.

4. Champeaux au maire, 15 novembre 1807. (Arch. du Lycée, *Reg. de corr.* II, f° 40 r°.)

libres. Au bout d'une heure et demie, il remonta à cheval et, tout en parcourant les quais, il dut faire quelques réflexions amères sur ses chers Bordelais, si peu capables de comprendre la « bienfaisance infinie » de leur souverain[1].

La visite de l'Empereur dut laisser une forte empreinte dans la mémoire et l'imagination des Lycéens bordelais de 1808. Aussi bien, certains d'entre eux n'avaient pas eu besoin de voir le grand homme parcourir rapidement, les mains derrière le dos, les cloîtres et les cours des Feuillants et de la Visitation pour sentir naître en eux des ardeurs guerrières. Fils d'officiers de la Révolution, de petits gentilshommes campagnards ruinés, ou de boutiquiers modestes grisés par la lecture des bulletins de la Grande Armée, ils rêvaient d'être soldats, et les deux écoles militaires, Polytechnique et Fontainebleau, exerçaient sur eux un irrésistible prestige. Les parents encourageaient ces vocations. Le gouvernement promettait des places gratuites, comme au Lycée; ils se disaient que c'était un moyen de soustraire leurs fils aux rigueurs brutales de la conscription; enfin l'examen, au moins pour Fontainebleau, n'était pas difficile. Il suffisait au candidat de justifier qu'il avait seize ans au moins, dix-huit au plus, qu'il avait fait la troisième, savait l'arithmétique et la géométrie, parlait et écrivait correctement sa langue[2]. Pas de programme surchargé de matières, pas même de concours. Le ministre de la guerre nommait d'après les listes dressées par les proviseurs. On n'avait pas le temps d'exiger davantage.

Aussi lorsque, en décembre 1805, Fourcroy demanda au Lycée de Bordeaux des élèves pour l'école de Fontainebleau[3], quatorze candidats se présentèrent; treize sollicitaient des places gratuites[4]. On en accorda dix-sept, mais toutes d'élèves

---

1. *Indicateur* du 2 août 1808. — *Bulletin polymathique*, VI. 384. — Champeaux à Fourcroy, 10 août 1808 (Arch. du Lycée, *Reg. de corr.* I, f° 54 r°.) — Discours du préfet Fauchet à la distribution des prix du 14 août 1808. (Palmarès du Lycée.)

2. Arrêté portant organisation de l'École spéciale militaire, 8 pluviôse an XI. (*Recueil des lois et règlemens*, II, 3,5.)

3. La lettre de Fourcroy au proviseur est du 26 frimaire an XIV (17 décembre 1805). Elle fut imprimée dans l'*Écho du Commerce* du 29 décembre.

4. Champeaux à Fourcroy, 26 janvier 1806. (Arch. du Lycée, *Reg. de corr.* I, f° 25 v°.)

pensionnaires, c'est-à-dire payantes. Seize acceptèrent ; cinq seulement partirent immédiatement. A en croire le proviseur, tous brûlaient « de compléter les connaissances qui doivent les mettre en état de se montrer avec gloire sur le théâtre où les appellent les bienfaits du prince auguste qui commande nos armées... » Et de Champeaux ajoutait : « Quoique je n'aie pas la prétention exclusive de rendre le Lycée une pépinière d'officiers, je remarque avec plaisir la disposition naturelle des esprits, qui, fortifiée par les événements du temps, dirige toutes les études vers l'art militaire, et je la seconde de tout mon pouvoir. Beaucoup d'élèves, auxquels il ne manque que l'âge, se préparent pour obtenir à leur tour l'honneur d'être admis... [1]. » En août 1806, en effet, une nouvelle liste de candidats avait été envoyée à Fourcroy. Tous les élèves présentés furent nommés. Ce succès, d'ailleurs facile, fut célébré dans une note officieuse communiquée aux journaux [2]. L'*Indicateur* publia aussi la liste des admis en janvier et août. C'était MM. d'Arche, Naylies, Caron, Leleu, Dufart, Grimard, Gellibert, de Cassius, Geneste-Larivière, Lerbet [3], Sumian, Mathalm, Audouin, Pelauque, Fadeville, Poirée, Carteaux, de Raignac, Monbrun, Dequessart, Delaguette, Grammont-Teyssonnière, Lajonie, Dardenne et de Roux. Mais les parents furent beaucoup moins empressés lorsqu'ils virent qu'à l'exception de Dardenne et de Naylies, ils n'obtenaient pas des places gratuites. Le général Carteaux, par exemple, qui vivait modestement à Paris, au Pré-Saint-Gervais, en disponibilité, déclara qu'il paierait la pension de son fils si on le remettait en activité [4]. D'autres adressèrent des pétitions pour obtenir des bourses. Certains, comme Geneste-Larivière, Poirée, Mathalm, de Cassius, de Raignac, refusèrent. Les places vides furent comblées, en avril 1807, par trois nouvelles nominations de pensionnaires, Jouis-Praslin, Lonjon et de Ségur-Montaigne.

---

1. Champeaux au général de Bellavenue, 28 mars 1807. (Arch. du Lycée, *Reg. de corr.* II, f° 36 r°.)
2. *Indicateur* du 8 février 1807.
3. C'était le fils du menuisier du Lycée.
4. Champeaux à Fourcroy, 12 mars 1807. (Arch. du Lycée, *Reg. de corr.* I, f° 34 r°.)

Le proviseur obtint une bourse pour un des plus brillants élèves du Lycée, François Lafon, de La Réole[1]. Mais un incident se produisit lorsque ces jeunes gens quittèrent Bordeaux. Leur départ avait été l'occasion d'une petite manifestation. Le proviseur avait tenu à accompagner ses élèves à la diligence, sur le port, et, devant un nombreux public, leur avait adressé un petit discours bien senti « propre à déjouer les malveillants »[2]. C'était au lendemain de l'affaire Bujac. Mais cinq d'entre eux, Leleu, Sumian, d'Arche, Fadeville et Lerbet se mettaient en route sans s'être munis du certificat attestant que leurs parents s'engageaient à payer les frais de pension. Ils débarquèrent à Paris sans le sou ; à l'École, on refusa de les recevoir. Le proviseur, informé, fut d'autant plus ému que Fourcroy marqua son mécontentement[3]. Heureusement, le général de Bellavenue, commandant de l'École, consentit à héberger les cinq jeunes gens ; de Champeaux le remercia avec effusion de ses bontés pour « ses chers enfants »[4].

Le 12 juillet 1808, un décret impérial nomma à l'École spéciale militaire, transférée de Fontainebleau à Saint-Cyr, sept élèves du Lycée de Bordeaux : trois au titre d'élèves du gouvernement, quatre comme pensionnaires. Un seulement, Guillaume-Jean Tellier[5] accepta ; les autres refusèrent : trois d'entre eux, las d'attendre la faveur qu'ils sollicitaient, s'étaient engagés[6] ; les deux autres étaient entrés, l'un dans la marine, l'autre

---

1. Ce « succès » fut annoncé par l'*Indicateur* le 13 avril 1807. François de Lafon, fils d'Antoine de Lafon, écuyer, capitaine de cavalerie et garde du roi, et de Marguerite Duran de Lavison, était né le 20 juillet 1790 à La Réole. Il sortit de Saint-Cyr le 23 juin 1808 comme sous-lieutenant au 111e de ligne et obtint sa retraite en 1821 comme capitaine, chevalier de la Légion d'honneur. Il prit part aux campagnes d'Autriche (1809), de Russie (1812) et au siège de Dantzig, où il fut fait prisonnier. Il s'évada et rentra à Paris le 1er mars 1814. Il avait été blessé à Krasnoé et à Viasma et avait perdu l'œil droit à Smolensk. (Arch. du ministère de la guerre.)

2. Champeaux à Fourcroy, 23 mars 1807. (Arch. du Lycée, *Reg. de corr.* I, f° 34 r°.)

3. Champeaux à Fourcroy, 14 avril 1807. (*Ibid.*, f° 35 v°.)

4. Champeaux au général de Bellavenue, 18 avril 1807. (*Ibid.*, *Reg. de corr.* II, f° 36 v°.)

5. Né à La Réole le 13 octobre 1791, il sortit de Saint-Cyr en août 1809, alla rejoindre la Grande Armée à Vienne comme sous-lieutenant au 64e de ligne, fut promu lieutenant, puis capitaine au cours de la guerre d'Espagne, fut licencié en 1814, mis en demi-solde l'année suivante et se fixa à Bordeaux, où il épousa en 1820 Marie-Eglé Pinau. (Arch. du ministère de la guerre.)

6. L'un était Bernada jeune, qui fut tué dans la campagne de France.

dans le commerce[1] ; le sixième, Théodore-Furcy Compère, porté comme acceptant, fut rayé comme n'ayant pas rejoint.

L'admission à l'École polytechnique était moins aisée. Le concours avait lieu chaque année fin août, au Lycée[2]. L'examinateur Monge, chargé de la partie scientifique, s'adjoignait sur place des interrogateurs pour les matières littéraires. C'est ainsi qu'en 1806, Fitte et Abbal furent désignés par le proviseur au préfet pour faire subir aux candidats les épreuves de langue et littérature française et de langue latine[3]. Cette année-là, un élève de Leupold, Antoine-Jules Poirée, de Soissons, fut reçu[4]. En 1807, il y eut quatre candidats : Mathieu Castéra, Daniel Daudier, Achille de Raignac et Pierre Séguy. Le premier seul, un Dacquois, entra à l'École. Le proviseur fut douloureusement affligé de l'insuccès de ses camarades ; il s'en ouvrit à Fourcroy dans une lettre assez naïve, où il assure que les trois élèves qui ont échoué étaient « beaucoup plus forts » que celui qui a été reçu et qu'ils avaient mieux répondu, au témoignage de Leupold, de Fitte, d'Abbal et d'un « maître d'études instruit » qui ont assisté aux examens[5]. L'année suivante, sur trois candidats, deux réussirent ; de Raignac avec le n° 4[6], Ducasse, avec le n° 88 ; Daudier et Séguy, découragés par leur échec, avaient renoncé à se présenter[7]. En 1809, Bonnet-Andrieux fut reçu : comme il était sans fortune, il allait donner sa démission, quand un généreux voisin, ami de son

---

1. Champeaux à Fourcroy, 15 sept. 1808. (Arch. du Lycée, *Reg. de corr.* I, f° 55 r°.)

2. *Écho du Commerce* du 12 fructidor an XII.

3. Champeaux au préfet, 9 août 1806. (Arch. du Lycée, *Reg. de corr.* II, f° 34 r°.)

4. *Indicateur* du 8 février 1807. Poirée entra, à sa sortie de l'École, dans les ponts et chaussées. (Arch. du ministère de la guerre.)

5. Champeaux à Fourcroy, 1er novembre 1807. (Arch. du Lycée, *Reg. de corr.* I, f° 42 v°.)

6. Achille de Raignac, né au château de Laborie, paroisse de Saint-Sernin-d'Artigues près Agen, d'une vieille famille qui donna plusieurs consuls à la ville d'Agen au xvie siècle, fut sous-préfet à Redon, puis à Villeneuve-sur-Lot. Il est connu comme géologue et fut membre de la Société académique d'Agen. La date de sa naissance donnée par Andrieu dans sa *Bibliographie de l'Agenais*, t. II, p. 324 (23 juin 1808), est manifestement inexacte. L'arrêté des consuls nommant les premiers élèves du Lycée de Bordeaux, donne à de Raignac quatorze ans en 1803 ; il serait donc né en 1789. Reçu en 1806 à Fontainebleau, il démissionna, resta au Lycée jusqu'à la fin des vacances, tomba malade, passa dans sa famille l'année 1807, rentra le 15 novembre et fut alors chargé d'une classe élémentaire (Arch. du Lycée, *Registre de contrôle des internes*, 1804-1809.)

7. Champeaux à Fourcroy, 6 octobre 1808. (Arch. du Lycée, *Reg. de corr.* I, f° 57 v°.)

père, le sieur Descats, boucher, rue des Trois-Conils, lui offrit l'argent nécessaire pour les frais d'entrée à l'École[1].

La guerre d'Espagne fut pour Napoléon une occasion de faire un appel spécial au Lycée. Il en avait tiré déjà de futurs officiers; il lui demanda des conscrits. Lorsqu'il passa par Bordeaux, en avril 1808, il exprima le désir de voir des élèves s'engager comme volontaires dans la Grande Armée. Il les destinait au dépôt général de Bayonne. Vingt-huit lycéens se présentèrent. « Cette liste, écrit le proviseur, eût été beaucoup plus nombreuse si je n'eusse écouté que le zèle de tous ceux qui ambitionnent le même honneur. » En tête s'était fait inscrire l'aîné de ses neveux, Achille de Champeaux, sergent-major du Lycée, porte-drapeau et l'un des meilleurs élèves de la maison : il n'avait pas seize ans[2]. L'empereur envoya seize brevets, quatre de sergents-majors, douze de caporaux-fourriers[3]. Le proviseur tint à ce que les jeunes volontaires fissent, avant de partir, les compositions de fin d'année. Le Lycée les équipa[4] et, le 19 juillet, précédés de la musique, ils quittèrent Bordeaux; leurs camarades les accompagnèrent sur la route de Bayonne jusqu'à une demi-lieue[5]. Ils voyageaient en militaires, munis de feuilles de route, à pied, havresac au dos, sous les ordres de leur jeune sergent-major. Les préfets de la Gironde et des Landes avaient donné aux maires des communes où ils devaient passer des instructions précises pour assurer leur logement. Le proviseur aurait voulu les accompagner jusqu'à Bayonne; le retour de l'empereur à Bordeaux l'obligea à les quitter à Langon. Mais il les avait recommandés au général Drouet, qui les présenta à Bayonne au général Rey[6]. Le 14 août suivant, à la distribution

---

1. *Écho du Commerce* du 16 octobre 1809.
2. Champeaux à Fourcroy, 10 mai 1808. (Arch. du Lycée, *Reg. de corr.* I, f° 50 v°.)
3. Champeaux à Fourcroy, 18 juillet 1808. (*Ibid.*, f° 51 r°.)
4. Mémoire de menues dépenses du procureur gérant : un havresac pour Martzen, 8 francs. 30 juillet 1808. (Arch. du Lycée, pièces comptables, 1808.)
5. *Indicateur* du 24 juillet 1808.
6. Champeaux à Fourcroy, 21 juillet 1808. (Arch. du Lycée, *Reg. de corr.* I, f° 51 v°.) En novembre, le jeune Ségur-Montaigne fut nommé brigadier-fourrier au 28e chasseurs, ci-devant dragons toscans, et envoyé au dépôt de Perpignan; un autre élève, caporal-fourrier dans la légion de la Vistule. Ils refusèrent. (*Reg. de corr.* II, f° 42 v°, et I, f° 59 r°.)

des prix, le censeur proclama, parmi les lauréats, les noms d'Achille de Champeaux, d'Alexandre Emmery, d'Alexandre Annequin et de Joseph Warnet, sergents-majors, d'Alexandre Martzen et d'Hégésippe Heyraud, caporaux-fourriers à la quatrième légion, « actuellement aux armées »[1]. Un de leurs camarades, Bernard Duballen[2], avait évoqué ces « vaillants athlètes » dans une pièce de vers, d'ailleurs très faible :

> O Patrie ! à ta voix accourant les premiers,
> Ce sera dans un camp que ces jeunes guerriers
> Avec un noble orgueil recevront leur couronne.
> Ils sauront y mêler de plus brillants lauriers
> Qu'ils vont cueillir dans les champs de Bellone[3].

A ces volontaires de 1808 il faut ajouter le nom de Jeannin Lamouroux, d'Agen, qui s'engagea l'année suivante dans l'armée d'Espagne comme officier de santé, fut fait prisonnier par les Anglais et envoyé aux pontons de Portsmouth[4].

> J'aurais été soldat, si je n'étais poète,

écrira Victor Hugo en 1822, dans une de ses *Odes*, où il évoquait son enfance aventureuse sur les routes d'Espagne, dans

---

1. Ces jeunes gens, après avoir été incorporés à la 4ᵉ légion de réserve, firent partie de la garde du roi Joseph. Emmery, qui était Bordelais, ne dépassa pas le grade de sous-lieutenant. Annequin arriva à celui de capitaine en 1828 seulement ; il avait fait les campagnes d'Espagne (1808-1812), d'Allemagne (1813-1814), de l'armée du Nord (1815), d'Espagne (1823-1827) et l'expédition d'Alger (1830), où il fut fait chevalier de la Légion d'honneur. Martzen fut fait prisonnier en Espagne ; il fit la campagne de France en 1814 et prit sa retraite comme capitaine en 1845. (Archives du Ministère de la guerre.) Quant à de Champeaux, on ne sait ce qu'il devint. Se fixa-t-il en Espagne ? Il y avait en 1830, au Lycée de Bordeaux, un élève de ce nom, né à Madrid.

2. Né à Grignols en 1789, mort en janvier 1870, avocat, notaire, maire de Grignols, membre du Conseil d'arrondissement de Bazas et du Conseil général en 1852.

3. *La distribution des prix*, par M. Duballen, élève de la classe de Belles-Lettres, pièce de vers publiée dans l'*Indicateur* du 20 août 1808.

4. Jean-Pierre Pethion, dit Jeannin Lamouroux (1792-1866), médecin, botaniste et philanthrope, et son frère Joseph-Germain (1795-1854), banquier et juge au tribunal de commerce d'Agen, furent tous deux élèves du Lycée de Bordeaux, d'avril 1807 à avril 1808. Dans les manuscrits de Jeannin, conservés aux Archives départementales de Lot-et-Garonne, on trouve des traductions d'Horace, de Tite-Live, de Tacite, qui doivent être des devoirs d'écolier. Voir l'intéressante étude de M. Philippe Lauzun, *Une famille agenaise : les Lamouroux*, Agen, Vᵛᵉ Lamy, 1893, in-8º, qui cite (p. 90) une lettre du frère aîné, Félix Lamouroux, le naturaliste, à son maître Boudon de Saint-Amans, du 30 avril 1805, où il apprécie sévèrement le cours de botanique de Villers : « Hier, j'ai assisté au discours d'ouverture ; jamais je n'ai entendu rien de plus mauvais ; et cependant, plus de soixante élèves, non compris les amateurs, un jardin très riche, une bibliothèque considérable, que de moyens pour un professeur, pour faire un cours aussi agréable qu'instructif ! Mais M. Villers ne sait tirer parti de rien... »

les fourgons de la Grande Armée. Ce fut le rêve des lycéens bordelais d'alors : les uns brûlaient de revêtir un jour les brillants uniformes qu'ils admiraient dans la boutique du tailleur Maupin, les autres songeaient à devenir de grands poètes comme l'abbé Delille ou M. de Fontanes. Faire des vers, des vers français, c'était l'ambition des meilleurs d'entre eux. Leurs professeurs, on l'a vu plus haut, emplissaient leur mémoire de milliers de vers de poètes contemporains : ainsi saturés, comment n'auraient-ils pas été tentés d'en faire à leur tour? Les modèles qu'on leur proposait étaient surtout des traductions : ils s'essayaient eux aussi à traduire. Le soir, dans leurs sombres études, à la clarté fumeuse des chandelles qu'un camarade zélé mouchait trop souvent[1], ils mettaient leurs versions latines en vers français tout pleins de réminiscences. En classe, le professeur de Belles-Lettres, le vieux Fitte, l'auteur de l'*Ode à Catherine seconde*, corrigeait leurs vers, leur suggérait des épithètes nobles et des chevilles heureuses. L'activité intellectuelle de ces jeunes gens se dépensait toute en ces travaux. Au sortir du lycée, ils n'étaient peut-être pas très armés pour la lutte des idées, mais ils avaient la tête pleine de citations et ils étaient capables, au besoin, de se délasser de la besogne quotidienne en alignant des rimes. Il convient, d'ailleurs, d'être indulgent pour leurs maîtres; s'ils proposaient cet idéal à leurs élèves, c'est qu'ils étaient convaincus qu'il n'en était pas de plus haut, et, autour d'eux, tout le monde pensait de même. La manie des vers sévissait à Bordeaux, comme partout, sous le premier Empire : de nombreux amateurs encombraient les journaux de bouquets à Chloris, de madrigaux, d'épigrammes, de chansons, de quatrains; quelques-uns se haussaient jusqu'à l'épître et l'ode.

Les exercices publics de fin d'année étaient une occasion solennelle de mettre au jour ces talents naissants. L'annonce de pièces de vers lues par les élèves attirait de nombreux auditeurs. Dès l'an XIII, Fitte, chargé de la classe de première,

---

[1]. Mémoire de François, portier (8 novembre 1806) : « Douze chandelliers pour les études à 75 c. chaque, 9 fr.; quatre vieilles paires de mouchettes pour les études, 2 fr. 80. » (Arch. du Lycée, pièces comptables, 1806.)

présenta quelques essais de poésies latines et françaises, pour lesquels il sollicitait l'indulgence de l'assemblée : Charles-Madeleine Fé lut un fragment imité de Claudien, l'*Enlèvement de Proserpine*, et une ode sacrée de Rousseau, traduite en vers latins ; Jacques Fadeville, un discours d'Eve à Adam, d'après Milton, en vers latins, et une fable en vers français ; Pierre Audouin, une fable française ; Jean-Jacques Geneste-Larivière, le tableau de Satan précipité dans l'abîme, d'après Milton, en vers latins ; Louis Lalanne, un conte moral en vers français[1]. A partir de 1806, Fitte étant devenu professeur de Belles-Lettres, la tradition s'établit de lire, à la séance publique de cette classe, les essais latins et français des élèves. Le succès fut assez vif pour que, en 1806, Fé s'enhardit à publier son *Enlèvement de Proserpine*, revu et corrigé, dans le *Bulletin polymathique*[2]. Les exercices de 1807 furent pour les élèves de Belles-Lettres l'occasion d'un véritable triomphe : Audouin, sergent-major du Lycée, exprima « avec l'accent de la plus vive sensibilité, les regrets que la mort prématurée du jeune prince Napoléon-Charles, l'espoir de la France, a fait naître dans tous les cœurs[3] » ; Geneste-Larivière lut une fable, *la Corneille et l'Abeille*, « dans laquelle il a peint avec beaucoup de finesse et de vérité le ridicule des plagiaires qui s'approprient les dépouilles d'autrui »[4] ; enfin Fé « adressa » une *Epître à la Garonne*, qui fut bissée par un public enthousiaste[5]. Ces deux dernières pièces furent imprimées dans le *Bulletin polymathique*[6]. La fable de Geneste-Larivière est un pastiche assez agréable de La Fontaine et de Florian. La pièce de Fé débute par une description du port de Bordeaux, qui

---

1. Palmarès de l'an XIII.

2. IV, 388-391.

3. Napoléon-Charles Bonaparte, né à Paris en 1802, mort à la Haye en 1807, fils aîné de Louis, roi de Hollande.

4. Par exemple, l'élève Morlan qui, reprenant en 1807 le sujet traité par Fé, l'*Enlèvement de Proserpine*, emprunta sans pudeur à son camarade nombre de rimes et jusqu'à des vers entiers (*Bull. polym.*, V, 317-320.)

5. Champeaux à Fourcroy, 13 octobre 1807 (Arch. du Lycée, *Reg. de corr. I*, f° 41 r°). Voir aussi une note dithyrambique de l'*Indicateur* du 14 décembre sur l'*Epître à la Garonne*.

6. V, 423-434 ; VI, 116-119. La *Corneille et l'Abeille* avait paru dans l'*Indicateur* dès le 3 octobre 1807.

rappelle, de loin, le tableau de Lacour exposé deux ans avant :

> Fleuve majestueux, qui dans le sein des mers
> Vas porter le tribut de vingt fleuves divers,
> De quel étonnement tu frappas mon jeune âge,
> Quand, au sortir des champs, je vins sur ton rivage !
> Mille vaisseaux couvraient les flots silencieux,
> Et leurs mâts en forêt s'allongeaient vers les cieux...
> Muet, je contemplais à travers les vaisseaux
> Ce superbe croissant qui borde au loin tes eaux...

Voici les chantiers de Paludate :

> Sous les coups redoublés de la hache tranchante,
> Du chêne le plus dur la tige obéissante
> Se courbait en vaisseaux ; sur de glissants appuis
> S'élèvent dans les airs ces colosses hardis ;
> On frémit à l'entour ; leur masse épouvantable
> Ne touche point la terre, et leur chute effroyable
> Pourrait tout écraser sous leurs flancs spacieux ;
> Mais ils sont enchaînés par l'art industrieux.
> Cependant, près de là, sur l'algue limoneuse,
> Bouillonne un noir bitume, une gomme onctueuse,
> Qui, pour les garantir de l'insulte des flots,
> S'étend et se durcit sur le flanc des vaisseaux.
> Plus loin retentissaient sous l'enclume bruyante
> Les lourds marteaux, forgeant cette masse pesante,
> Qui, pour braver l'orage éclatant dans les airs,
> Mord de sa forte dent au lit profond des mers.

Après avoir évoqué le coton, le sucre et le café en de classiques périphrases,

> Le duvet d'un arbuste, émule de la laine,
> Le doux suc d'un roseau, la baie américaine
> Qui jadis dans Moka réveillait un muphti....

l'auteur s'écriait :

> Poursuis, fleuve superbe, enrichis ma patrie.
> De ses pampres Bacchus a couronné tes bords ;
> Sur tes plaines Cérès prodigue ses trésors :
> Nos guérets, nos coteaux, passant notre espérance,
> Pourraient nous affliger d'un excès d'abondance :
> Va nourrir de ces biens vingt peuples moins heureux,
> Va porter ce nectar à l'Anglais vaporeux...

Puis à ce brillant tableau il opposait la morne solitude des quais aujourd'hui déserts, se faisait discrètement l'écho des

doléances des Bordelais ruinés par le blocus continental et
terminait par une invective à l'adresse du léopard britannique.

Mais, que dis-je? O douleur! de ces biens entassés
Nos celliers sont remplis, nos greniers affaissés.
Tout est sans mouvement, tout languit sur la rive.
Beau fleuve, quel est donc le pouvoir qui captive
Ces vaisseaux, sans agrès, vieillissant dans le port?
Tout semble ici frappé du sommeil de la mort.
Lieux jadis si vivants, la sombre inquiétude
Erre seule aujourd'hui dans votre solitude!
D'un florissant commerce interrompant le cours,
Quel funeste revers a changé nos beaux jours?
Ne reviendront-ils plus, ces jours de l'opulence?
Partout règne le deuil et la triste indigence.
Aigri par le malheur, s'indignant du repos,
Le nautonier pensif contemple ses vaisseaux:
Quand pourra-t-il franchir les flots de l'Atlantique?
Mourra-t-il sans revoir ses amis d'Amérique?
Son œil impatient se pose sur les mers:
Quel spectacle d'horreur! dans les flots entr'ouverts,
L'avide léopard, en rugissant de joie,
Ouvre une large gueule et croit tenir sa proie.
Monstre fatal au monde, après tant de forfaits,
Il est temps que ton front, insultant à la paix,
Sous d'équitables lois docilement fléchisse,
Ou qu'avec ton orgueil ton nom s'ensevelisse.
L'or fut ton talisman, mais ton charme est détruit:
De son funeste effet quel peuple n'est instruit?
Quel peuple sur ton or n'a pas versé de larmes?
Qu'Albion à son tour connaisse les alarmes.
Jouets de ses fureurs, les peuples outragés
De tant de flots de sang vont être enfin vengés.
Déjà l'aigle français, planant sur l'hémisphère,
D'un foudroyant regard a percé le repaire
Où d'avares brigands, nourris de factions,
Ne songent qu'à river les fers des nations.
Malgré tous leurs échecs, leur absurde arrogance
Sur la terre et les mers croit tenir la balance,
Régler tous les États, en fixer le destin,
Quand l'Europe en courroux les vomit de son sein.
Par l'audace et le crime ils bravent les deux mondes:
O honte de l'Europe! ils règnent sur les ondes.
D'un empire usurpé l'éphémère tyran
Bientôt reconnaîtra que le vaste océan
Des peuples de la terre est le commun domaine.
Et toi, beau fleuve, et toi qui fécondas ma veine,
Le vainqueur de Friedland assurera les droits;
Tu reprendras ta gloire en coulant sous ses lois.

L'*Épître à la Garonne* consacra la jeune gloire poétique de Fé. On loua cet « art difficile de bien exprimer en vers des détails peu favorables à la poésie ». On demanda à l'auteur d'en publier d'autres. Il donna une imitation du fameux épisode d'Adamastor, de Camoëns, un peu trop faite avec des réminiscences du récit de Théramène, mais suivie de cette note qui décèle un goût judicieux : « J'ai retranché ces longs amours avec Thétys, qui ne font que refroidir ce magnifique épisode. D'ailleurs, il n'est pas naturel qu'un fantôme parle aussi longtemps, sans nécessairement perdre du prestige qui l'accompagne. En outre, ce récit galant contraste mal avec la sublimité de cette vision extraordinaire[1]. » Cette notoriété, jointe à ces brillants succès scolaires, valut à Fé d'être chargé, au début de 1808, avec son camarade Geneste-Larivière, de la classe élémentaire du Lycée, que le nombre des élèves avait fait partager en deux sections[2]. Tout en s'initiant aux fonctions de professeur, il continua de rimer. Il publia dans le *Bulletin polymathique* des traductions et des imitations du *Chant des Parques*[3] de Catulle, des *Roses* d'Ausone[4], — plusieurs poètes bordelais du temps s'étaient déjà exercés sur ce morceau célèbre, — une fable élégante, l'*Alcyon*[5], un joli morceau dans le goût alexandrin, le *Naufrage de l'Amour* :

> Mais du puissant Amour que ne peut le génie !
> Ses mains ont bientôt arraché
> Le carquois qui flottait à son dos attaché.
> Et sur la vague le Dieu lance
> Cette nef, sa seule espérance.
> Son arc lui sert de mât, de voile son bandeau ;
> Il part ; ses flèches enflammées

---

1. *Bull. polym.*, V, 208-210.

2. Champeaux à Fourcroy, 22 janvier 1808 (Arch. du Lycée, *Reg. de corr.* I, f° 47 r°). — Deux élèves de mathématiques transcendantes, Comminal et de Raignac, furent de même chargés de la classe élémentaire de mathématiques. L'arrêté du 7 brumaire an XIII, relatif aux professeurs adjoints, portait qu'ils devaient être choisis de préférence parmi les maîtres d'études ou les élèves les plus distingués. (*Recueil des lois et règlemens*, t. III, p. 98.) Est-il besoin d'ajouter que ces dispositions administratives n'étaient au fond que des expédients pour parer à la lamentable insuffisance du budget des Lycées ?

3. *Bull. polym.*, VI, 345-348.

4. *Ibid.*, 203-204.

5. *Ibid.*, 161-162.

> Fendent le sein des mers en rames transformées,
> Et, sur la poupe assis, aux feux de son flambeau,
> Triomphant, jusques au rivage
> Il conduit cet esquif nouveau;
> Mais que n'a-t-il plutôt, victime de l'orage,
> Dans l'onde trouvé son tombeau[1]!

Fé devint le poète attitré de la Société Philomathique naissante. Il lisait des vers aux veillées des Muses, tantôt imitant Catulle, son poète préféré[2], tantôt composant une élégie, le *Chêne renversé*[3], ou ébauchant un poème descriptif sur les ruines religieuses[4]. Le 7 janvier 1809, il fit les frais de la séance publique de la Société.

Les autres poètes du Lycée pâlissent à côté de Fé. J'ai déjà cité Geneste-Larivière, Morlan, Audoin, Lalanne, Duballen. Aux exercices de 1808, Jean-Henri Denucé lut une pièce *A Napoléon dans son jardin au palais impérial de Bordeaux*, et Bujac un dialogue entre un capitaine français prisonnier et un Anglais[5]. C'étaient là les chefs-d'œuvre vus, corrigés et approuvés par le professeur. Mais que de vers, restés inédits, durent être barbouillés alors sur les tables des classes et des études! Beaucoup de lycéens bordelais conservèrent toute leur vie ce goût de rimer. Gergerès, qui improvisait des quatrains avec tant de facilité, avait peut-être commencé au Lycée. Son camarade Cazemajor, avocat à Villeneuve-sur-Lot, lisait, en 1824, à la Société d'agriculture de cette ville, une *Élégie sur la mort de Louis XVI*. Un autre Agenais, de Cassius, capitaine d'infanterie, se délassait dans sa retraite en composant un grand poème sur *la Femme* et un *Album poétique et musical*. Jeannin Lamouroux, devenu sur ses vieux jours apôtre et philanthrope, donnait dans l'*Almanach des Bons Conseils* de sages avis en vers aux ouvriers parisiens. Enfin Jude Patissié, rimeur infatigable, fut le lauréat perpétuel de la Société

---

1. *Bull. polym.*. **VI**, 311-312.
2. *Ibid.*, **VII**, 16 et 290-292 (*Péristère ou l'Origine des Colombes*), 256 (*A Thélaïs, A la péninsule de Sirmio*).
3. *Ibid.*, **VII**, 92, 139-140.
4. *Ibid.*, **VII**, 201, 286.
5. Champeaux à Fourcroy, 20 août 1808. (Arch. du Lycée, *Reg. de corr.* I, f° 53 v°.)

académique d'Agen et partagea ses couronnes avec Jasmin [1]. Si, jusqu'en 1830 et au delà, les pseudo-classiques du xviiie siècle et de l'Empire eurent dans notre région des disciples attardés, mais fervents, on le doit en partie au Lycée de Bordeaux. Ceux de ses élèves qui voulurent être des poètes ne furent, à coup sûr, que des versificateurs très médiocres ; mais ceux qui n'eurent pas cette prétention gardèrent de leur temps d'écoliers le goût et l'habitude de condenser en un quatrain ou une épigramme une pensée, un mot d'esprit, une malice : art charmant, art très français, legs du xviiie siècle, dont nous sommes trop tentés de nous moquer, peut-être parce que nous avons perdu ce souci de bien dire qui pour nos pères était la forme la plus exquise de la politesse et l'une des grâces de la vie.

---

1. Andrieu, *Bibliographie de l'Agenais.* — Ph. Lauzun, *Histoire de la Société académique d'Agen,* passim. — On voit que le département de Lot-et-Garonne a fourni au Lycée de Bordeaux quelques élèves qui plus tard lui firent honneur. Parmi les Landais, il n'y a guère à citer que Pierre Dagnant, qui fut professeur de mathématiques au collège de Saint-Sever ; Martin-Roch Doussau, juge de paix et conseiller général du canton de Soustons ; et Jean-Pierre Dumont, de Tilh, qui fut très longtemps juge au tribunal de Dax. Je dois ces renseignements à la parfaite obligeance de M. F. Abbadie, président de la Société de Borda, et de M. le Dr Sentex, ancien maire de Saint-Sever et ancien élève du Lycée de Bordeaux.

CHAPITRE VI

Le Lycée et l'Opinion.

Succès médiocre du Lycée de l'an XI. — Sa déplorable organisation financière. — Insuffisance du chiffre de la pension, cause première du déficit. — Le gaspillage et le « coulage ». — Les économies : suppression du censeur. — Mesures inutiles pour enrayer la crise. — Aggravation irrémédiable du déficit. — La concurrence des écoles privées. — Multiplication de ces écoles à Bordeaux. — Efforts inutiles du proviseur pour lutter contre elles. — Organisation du monopole. — L'Université impériale. — Jugement de Taine sur les lycées de l'an XI. — Conclusion.

On sait déjà que l'opinion publique fit un accueil assez froid au Lycée. Cette création soudaine, imposée d'en haut, ne lui inspirait que méfiance. Les difficultés que rencontra, dès l'origine, l'installation du nouvel établissement ne furent pas pour accroître son prestige. La municipalité bordelaise, reflet fidèle de l'opinion, ne fit rien pour les atténuer. « On a vu, disait le recteur Desèze, en installant le 17 mars 1810 le proviseur Chalret, des villes riches et populeuses, qui auraient semblé devoir appeler dans leur sein tous les trésors de l'instruction, n'accepter ses présents qu'avec répugnance, saper d'une main ce qu'elles élevaient de l'autre, tout étonnées que le gouvernement mît plus de constance dans ses bienfaits qu'elles n'en mettaient dans leur refus [1]. » L'allusion était suffisamment claire. En vain le proviseur et les préfets employèrent tous les moyens,

---

[1]. Procès-verbal de l'installation de M. le Proviseur du Lycée de Bordeaux.

même les plus grossiers, pour réchauffer le zèle de la population; les proclamations enflammées, les discours pompeux, les articles-réclame des journaux, les procédés les plus divers imaginés pour séduire les Bordelais, eurent peu d'effet. De Champeaux en était réduit à se lamenter sur « l'esprit du pays », insouciant et indifférent « aux choses les plus essentielles »[1]. Quand le blocus continental vint suspendre toutes les relations commerciales de Bordeaux, la situation déjà peu brillante du Lycée ne fit qu'empirer. Le nombre des élèves libres diminua; les parents qui ne retirèrent pas leurs enfants furent incapables de payer la pension; une crise financière éclata.

Elle eut à Bordeaux une cause locale particulière, le marasme des affaires, qui la rendit plus grave. Mais elle se produisit ailleurs pour des raisons plus générales[2]. Les Lycées de l'an XI portaient en eux-mêmes un germe de mort : c'était leur organisation financière. Elle avait été conçue avec une singulière imprévoyance. Il n'y avait pas de budget de l'instruction publique. C'était sur les fonds du ministère de la guerre qu'étaient payées les pensions des élèves. Les Lycées, simple extension des Prytanées, subsistaient par les mêmes moyens[3].

Le Lycée de Bordeaux reçut cent élèves nationaux, dont les pensions — 750 francs par an et par élève — devaient, en théorie, suffire à faire face à toutes les dépenses. On comptait bien que le chiffre de la subvention serait grossi par les pensionnaires libres et les externes. Mais en viendrait-il suffisamment pour équilibrer le budget? A Bordeaux, il en vint au début, puis moins, jamais assez. L'État ne fut pas même capable de remplir ses engagements; il n'entretenait pas le nombre d'élèves nationaux fixé par la loi. Enfin, rien n'avait été prévu pour les frais de premier établissement, et cette étrange négligence suffit à grever lourdement, dès l'origine,

---

1. Champeaux à Fourcroy, 26 septembre 1806. (Arch. du Lycée, *Reg. de corr.* I, f° 31 r°).

2. A Lyon, par exemple. Voir l'excellente *Histoire de l'enseignement secondaire dans le Rhône de 1789 à 1900*, de MM. Chabot et Charléty, livre II, chap. I. (*Annales de l'Université de Lyon*, nouvelle série, II. Droit, Lettres, fasc. 7, 1901, in-8°.)

3. Le procureur-gérant touchait les pensions par quartiers chez le payeur militaire.

le budget pour plusieurs années. Le caractère d'improvisation qui avait marqué la transformation des Écoles centrales en Lycées, se fit particulièrement sentir ici.

Quand de Champeaux arriva à Bordeaux, en mai 1803, il ignorait lui-même comment il ferait face aux frais d'établissement. Le préfet Dubois, convaincu, semble-t-il, qu'il en serait du Lycée comme de l'École centrale, lui demanda de dresser un état des sommes à répartir entre les trois départements de la Gironde, de Lot-et-Garonne et des Landes [1]. Le 15 brumaire an XII (7 novembre 1803) seulement parut l'arrêté spécifiant que le nouveau Lycée serait à la charge de l'État. Le proviseur engagea les premières dépenses. Aucuns fonds n'étaient ordonnancés, mais il se déclarait prêt à faire subsister les élèves jusqu'au paiement du premier quartier des pensions : « Plusieurs amis, écrivait-il à Fourcroy, m'ont offert des secours ; des parents proposent de payer deux ou trois quartiers d'avance ; il me reste quelques bijoux et un peu d'argenterie ; je vendrai tout bien volontiers [2]. » Ce beau zèle se refroidit vite. Le chiffre des dépenses engagées grossit à vue d'œil dès que le Lycée commença d'être organisé. A la fin de messidor, le cuisinier Camus présentait, pour la seule dépense de bouche des administrateurs et employés, un mémoire de 298 fr. 29, qui s'éleva, quand les professeurs furent arrivés, à 855 fr. 63 pour thermidor et à 1,124 fr. 29 pour fructidor [3]. Le proviseur, grand seigneur par caractère, prétendait d'ailleurs que la maison fût dès l'abord confortablement pourvue ; le Bureau d'administration, dans sa première séance, réduisit à 400 francs les gages du maître-queux, qu'il avait cru devoir fixer à 800 [4].

Dès le mois de janvier 1804, Fourcroy se plaignit de la gestion financière : le Lycée n'avait reçu que 71 élèves nationaux, et l'on avait dépensé 20,000 francs pendant le trimestre

1. Champeaux au préfet, 3 prairial an XI (23 mai 1803). (Arch. du Lycée, *Reg. de corr.* II, f° 2 v°.)

2. Champeaux à Fourcroy, 20 prairial an XI (9 juin 1803). (Arch. du Lycée, *Reg. de corr.* I, f° 1 v°.)

3. Archives du Lycée, pièces comptables, 1802-1805.

4. Champeaux au procureur-gérant Aubert, 14 thermidor an XI (2 août 1803). (*Ibid.*)

de messidor, comme s'il y en avait eu cent. Le proviseur s'excusa sur les frais de premier établissement, qui avaient été aussi considérables que si l'effectif eût été complet. Il ajouta qu'on avait négligé de lui faire connaître le chiffre de la pension pour chaque élève, qui n'avait été fixé qu'en novembre 1803. Enfin, il fit observer que, dès le 10 vendémiaire an XII, le Bureau d'administration avait représenté « que tous les objets de consommation étaient à Bordeaux d'un tiers plus cher qu'à Paris », et qu'il serait à souhaiter que le Lycée bénéficiât de l'exception accordée aux établissements analogues de la capitale, où le chiffre de la pension avait été porté à 900 francs [1]. Ce dernier vœu fut l'objet de démarches répétées du proviseur, qui adressait régulièrement à Fourcroy les mercuriales attestant que les denrées étaient à Bordeaux plus chères qu'à Paris et qu'à Marseille. Le 4 prairial (24 mai), il le renouvelait encore et déclarait que le Lycée de Bordeaux n'était pas en mesure de lutter avec les autres lycées de première classe. Il laissait entendre que la situation financière devenait inquiétante et donnait raison aux détracteurs du Lycée ; que, si l'on n'y remédiait pas en proportionnant les revenus aux dépenses, il serait impossible de renouveler les trousseaux des élèves [2]. Pendant toute l'année 1804, le proviseur, aux prises avec la municipalité, qui faisait la sourde oreille à ses demandes de crédits, n'arrivant pas, d'autre part, à toucher régulièrement les fonds dus par l'État, multiplia ses démarches sans succès.

Au début de 1805, Fourcroy demanda à l'empereur que le prix annuel de la pension fût élevé à 900 francs. Cette démarche resta sans effet[3]. A la fin de mai, le déficit pour les deux premiers trimestres de l'an XIII était de 12,907 fr. 56. La direction générale de l'instruction publique exigeait une réduction du nombre des maîtres d'études et des employés. Le proviseur, soucieux du prestige de sa maison, laissa entendre

---

1. Champeaux à Fourcroy, 17 pluviôse an XII (7 février 1804). (Arch. du Lycée, *Reg. de corr. I, f° 8 r°-v°.*)

2. Champeaux à Fourcroy, 4 prairial an XII (24 mai 1804). (Arch. du Lycée, *Reg. de corr. I, f° 11 v°.*)

3. Champeaux à Fourcroy, 15 nivôse an XIII (5 janvier 1805). (*Ibid., f° 14 r°.*)

que c'était impossible[1]. Il se bornait à protester contre les impositions dues par le Lycée, et faisait observer qu'il devait être traité, en bonne justice, au point de vue fiscal, comme un établissement militaire[2]. Il suggérait que les parents fussent obligés de payer un semestre d'avance, afin de déjouer les « misérables calculs » de ceux qui retiraient leurs enfants au début du trimestre où les vacances étaient comprises pour les replacer au Lycée à la rentrée des classes[3]. Le directeur demandait autre chose que ces expédients; il soupçonnait des irrégularités et du « coulage ». En juin 1806, le proviseur fut invité à faire une enquête; elle donna des résultats déplorables. L'économe, dans la gestion duquel fut constatée une « négligence impardonnable, » fut remercié. Le procureur-gérant, que Fourcroy entendait rendre responsable, se retrancha derrière le règlement et soutint qu'il n'était chargé que de la recette et de l'acquittement des mémoires, que la surveillance incombait au proviseur. Ce dernier, sentant qu'il était urgent de conjurer le mécontentement du directeur, affirma qu'il faisait tout son devoir : « J'assiste régulièrement tous les jours à la livraison des denrées. Je fais peser la viande et le pain sous mes yeux. Je suis présent à tous les repas des élèves, à la distribution des portions, à l'emploi des dessertes, de sorte que je passe une partie de la journée au réfectoire et à la cuisine, où j'ai trouvé de grands abus que j'ai réformés[4]. » En même temps, il faisait écrire à Paris par le préfet que le Lycée était dans un état prospère, et Fourcroy, vite apaisé, le félicitait de son zèle par une lettre faite pour « guérir le censeur d'une fièvre ardente qui le retient au lit depuis cinq semaines »[5].

La crise était loin, d'ailleurs, d'être conjurée. Au début de 1807, le Bureau eut à examiner les remèdes qu'on y pouvait

------

1. Champeaux à Arnault, chef du bureau de l'instruction publique, 8 prairial an XIII (28 mai 1805). (Arch. du Lycée, *Reg. de corr. I*, f° 18 r°).

2. Champeaux au préfet, 17 pluviôse an XIII (6 février 1805). (*Ibid., Reg. de corr. II*, f° 20 r°.)

3. Champeaux à Fourcroy, 23 thermidor an XIII (11 août 1805). (*Ibid., Reg. de corr. I*, f° 20 r°.)

4. Champeaux à Fourcroy, 10 juin 1806. (*Ibid.*, f° 27 v°.)

5. Champeaux à Fourcroy, 16 juillet 1806. (*Ibid.*, f° 28 v°.)

apporter. Sur la proposition du préfet, il fut décidé qu'on enverrait à Paris un état général de la situation du Lycée depuis son établissement[1]. A la fin de juin, Fourcroy accorda un secours de 10,654 francs destiné à solder le déficit[2]. Il demanda que la comptabilité fût tenue à l'avenir d'une façon plus rigoureuse. « Je ne néglige rien, répondait le proviseur, pour établir la balance entre les recettes et les dépenses; mais la cherté des vivres, la modicité des pensions et le petit nombre des pensionnaires seront toujours un obstacle à l'économie. Plusieurs ont été placés à Fontainebleau, dans la marine et dans les écoles spéciales; d'autres se sont retirés parce qu'ils ne peuvent plus payer[3]. » Il fallait aussi faire face aux réparations les plus urgentes; la caisse du Lycée avait, de ce fait, déjà payé 6,289 francs, qui auraient dû être acquittés par la Ville[4]. Le proviseur renouvelait la demande que le prix de la pension fût relevé, comme il l'avait été à Strasbourg, à Rouen, à Besançon : ses démarches restaient toujours sans effet[5]. A la rentrée, le départ du censeur de Sermand, nommé proviseur du Lycée de Rodez, permit une économie de 1,500 francs dans le personnel. Il fut remplacé par un suppléant, le maître d'études Semelet[6]. A la place de Semelet, qui faisait la classe élémentaire, le proviseur mit deux élèves, Fé et Geneste-Larrivière[7] qui ne touchèrent pas de traitement. Le maître de danse fut remercié, un plat de supplément pour les maîtres supprimé. En dépit de ces mesures, la situation restait mauvaise : « Plusieurs parents d'élèves ne paient pas, écrivait le proviseur en février 1808; des sommes considérables sont dues. L'acquittement des pensions à la charge du gouvernement, qui devrait être fait à l'avance, éprouve des retards.

---

1. Champeaux au préfet, 9 janvier et 15 avril 1807. (Arch. du Lycée, *Reg. de corr.* II, f° 35 v° et 36 v°.)

2. Champeaux à Fourcroy, 26 juin 1807. (*Ibid.*, *Reg. de corr.* I, f° 38 v°.)

3. Champeaux à Fourcroy, 28 juillet 1807. (*Ibid.*, f° 39 r°.)

4. Champeaux à Fourcroy, 6 septembre 1807. (*Ibid.*, f° 39 v°.)

5. Champeaux à Fourcroy, 22 octobre 1807. (*Ibid.*, f° 42 r°.)

6. Champeaux à Fourcroy, 4 décembre 1807 et 17 janvier 1808. (*Ibid.*, f° 43 r° et 46 r°-v°.)

7. Champeaux à Fourcroy, 22 janvier 1808. (*Ibid.*, f° 47 r°.) Fé seul fut élevé ensuite à la dignité de maître d'études avec traitement.

Nous n'avons encore rien reçu pour le trimestre de janvier. Les provisions se font à crédit; les fournisseurs imposent des conditions onéreuses; l'arriéré se prolonge; la défiance augmente; toutes les opérations économiques sont mauvaises[1]. » En fait, le Lycée souffrait de la crise commerciale qui sévissait à Bordeaux; cette cause nouvelle s'était ajoutée aux autres pour aggraver encore sa situation[2].

Quand l'empereur passa, en avril 1808, son attention fut attirée sur les embarras financiers où se débattait le Lycée. D'un trait de plume il y porta remède. Un décret du 10 mai mit à la charge des communes les dix pensions entières, vingt demi-pensions et vingt-trois quarts de pensions nouvelles créées par le décret du 23 avril. Le 26 juillet, le préfet informait le proviseur qu'il avait à toucher une somme de 6,787 fr. 50, représentant le quart de la contribution annuelle de la Ville à l'entretien des élèves[3]. La visite de l'empereur valut aussi à de Champeaux une gratification de mille francs[4]. Mais la diminution constante du nombre des pensionnaires libres, l'impossibilité où beaucoup de parents étaient de régler des trimestres d'arriéré, ne permettaient pas de liquider le passé. A la fin de l'année scolaire 1807-1808, le déficit irréductible s'élevait, pour la seule année 1807, à 10,781 fr. 66 et pour l'ensemble des années antérieures à 6,045 fr. 77[5].

Les dispositions plus bienveillantes de la municipalité firent espérer au proviseur que la Ville rembourserait les avances qui lui avaient été faites. Mais l'État aurait dû commencer par donner l'exemple. En mars 1809, il avait à pourvoir à

---

1. Champeaux au préfet, 19 février 1808. (Arch. du Lycée, *Reg. de corr.* II, f° 41 v°-42 r°).

2. Le proviseur écrivait en septembre : « Les poursuites que l'administration dirige depuis six mois contre les parents en retard n'ont produit aucun effet. Les uns sont tout à fait hors d'état de payer, et les autres attendent pour le faire qu'ils aient vendu leurs récoltes de quatre et cinq ans. Ils sont obligés d'emprunter à de forts intérêts pour faire cultiver leurs terres, et leur position est telle que de longtemps ils ne pourront se libérer envers le Lycée. » (*Ibid., Reg. de corr.* II, f° 55 v°.)

3. Champeaux au préfet, 27 juillet 1808. (*Ibid.,* f° 42 r°.) Le préfet inscrivit d'office la somme de 27,150 francs au budget de la ville pour l'année 1809. (Arch. dép., Budgets de la ville de Bordeaux, 1809.)

4. Champeaux à Fourcroy, 30 juillet 1808. (Arch. du Lycée, *Reg. de corr.* I, f° 52 r°.)

5. Champeaux à Fourcroy, 1er septembre 1808. (*Ibid.,* f° 55 r°-56 r°.)

cinquante-trois places vacantes; le proviseur s'en plaignait[1] :
on lui répondait en nommant quatorze nouveaux élèves seulement[2]. A cette date, il était dû plus de 10,000 francs par les
parents, et l'administration découragée avait perdu tout espoir
de les recouvrer[3]. Le Lycée était acculé à la faillite.

La diminution progressive du nombre des élèves avait eu
pour cause principale à Bordeaux le marasme des affaires, résultat de la politique impériale à l'égard de l'Angleterre. Mais le
développement du Lycée fut non moins gêné par la concurrence
des écoles privées. La loi de l'an X ne les avait pas supprimées;
elle en avait même érigé un certain nombre en écoles secondaires.
Ces écoles étaient destinées à être la pépinière du Lycée; mais
aucune ne voulut se contenter de ce rôle modeste. Elles s'atta-
chèrent à conserver leurs élèves par tous les moyens[4]. Lorsque
Despaulx vint avec Cuvier pour organiser le Lycée, il en visita
plusieurs, conformément à ses instructions. Les directeurs
s'empressèrent de faire connaître au public qu'il avait témoigné
sa satisfaction, et firent tourner à leur gloire et à leur profit
la visite de l'inspecteur général, du représentant officiel de
l'État[5]. Ils ne manquèrent pas non plus d'exploiter le préjugé
qui ne voulait voir dans le Lycée naissant qu'une école analogue au Prytanée, exclusivement destinée à former des militaires. Le proviseur écrivait à Fourcroy, le 1ᵉʳ vendémiaire
an XII (24 septembre 1803) : « J'ai l'honneur de vous donner
avis que le père du jeune Pierre Chadoy, nommé élève du gouvernement au Lycée de Bordeaux, n'a point répondu à mes

---

1. Champeaux à Fourcroy, 8 décembre 1808. (Arch. du Lycée, *Reg. de corr. I,*
f° 58 v°.)

2. Champeaux à Fourcroy, 26 avril 1809. (*Ibid.,* f° 61 r°.)

3. Champeaux à Fontanes, 9 mars 1809. (*Ibid.,* f° 59 v°.) On sait que le statut
organisant l'Université impériale prévit, outre la dotation régulière, un crédit extraordinaire d'un million destiné à liquider l'arriéré des Lycées.

4. On a vu plus haut que le pensionnat de l'École centrale avait continué à vivre,
dirigé par Donadieu : logé d'abord rue Arnaud-Miqueu, il fut transféré en 1809
rue Margaux, 16, « dans le ci-devant hôtel de Mᵐᵉ de Saluces. » En dehors de Bordeaux,
il y avait des écoles privées très prospères : à Libourne, la pension Bousquet comptait
jusqu'à soixante-dix internes en 1805-1806; à Cadillac, la maison d'éducation de
Grellety l'aîné avait une grande réputation.

5. Voir le prospectus-réclame de la pension académique du citoyen Poitevin,
maître de langues, professeur de belles-lettres et de philosophie, établie à l'hôtel
Barada, allée des Noyers, n° 4. (*Écho du Commerce* du 12 brumaire an XII.)

lettres par lesquelles je l'invite à me faire connaître s'il accepte ou refuse la place gratuite accordée à son fils. Il s'est contenté d'écrire à un maître de pension de cette commune, chez lequel cet enfant est élevé, qu'il lui défend de laisser entrer son fils au Lycée, attendu que les jeunes gens qui y entrent n'en sortent plus, que le gouvernement s'en empare pour en faire des chirurgiens dans les armées et qu'il ne veut pas du tout que son fils soit chirurgien. Ce crédule vieillard a été trompé par la malveillance des instituteurs particuliers, qui emploient jusqu'aux moyens les plus absurdes pour jeter la défaveur sur le Lycée, pour se conserver ou attirer chez eux des élèves [1]. » Cette hostilité ouverte était générale : en floréal an XII, le proviseur recommandait une demande de bourse faite par le citoyen Espie, maître de pension à Sainte-Foy, en signalant que « cet excellent instituteur est le seul de ses collègues qui n'ait pas calomnié le Lycée » [2], et le préfet Charles Delacroix faisait insérer dans les journaux le prospectus du collège dirigé par Espie en certifiant que le proviseur n'avait eu qu'à se louer des sujets sortis de cet établissement [3].

La municipalité, si tiède à l'égard du Lycée, ne cachait pas ses sympathies pour ces pensions privées. Elle assistait à leurs exercices littéraires et à leurs distributions des prix. Ces solennités étaient pour les directeurs des occasions de flatter les magistrats municipaux : le maître de pension Ouvrard faisait couronner par un de ses élèves Fieffé, maire du Nord ; le proviseur répondait en faisant couronner le préfet par un lycéen. L'opposition entre les autorités locales et le pouvoir central prenait ainsi les formes les plus singulières. En novembre 1805, de Champeaux tenta de porter un coup à la concurrence en organisant au Lycée une maison d'études pour les externes : c'était un demi-pensionnat, dont il confia la direction à

---

1. Champeaux à Fourcroy, 1 vendémiaire an XII (24 septembre 1803). (Arch. du Lycée, *Reg. de corr.* I, fº 5 vº.) Ce document confirme le rapport de Fourcroy qui écrivait à la suite de son inspection générale de l'an XIII : « En général, le tambour, l'exercice et la discipline militaire empêchent les parents, dans le plus grand nombre des villes, de mettre leurs enfants au Lycée... On profite de cette mesure pour persuader aux parents que l'empereur ne veut faire que des soldats. »

2. Champeaux à Fourcroy, 12 floréal an XII (2 mai 1804). (*Ibid.*, fº 11 vº.)

3. *Écho du Commerce* du 17 vendémiaire an XIII (9 octobre 1804).

Villers[1]. L'idée était ingénieuse : Villers était connu et apprécié à Bordeaux ; son nom pouvait attirer de nouveaux élèves et la maison d'études rendre au Lycée les services que l'ancien pensionnat des Feuillants avait rendus à l'École centrale. Il ne semble pas que cette tentative ait eu un heureux succès. Ce n'est qu'à la rentrée de 1808 que l'on vit apparaître la première pension conduisant des élèves au Lycée : elle était dirigée par Civert, membre de l'ancienne Université de Paris, était établie place Saint-Julien et prit le nom de « pension du Lycée »[2]. Il ne fallut rien de moins que l'établissement du monopole pour mettre fin à la lutte. Les écoles privées parurent, au premier abord, vaincues ; mais lorsque, en octobre 1813, le vieux Chalret prit sa retraite, c'est le directeur de l'une d'elles, l'abbé Larrouy, qu'on alla chercher pour en faire le proviseur du Lycée.

Au mois de mai 1809 commença à Bordeaux l'organisation de l'Université impériale. Un inspecteur général, Le Prévost d'Iray, vint y présider, de concert avec le proviseur de Champeaux, honoré du même titre[3]. Les chefs d'institutions privées furent invités à verser désormais le vingtième du prix de la pension de leurs élèves à l'Université[4]. Un autre avis informa les candidats aux grades universitaires que le proviseur du Lycée, suppléant le recteur non encore désigné, recevrait quatre fois par semaine leurs demandes[5]. Le 24 août, Paul-Victor Desèze, médecin de l'Hôtel-Dieu de Bordeaux, déjà depuis le 20 juillet doyen et professeur de philosophie de la Faculté des Lettres, était nommé recteur de l'Académie. La grande pensée qui hantait Napoléon depuis 1804, officiellement exprimée dans la loi du 6 mai 1806, développée et précisée dans le statut de 1808, prenait corps enfin : le mécanisme de l'Université impériale commençait à fonctionner.

---

1. *Indicateur* du 11 brumaire an XIV (2 novembre 1805). Les élèves, demi-pensionnaires et externes surveillés, rentraient le soir chez eux, divisés en sections portant le nom de leur quartier, et sous les ordres de camarades responsables.

2. *Indicateur* du 30 octobre 1808.

3. Mémoire de Pinard, papetier, rue des Lauriers, 7 : 23 mai 1809, pour 200 cartes de visite pour M. Le Prévost d'Iray, inspecteur général, 12 francs ; *id.*, pour M. Champeaux, inspecteur général, 12 francs. (Arch. du Lycée, pièces comptables, 1809.)

4. *Écho du Commerce* du 16 juin 1809.

5. *Écho du Commerce* du 2 mai et du 6 juin 1809.

« Les Lycées, a dit Taine, surtout au début, n'ont pas réussi ; ils n'ont pas obtenu la confiance des familles ; la discipline y est trop militaire, l'éducation n'y est pas assez paternelle, le proviseur et les professeurs ne sont que des fonctionnaires indifférents, plus ou moins égoïstes et mondains ; pour surveillants et maîtres d'études, on n'y trouve que d'anciens sous-officiers rudes et mal embouchés ; les boursiers fournis par l'État y apportent les habitudes toutes faites d'une mauvaise éducation, en sorte que, pour un enfant bien né, bien élevé, leur camaraderie est disproportionnée et leur contact aussi nuisible que choquant. Par suite, pendant les premières années, les Lycées, uniquement peuplés de quelques boursiers, restent déserts ou mal habités, tandis que l'élite de la jeunesse se presse dans les écoles particulières payées plus ou moins chèrement[1]. » Le tableau n'est pas flatté ; en dépit de quelques touches excessives, il reste pourtant vrai. L'histoire des débuts du Lycée de Lyon, écrite depuis qu'il a été tracé, l'a confirmé ; celle des origines du Lycée de Bordeaux en reproduit aussi, avec quelques nuances, le dessin général et les couleurs.

Le jugement de Taine est pourtant, semble-t-il, incomplet et, par certains côtés, trop absolu. Il note avec raison que les Lycées eurent à pâtir de la concurrence des écoles particulières, qui, à la faveur de la liberté et de l'anarchie, avaient poussé partout, comme des herbes folles au milieu des ruines. A Bordeaux, cette concurrence fut évidemment une des causes du médiocre succès du Lycée. Mais elle fut singulièrement favorisée par l'appui quasi officiel que lui donna l'administration municipale. Par delà la raison qu'indique Taine, il faut voir la cause profonde de la méfiance que témoignèrent les Bordelais : elle est dans la survivance du vieil esprit municipal, hostile à toute tentative de l'État de nature à réduire ses libertés, et qui, quoique bien affaibli, se réveilla pour lutter, ne fût-ce que par l'inertie, contre la formidable entreprise de centralisation qui le menaçait de toutes parts. La lutte était inégale ; le succès n'en pouvait être douteux. Elle n'eut d'autre

---

1. Taine, *Le régime moderne*, 1894, in-8°, t. II, p. 162-163.

résultat que de hâter l'achèvement de l'œuvre napoléonienne :
l'institution du monopole et de la corporation universitaire
brisa cette résistance; mais pendant six années il avait fallu
compter avec elle. Une autre cause locale contribua à compromettre le succès du Lycée à Bordeaux : ce fut la crise économique. Elle suffit à expliquer la décroissance constante de la
population scolaire. Beaucoup de parents étaient sincères en
déclarant qu'ils retiraient leurs enfants faute de pouvoir
acquitter les frais de pension. Ces causes provoquèrent la
débâcle financière que Taine omet de signaler dans son
tableau. La gestion lamentable des premiers Lycées est pourtant un des traits caractéristiques de leur histoire. La création
de l'Université impériale ne fut pas seulement un acte de la
volonté de Napoléon Ier, mûri d'ailleurs depuis 1804; prévue
pour l'année 1810, elle s'imposa comme une nécessité, dès 1808,
pour empêcher, à la lettre, la faillite de l'œuvre du Consulat.

Les critiques faites par Taine au régime intérieur des Lycées
de l'an XI apparaissent, à première vue, pleinement justifiées.
La discipline était celle d'une maison de correction; le régime
militaire avait engendré des mœurs militaires aussi. Les boursiers du Prytanée, qui formèrent le premier noyau des élèves,
ne brillaient pas par la distinction des manières; nés à une
époque d'anarchie et de dissolution sociales, éloignés de
leurs familles qui, semble-t-il, avaient d'eux un médiocre
souci, soumis dès leur bas âge au dur régime de l'internat,
ils avaient naturellement contracté des habitudes et des façons
qui paraîtraient à bon droit fâcheuses à nos Lycéens corrects
d'aujourd'hui. On les a vus à l'œuvre dans l'intérieur du
Lycée, brisant les vitres, démolissant la prison; à l'extérieur
dégradant les monuments publics et injuriant les cochers de
fiacre. Les cas de Compère et de Warnet ne furent sans doute
pas isolés; parmi ces garçons turbulents, dont beaucoup
rêvaient d'être soldats, comme l'avaient été leurs pères, hussards de Marceau ou dragons de Kléber, trottant tout le jour
sur les routes d'Allemagne, taillant à coups de sabre Autri-
chiens, Saxons, Prussiens ou Russes, puis, le soir venu,
fumant leur pipe à l'étape en surveillant la broche où rôtissait

la volaille conquise sur le malheureux paysan, il y avait plus
d'un « chapardeur » en herbe; et l'on comprend que certains,
rongeant leur frein avec impatience, s'évadaient avec joie du
Lycée pour suivre le grand homme qui leur promettait d'hé-
roïques aventures, des galons et de la gloire. On ne saurait
oublier non plus que, devenus soldats à l'heure tragique où la
fortune de Napoléon chancelait, il leur fallut goûter, non plus,
comme leurs aînés, l'ivresse des victoires, mais l'amertume des
défaites; qu'ils furent de ceux qui, l'arme au bras, la rage au
cœur, refirent lentement les douloureuses étapes de la retraite
de Russie, reculèrent pas à pas devant l'Europe coalisée et
luttèrent désespérément pour défendre la France envahie. Les
circonstances se chargèrent de transformer leur turbulence
enfantine en énergie virile, leur amour irraisonné de la guerre
et d'un homme en amour réfléchi de la patrie mutilée.

A côté de ces enfants de troupe mal éduqués, il y eut, d'ailleurs, des natures plus douces et plus fines, des imaginations
capables d'autres rêves, des écoliers studieux qui défendaient
devant l'opinion publique le bon renom du Lycée compromis
par leurs camarades. Ceux-là suivaient régulièrement le cours
des études, se laissaient docilement initier aux lettres et aux
sciences, recevaient à chaque fin d'année des prix et des
couronnes, puis s'en allaient, munis d'un bagage qui nous
paraît bien mince, mais gardant pieusement, ce qui vaut mieux
que tous les diplômes, le respect et le goût des choses qu'on
leur avait enseignées. Ces enfants de la ville et de la région,
qui vinrent librement au Lycée dès son origine, nouèrent les
premiers liens entre l'institution naissante et le milieu où
elle devait se développer, l'implantèrent dans notre sol bordelais plus sûrement que ne pouvaient le faire les arrêtés admi-
nistratifs et les discours officiels. Devenus des hommes, ils
voulurent que leurs fils fussent élevés là où ils avaient été
élevés eux-mêmes; ils créèrent dans leurs familles une tradition, aujourd'hui séculaire. Dans les vieux palmarès de
l'Empire, on reconnaît, parmi les plus brillants lauréats, des
noms qui nous sont familiers. Cette fidélité n'est-elle pas un
hommage au Lycée de l'an XI?

Il est injuste aussi de taxer d'indifférence et d'égoïsme les hommes qui eurent l'ingrate mission de le créer. Du moins convient-il de plaider pour eux les circonstances atténuantes. Sans doute, on peut reprocher au proviseur de Champeaux son goût du faste, son penchant à la dépense, son dédain des petits détails et cette façon d'administrer de haut, qui ressemblait parfois à de l'incurie et engendrait le gaspillage. Mais on ne peut nier qu'il eut un souci très vif du prestige de sa maison ; il fut aux prises, dès le premier jour et jusqu'à la fin, avec des difficultés de toute sorte ; il fit preuve d'énergie et de ténacité. Les circonstances furent les plus fortes et l'on comprend que, se sentant vaincu, il se soit laissé aller au découragement et au scepticisme. La foi devait aussi faire défaut à ses collaborateurs ; mais ils la perdirent, comme lui, peu à peu. Chez ces maîtres réunis pour une œuvre mal définie, qui savaient seulement que la consigne était de faire de leurs élèves des citoyens respectueux de l'ordre établi, puis des sujets fidèles, on sent au début des velléités de zèle, des efforts d'initiative personnelle. Mais à mesure que leurs classes se vident, l'ardeur se refroidit, la routine réapparaît. Pouvait-il en être autrement et doit-on leur reprocher si sévèrement d'avoir été victimes des choses et du régime politique auquel ils étaient liés ? Les premiers professeurs du Lycée de Bordeaux étaient, au fond, de braves gens qui enseignaient de leur mieux ce qu'ils savaient ; quelques-uns surent mériter par leur dévouement professionnel la reconnaissance de leurs élèves, par leur dévouement à Bordeaux celle de leurs concitoyens. La volonté de Bonaparte avait créé le Lycée, machine de centralisation, fabrique de bacheliers et de fonctionnaires ; le temps seul pouvait transformer cette création factice en un organe nécessaire de vie locale : cette transformation, des maîtres tels que Leupold et Villers, Bordelais d'origine ou d'adoption, Bordelais de cœur, ont l'honneur de l'avoir commencée.

TABLE DES MATIÈRES

Bordeaux. — Impr. G. Gounouilhou, rue Guiraude, 9-11.

www.ingramcontent.com/pod-product-compliance
Lightning Source LLC
LaVergne TN
LVHW050744200726
843507LV00001B/70